谨以此书向通过创新改变人类学习、
　　　工作与生活的科学家、企业家和企业致敬

思科实访录
从创新到运营

董小英 周佳利 余艳 ◎著

CISCO

FROM INNOVATION TO OPERATION

图书在版编目（CIP）数据

思科实访录：从创新到运营 /董小英，周佳利，余艳著. —北京：北京大学出版社，2019.1
（光华思想力书系）
ISBN 978-7-301-30086-2

Ⅰ.①思⋯　Ⅱ.①董⋯ ②周⋯ ③余⋯　Ⅲ.①企业管理—研究—中国　Ⅳ.①F279.23

中国版本图书馆 CIP 数据核字（2018）第 272874 号

书　　　名	思科实访录：从创新到运营 SIKE SHIFANG LU: CONG CHUANGXIN DAO YUNYING
著作责任者	董小英　周佳利　余　艳　著
策 划 编 辑	徐　冰
责 任 编 辑	闫格格　徐　冰
标 准 书 号	ISBN 978-7-301-30086-2
出 版 发 行	北京大学出版社
地　　　址	北京市海淀区成府路 205 号　100871
网　　　址	http://www.pup.cn
微信公众号	北京大学经管书苑（pupembook）
电 子 信 箱	em@pup.cn　QQ：552063295
新 浪 微 博	@北京大学出版社　@北京大学出版社经管图书
电　　　话	邮购部 010-62752015　发行部 010-62750672　编辑部 010-62752926
印 刷 者	北京大学印刷厂
经 销 者	新华书店 730 毫米×1020 毫米　16 开本　25.75 印张　318 千字 2019 年 1 月第 1 版　2019 年 1 月第 1 次印刷
定　　　价	78.00 元

未经许可，不得以任何方式复制或抄袭本书之部分或全部内容。
版权所有，侵权必究
举报电话：010-62752024　电子信箱：fd@pup.pku.edu.cn
图书如有印装质量问题，请与出版部联系，电话：010-62756370

丛书序言一
Preface I

很高兴看到"光华思想力书系"的出版问世,这将成为外界更加全面了解北京大学光华管理学院的一个重要窗口。北京大学光华管理学院的前身是1985年成立的北京大学经济管理系,以"创造管理知识,培养商界领袖,推动社会进步"为使命,到现在已经有三十余年了。这三十余年来,光华文化、光华精神一直体现在学院的方方面面,这套"光华思想力书系"是学院各方面工作的集中展示,同时也是北京大学光华管理学院的智库平台,旨在立足新时代,贡献中国方案。

作为经济管理学科的研究机构,北京大学光华管理学院的科研实力一直在国内处于领先位置。光华管理学院有一支优秀的教师队伍,这支队伍的学术影响在国内首屈一指,在国际上也发挥着越来越重要的作用,它推动着中国经济管理学科在国际前沿的研究和探索。与此同时,学院一直都在积极努力地将科研力量转变为推动社会进步的动力。从当年股份制的探索、证券市场的设计、《证券法》的起草,到现在贵州毕节试验区的扶贫开发和生态建设、教育经费在国民收入中的合理比例、自然资源定价体系、国家高新技术开发区的规划,等等,都体现着光华管理学院的教师团队对中国经济改革与发展的贡献。

多年来,北京大学光华管理学院始终处于中国经济改革研究与企业管理研究的前沿，致力于促进中国乃至全球管理研究的发展，培养与国际接轨的优秀学生和研究人员，帮助国有企业实现管理国际化，帮助民营企业实现管理现代化，同时，为跨国公司管理本地化提供咨询服务，从而做到"创造管理知识，培养商界领袖，推动社会进步"。北京大学光华管理学院的几届领导人都把这看作自己的使命。

作为人才培养的重地，多年来，北京大学光华管理学院培养了相当多的优秀学生，他们在各自的岗位上做出贡献，是光华管理学院最宝贵的财富。光华管理学院这个平台的最大优势，也正是能够吸引一届又一届优秀的人才的到来。世界一流商学院的发展很重要的一点就是靠它们强大的校友资源，这一点，也与北京大学光华管理学院的努力目标完全一致。

今天，"光华思想力书系"的出版正是北京大学光华管理学院全体师生和全体校友共同努力的成果。希望这套丛书能够向社会展示光华文化和光华精神的全貌，并为中国管理学教育的发展提供宝贵的经验。

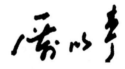

北京大学光华管理学院名誉院长

丛书序言二
Preface II

"因思想而光华。"正如改革开放走过的40年，得益于思想解放所释放出的动人心魄的力量，我们经历了波澜壮阔的伟大变迁。中国经济的崛起深刻地影响着世界经济重心与产业格局的改变；作为重要的新兴经济体之一，中国也越来越多地承担起国际责任，在重塑开放型世界经济、推动全球治理改革等方面发挥着重要作用。作为北京大学商学教育的主体，光华管理学院过去三十余年的发展几乎与中国改革开放同步，积极为国家政策制定与社会经济研究源源不断地贡献着思想与智慧，并以此反哺商学教育，培养出一大批在各自领域取得卓越成就的杰出人才，引领时代不断向上前行。

以打造中国的世界级商学院为目标，光华管理学院历来倡导以科学的理性精神治学，锐意创新，去解构时代赋予我们的新问题；我们胸怀使命，顽强地拓展知识的边界，探索推动人类进步的原动力。2017年，学院推出"光华思想力"研究平台，旨在立足新时代的中国，遵循规范的学术标准与前沿的科学方法，做世界水平的中国学问。"光华思想力"扎根中国大地，紧紧围绕中国经济和商业实践开展研究；凭借学科与人才优势，提供具有指导性、战略性、针对性和可操作性的战略思路、政策建议，服务经济社会发展；研究市场规律和趋势，服务企业前沿实践；讲好中国故

思科实访录 | 从创新到运营

事,提升商学教育,支撑中国实践,贡献中国方案。

  为了有效传播这些高质量的学术成果,使更多人因阅读而受益,2018年年初,在和北京大学出版社的同志讨论后,我们决定推出"光华思想力书系"。通过整合原有"光华书系"所涵盖的理论研究、教学实践、学术交流等内容,融合光华未来的研究与教学成果,以类别多样的出版物形式,打造更具品质与更为多元的学术传播平台。我们希望通过此平台将"光华学派"所创造的一系列具有国际水准的立足中国、辐射世界的学术成果分享到更广的范围,以理性、科学的研究去开启智慧,启迪读者对事物本质更为深刻的理解,从而构建对世界的认知。正如光华管理学院所倡导的"因学术而思想,因思想而光华",在中国经济迈向高质量发展的新阶段,在中华民族实现伟大复兴的道路上,"光华思想力"将充分发挥其智库作用,利用独创的思想与知识产品在人才培养、学术传播与政策建言等方面做出贡献,并以此致敬这个不凡的时代与时代中的每一份变革力量。

北京大学光华管理学院院长

推荐序
Preface

我认识董小英老师是在2012年。当时我作为团长带着15位中央企业的高管参加了第三期中央企业高管人员领导力学习交流项目。这个项目从2010年开始，由国资委与北京大学光华—思科领导力研究院、美国思科公司合作，每年组织一期，目的是全面学习思科公司的管理经验。

董小英老师作为前四期随团辅导老师，工作认真负责。两周的课程节奏快、时间紧，董老师一直在认真地记录、摄像、提问、引导学员发言，并做好总结提炼。这些年来，董老师投入大量时间和精力，在认真整理研究第一手资料的基础上，归纳提炼，将实践上升到理论的高度，使之系统化，推出了这本著作。

仔细研读之后，我认为这本书不同于其他研究思科公司的书，它具有以下几方面的特点：

第一，从研究方法上看，注重理论指导与实践创新相结合。每个章节的内容，既有理论基础作为引导和支撑，又有思科的实践作为案例和实证；思科的实践来自理论的指导，能够找到理论的依据，但又不仅仅是对理论的印证，更是对理论的创新与发展。董老师将这两者很好地结合起来，相互呼应，相得益彰，不会使读者产生"两张皮"的感觉。

第二，从研究内容上看，注重完整性与重要性相结合。研究高科技企业的书，往往容易过度突出其创新体系，而忽略战略、运营、文化等构成整个管理体系的其他重要内容。从这本书的结构看，董老师重点研究了思科的领导力、战略、卓越运营、创新、并购、联盟、文化、风险管理、信息化及知识管理等，突出了思科经营管理中最重要、最具特色的部分，有助于国内企业对标学习。

第三，从研究深度上看，注重深入分析和画龙点睛相结合。董老师运用夹叙夹议的写法，深入分析了思科的具体做法，并将这些具体做法上升为管理的思维、方法或模式，易于读者理解和学习。特别是在每个章节的小结部分，董老师通过思科的实践进行深入思考，提炼出其精髓所在，画龙点睛式地启发我们的企业应当从哪些方面着手去改进现有的经营管理体系。

第四，也是本书最突出的一个特色，即书中收录了每期学习交流团成员在现场提出的问题，以及思科高管们的解答。现场的问题是中央企业高管人员在两周的学习过程中，将所闻、所见、所感与他们在工作中最关心的问题结合起来提出的，可以说，大多是大家普遍关心的具体操作问题。这些问题的提出，反映了中央企业高管人员已经具备国际化的视野与管理能力。思科的高管也毫无保留，认真解答。因此，本书这部分内容十分有价值，对其他企业有重要的参考借鉴意义。

国资委一直很注重加强中央企业与国际领先企业的学习交流，除了与思科公司合作的中央企业高管人员领导力学习交流项目，我们还组织了中央企业与台塑集团的对口交流，到目前为止也已经十几期了，参加的中央企业领导人都觉得收获很大。特别是在当前国资委推动中央企业做强做优、成为世界一流企业的大背景下，开展这些学习交流项目，为中央企业对标国际领先企业提供了一条好的路径。

思科的成功在于很多方面，其中给我印象最深的是创新和卓越运营（本书称之为管理）。可以说，创新和卓越运营是带动思科快速发展的两个轮子。创新能够使企业在面对快速变化的世界时，始终保持市场领导者的地位；卓越运营则是在企业内部围绕价值链实施一体化运营和精细化管理。创新使思科增强核心竞争力，实现做强；卓越运营使思科公司不断提高发展的质量和效益，实现做优。所以，创新与卓越运营是做强做优企业的有效途径。思科的经验不仅告诉我们怎样实现创新与卓越运营，更提供了一套如何在创新和卓越运营之间找到动态平衡的方法。

董老师这本著作的出版，将为国内学者和企业研究世界一流企业，特别是研究世界一流高科技企业提供难得的第一手资料，以及生动的案例、深入浅出的分析和有益的启发，为中央企业进一步实现"做强做优，世界一流"的目标提供具有可操作性的理论与实践指导。

国务院国资委企业改革局局长

前言
Foreword

　　国际化和创新能力的提升是中国企业在经济全球化进程中所面临的新挑战、新机遇，如何打造具有全球竞争力、创新精神和转型变革能力的企业，是学者、企业家和政策制定者需要长期思考和探究的课题。在这个过程中，不断研究具有国际竞争力的企业是学习的重要途径和方法之一。

　　2008年，北京大学光华管理学院与思科公司成立了光华—思科领导力研究院。在研究院的教育研究活动中，一项重要内容就是国资委选派央企高管到北京大学和思科公司总部学习，为我国发展世界一流企业培养领军人才。2010—2013年的四年间，国资委先后选派了四期近五十位央企高层领导参与了培训课程。笔者有幸参加了这四期课程的学习，在现场聆听了思科公司的董事长、总裁，以及人力资源、市场营销、运营、信息化、供应链、风险管控、创新体系、社会责任、合作与战略联盟等部门高层领导人的授课。在授课现场，央企领导针对思科的实践提出了很多高水平的问题，双方的高峰对话充分体现了企业领导人的洞察力，也传达了他们的管理诉求。

　　本书的案例研究历经四年时间，充分还原现场并提炼精华，为读者深入了解思科公司在激烈的市场竞争中如何成功转型和持续创新提供了难得的机会。笔者希望将这一过程中的一手资料和宝贵知识记录下来，带着中国企业所面临的现实问题，认识和了解世界一流企业的最佳实践经验。为此，我们撰写了本书。在写作过程中，我们采用了三层金字塔式结构：第一部分是对思科案例的研究和总结归纳，重点研究思科如何在创新与管理双元能力上做到既分离又协同；第二部分是全书的主体，用九个章节展开思科公司创新与管理活动的具体实践和方法；第三部分是问题导向的对话，对第二部分进行了更深入的细节补充，在即兴问答中展现关于创新与管理的更具深度的问题与解决方案。这三个部分各有侧重，形成从实践到理论的梯次深化。

在全书的写作过程中，我们注意把握三个原则：

第一，注重一手资料。我们写作的路径是：（1）将所有授课过程进行录音（包括中文同声传译）、录像；（2）将所有的中文同传内容录入成文字，对重要的、不能确定的内容核查英文录音或录像；（3）将文字资料分类整合，从实践者的视角，用企业创新与管理中的现实问题来组织资料；（4）在创新与管理两大命题下，提炼出有价值的观点和核心实践；（5）为了确保案例的鲜活性和情景再现，本书在第三部分特别保留了央企领导和思科高层的高峰对话，无论是央企领导的即时提问，还是思科高层的现场回答，都展现了双方领导层的睿智及其管理经验。现场的提问和回答具体且有针对性，与企业实践紧密相关，因此有其特殊的价值。

第二，注重问题导向。笔者在撰写案例的过程中，秉承的基本原则是以问题为核心进行内容组织，通过问题的内在逻辑构建知识体系。笔者基于多年来在北京大学光华管理学院为企业家和高层管理者的授课经验和案例研究，依据对我国企业发展的观察和判断，从中国企业家和高层管理者的视角和需求出发，对思科的案例进行有针对性的调查和分析，通过带着问题的学习，来发现和理解思科公司实践中的经验和方法。本书围绕着创新与管理双元能力，在第二部分用九个章节分别阐述思科公司的创新和管理能力。笔者深知，九个章节的篇幅实际上难以完整、深入地呈现一个企业成功的关键要素，笔者掌握资料的广度和深度、分析的高度也有很多局限性。但是，管中窥豹，聊胜于无。

第三，注重研究分析。在对案例进行系统梳理的基础上，笔者试图从创新与管理双元能力建设和悖论管理的角度挖掘思科成功的关键要素。我们之所以选取双元能力这个视角，是因为近年来，一些国际著名的成功企业走向衰退的案例促使学术界和企业界思考，在快速变化和充满不确定性的竞争环境中，企业要同时具备创新能力和管理能力：一方面，通过投资技术创新、市场转型和颠覆式商业模式来构建面向未来的能力；另一方面，通过高效的管理来确保企业原有生产服务体系的精细化和竞争力，给企业带来稳定的收益以确保生存和可持续发展。我们希望通过对思科公司的案例研究来发现它是如何做到两者兼顾的。因此，本书不同于新闻性或宣传性案例的地方就在于，我们希望从案例中总结和提炼出企业发展所面临的共同课题，即如何在信息时代、技术创新和颠覆式商业转型频发的时代，在企业的学习、所属、结构和绩效四个层面，通过有效的悖论管理动态构建双元能力，使企业更好地解决创新与管理的动态平衡、制度设计和资源配置问题。国家自然科学基金项目（项目号71371017，2014—2018年）对这一课题的研究提供了支持。

笔者特别感谢北京大学光华管理学院为我们提供的平台和学习机会；特别感谢光华—思科领导力研究院的领导和同事给予的大力支持；特别感谢国资委和央企领导的信任，你们在对话和讨论中的真知灼见让我受益匪浅；特别感谢思科的高层领导在授课和对话过程中的开放与坦诚；特别感谢项目负责人对课程的精心设计和安排。这一切对我们的案例研究来说都是极其宝贵的，你们的智慧和实践经验是这本书最重要的基础和素材。

在本书的写作过程中，北京大学信息管理系的王启贤、刘蔚、罗颖琳、崔婧玉参与了资料搜集和整理工作，在此表示衷心的谢意。最后，特别感谢我的家人所给予的爱和关怀，使我在困难的时候仍然能够奋力前行。

董小英

北京大学光华管理学院副教授

目录
Contents

第一部分 理论发现

第一章 创新与运营双元集成:跨国公司生存之道　　3
一、问题的提出　　3
二、探索与利用双元整合的难点与对策　　5
三、思科案例的研究方法及过程　　13
四、探索与利用双元集成:思科的做法　　16
五、案例研究发现:从双元集成到双战略实施　　32
参考文献　　37

第二部分 案例呈现

第二章 战略领导力　　45
一、引言　　45
二、思科领导人　　46
三、全球性企业领导人的核心职责　　51
四、CEO的前瞻性思维与决策　　55
五、CEO如何塑造企业文化　　57
六、CEO的修养与品格　　58
七、CEO如何领导全球性企业　　61
八、领导人如何推进企业变革　　63
九、小结　　67

第三章	企业转型与变革管理	69
	一、引言	69
	二、卓越企业是持续转型的结果	71
	三、战略转型的外部动力	73
	四、战略转型的内在动力	78
	五、如何把握战略转型的时机	84
	六、用战略方向牵引企业转型变革	86
	七、转型的阶段与方法	93
	八、思科的数字化转型	96
	九、战略转型中领导人的作用	111
	十、小结	114

第四章	创新体系	117
	一、引言	117
	二、大企业创新的主要障碍	119
	三、思科创新体系的三大支柱	122
	四、如何使创新与商业模式相匹配	127
	五、判断创新项目的价值	129
	六、如何提升创新速度	132
	七、建立高效的创新流程	134
	八、如何使创新项目与市场成熟度相配合	138
	九、小结	145

第五章	并购战略与并购管理	147
	一、引言	147
	二、思科并购战略的演变	148
	三、并购的战略目标与价值	149
	四、寻求激进式技术与内旋式并购	152

五、并购企业的六项原则　　　　　　　　　　　153
　　　六、并购流程和方法　　　　　　　　　　　　156
　　　七、并购后的文化融合与业务整合　　　　　　160
　　　八、并购成功的关键要素　　　　　　　　　　164
　　　九、思科并购的整合案例　　　　　　　　　　168
　　　十、小结　　　　　　　　　　　　　　　　　173

第六章　战略联盟与合作伙伴关系管理　　　　　　　176
　　　一、引言　　　　　　　　　　　　　　　　　176
　　　二、战略联盟的价值定位　　　　　　　　　　177
　　　三、思科战略联盟的演化　　　　　　　　　　180
　　　四、合作伙伴的主要类型　　　　　　　　　　181
　　　五、销售合作伙伴评价机制的演变　　　　　　183
　　　六、合作方的利益处理　　　　　　　　　　　184
　　　七、合作伙伴生态系统的建设　　　　　　　　186
　　　八、合作伙伴对思科价值链的影响　　　　　　187
　　　九、小结　　　　　　　　　　　　　　　　　188

第七章　建立高适应性的企业文化　　　　　　　　　190
　　　一、引言　　　　　　　　　　　　　　　　　190
　　　二、文化体系中的核心价值观　　　　　　　　191
　　　三、建立创新性文化　　　　　　　　　　　　198
　　　四、用文化塑造持久竞争力　　　　　　　　　200
　　　五、通过文化塑造高适应性企业　　　　　　　201
　　　六、建立高适应性企业文化的五个杠杆　　　　202
　　　七、促使文化落地的原则　　　　　　　　　　205
　　　八、小结　　　　　　　　　　　　　　　　　206

第八章	公司治理与风险管理	209
	一、引言	209
	二、公司治理结构及风控体系	210
	三、如何管理面向全球市场的风险	214
	四、风险管理的框架与流程	216
	五、如何进行内部业务流程审计	218
	六、利用信息化工具量化风险	218
	七、内外部审计的流程	221
	八、对合规和企业声誉的管理	224
	九、小结	226

第九章	信息化与价值链管理	228
	一、引言	228
	二、管理全球客户价值链	231
	三、以客户为中心的价值链管理模式	232
	四、价值链管理的转型	235
	五、如何管理价值链的复杂性	237
	六、信息化建设与价值链管理的融合	240
	七、信息战略的制定与执行	245
	八、信息化的价值与投资回报	250
	九、小结	253

第十章	协作型组织与知识管理	255
	一、引言	255
	二、用知识平台构筑企业差异化的基础	257
	三、利用信息技术创造不同的工作环境	259
	四、利用信息技术打造协作型组织	259
	五、跨组织协作	264

六、将协作技术用到销售工作中	265
七、知识管理与知识增值链	267
八、集成工作经验平台与知识分享	270
九、小结	273

第三部分　尖峰对话

问题列表	277
一、战略领导力	289
二、企业转型与变革管理	302
三、创新体系	313
四、并购战略与并购管理	324
五、战略联盟与合作伙伴关系管理	348
六、建立高适应性的企业文化	357
七、公司治理与风险管理	364
八、信息化与价值链管理	373
九、协作型组织与知识管理	387

第一部分　理论发现

创新与管理是兼顾企业未来与现在、新与旧、变革与稳定、增量与存量的双元组合,缺一不可。

第一章

创新与运营双元集成：跨国公司生存之道

一、问题的提出

在快速变化的环境中，企业在创新过程中如何在利用现有技术和能力的同时探索开发新技术和新能力，并在两个活动之间建立积极的互动关系，是双元能力建设的核心，它直接影响了企业的短期生存和长期可持续发展（Raisch and Birkinshaw, 2008; Vera and Crossan, 2004）。利用活动强调对现有体系的优化升级和改善，重点强调"精细化、效率选择和实现"（March, 1991）。它重视已有能力、技术路线和管理范式的一致性和渐进式创新（Tushman and O'Reilly III, 1996）。探索活动重视对环境的适应性，不断发现新市场和新技术、引入新知识、构建新能力，包括"搜索、改变、试验和发现"等活动（Levinthal and March, 1993）。[①] 通过探索接纳激进式创新，推动变革（Benner and Tushman, 2003; He and Wong, 2004），在这个过程中，企业有能力跳出已有的"体系"进入新的体系（董小英和周佳利，2014）。

---

① 在本书中，利用活动是指组织运营和渐进式创新活动；探索活动通常是指创新或激进式创新活动。

尽管双元能力理论指出企业同时从事利用活动与探索活动关系到企业当下的生存和未来的发展，但是，在实践中，高科技企业在创新过程中的双元能力建设面临三大困难：第一，探索活动与利用活动在绩效、学习、所属与结构四个方面存在悖论关系（Tushman and O'Reilly III, 1996; Andriopoulos and Lewis, 2009）。所谓悖论，是指事物双方存在既对立又关联的要素，两者相互竞争、相互冲突，又相互依赖和转化。探索活动在绩效上重点关注长期目标和可持续发展，学习上注重获取新知，所属上强调多样性和变化，组织结构上强调灵活性、授权和非正式关系；利用活动在绩效上重点关注短期目标和财务指标，学习上重视利用旧知和技术体系的连续性，所属上追求一致性和稳定性，结构上强调整体效率和控制（董小英和周佳利，2014）。在资源紧张的情况下，企业难以兼顾这四个方面的悖论，往往顾此失彼。

第二，由于探索活动的不确定性和风险，企业倾向于从事利用活动而规避探索活动（Groysberg and Lee, 2009）。探索活动是对未来潜在技术和新市场的试验和发现，其商业模式不清晰、投资回报难以预测。探索活动要求企业改变或摆脱组织现有路径与能力的束缚，这个过程也同样存在风险。双重风险使企业对探索活动谨小慎微，不确定性越高，投入越谨慎。资源匮乏的中小型高科技企业难以承受早期探索活动的成本和风险，尽可能选择模仿、复制或跟随战略，直接进入市场环节（Voss and Voss, 2012）。而成熟的大企业不愿放弃或颠覆已有优势，承担组织转型的痛苦和短期收益的损失，对探索活动噤若寒蝉。

第三，企业对利用活动的持续投入不断强化已有优势，效率的提高、收益的可预测性与稳定性，使企业逐渐形成自我强化机制。从短期看，利用活动是安全的选择，特别是在稳定的市场环境中，它有助于加强已有的核心竞争力。但从长期看，自我强化机制会使企业产生路径依赖和惰性，重视内部优化和发展，忽略外部环境、技术和客户的转型变化（Gupta et al., 2006）。在激进式技术和商业模式创新频发的环境下，自我强化机制增加了探索活动的机会成本和转换成本（Levinthal and March, 1993; Gilbert, 2005），对竞争对手的"创造性破坏"难以快速响应，从而错失进入新技术和新市场的时机，很多显赫一时的大企业（如诺基亚、柯达等）都陷入了类似的窘境（聂开锦和李琳鋆，2012），企业的核心竞争力变成了核心障碍。

本章以企业创新中的双元能力为核心，以悖论管理为理论视角，以探索活动与利用活动的分离－集成机制为研究中心，通过对美国思科公司的单案例研究，试图利用这家在电信设备与服务领域已有三十多年历史、超越了五代竞争对手的企业解决三大研究问题：第一，领先企业在构建创新双元能力过程中如何通过悖论的分离与集成机制实现可持续发展；其悖论分离－集成机制包含哪些具体要素和方法。第二，悖论管理视角下双元的分离与集成的内在关系是什么，特别是企业在创新能力构建中如何通过集成机制使得分离的"双元"有机互动起来，形成良性循环。第三，企业创新中的悖论分离－集成机制的重要价值体现在哪，即这一机制如何帮助企业解决创新中的不确定性和投资回报问题，以及如何确保企业同时在新兴市场和成熟市场中不断取得成功。以上三个研究问题的解决将为我国高科技企业构建创新双元能力提供重要的借鉴意义。

二、探索与利用双元整合的难点与对策

1. 探索与利用双元能力构建的途径

企业成功要兼顾长期发展和短期生存，必须在探索活动和利用活动

中达成动态平衡，这是组织双元能力研究特别关注的问题。尤其是2008年以来，国内外学术界对这一问题的研究给予了越来越多的关注（Raisch and Birkinshaw, 2008; O'Reilly and Tushman, 2013; Turner et al., 2013）。研究重点集中在两个维度：一是如何推进并行的双元能力；二是如何在双元能力之间建立集成机制。前者的研究主要聚集在三个方面：领导力的双元性、结构的双元性和情景的双元性（Raisch and Birkinshaw, 2008）。领导力的双元性提出具有认知复杂性的领导人和复合式的高层管理团队能够均衡分配在探索活动和利用活动上的注意力，避免因个人偏好或精力有限而顾此失彼（Perretti and Negro, 2006）。结构的双元性是指在组织的大体系下，在不同部门之间，通过空间隔离或并行设计，使各部门可以根据各自的业务需要相对自由地主导行为、互不干扰，分别进行探索活动和利用活动（Fang et al., 2010）。情景的双元性要解决组织对外部环境的适应性和内部效率一致性的矛盾，它不再是通过彼此独立的双元结构解决问题，而是重视员工的主体性，鼓励员工根据环境的变化自主做出选择，在冲突目标中自发地分配时间，使员工有能力同时从事探索活动和利用活动（Gibson and Birkinshaw, 2004; Ghoshal and Bartlert, 1994）。

上述研究的局限性在于，虽然学者们提出了不同形式的集成机制，但是，这种集成主要体现在人身上。领导力的双元方式将集成的责任放在高层领导人及高层团队上；结构方式将集成的责任放在探索活动和利用活动的上级部门；情景方式将集成的责任放在普通员工的个人双元能力上。然而，如何在组织能力层面构建探索活动与利用活动的分离－集成机制仍是一个研究空白。正如Jasen et al.,（2009）所言，在组织层面建立精心设计的系统、流程和能力，将探索活动与利用活动进行动态关联，是建立双元能力的关键。迄今为止，我们并不清楚组织层面的分离－集成机制的要素和方法是什么,以及它是如何发挥作用的,如何通过集成机制形成探索活动与利用活动的跨界资源组合、流动、协同与相互支持。

2. 探索与利用双元能力构建的思维方法

构建组织层面的探索与利用双元能力首先要完成思维上的转变,即从非此即彼的权衡思维(trade-off thinking)转向悖论思维(paradox thinking)(Gresov and Drazin, 1997; Lewis, 2000; Morgeson and Hofmann, 1999; Bouchikhi, 1998)。悖论思维指导下的管理模式被称为悖论管理(Smith and Lewis, 2011)。

权衡思维是指人们在探索活动与利用活动之间进行取舍。由于悖论中的对立关系往往会引发人们情感上的焦虑和防御心理(Schneider and May, 1990),否定、压制、排斥的行为相继出现(Vince and Broussine, 1996)。人们通常用简单、静态、分离的权衡思维解读悖论,强调事物的一方,忽视甚至否定另一方,导致悖论的对立关系被强化,关联关系被弱化。人们在认知、态度和行为上追求与他人保持一致倾向(Cialdini et al., 1995; Smith and Lewis, 2011),会进一步深化这一矛盾。这种一致性有助于减少人员在思想和行为层面的冲突和矛盾,降低企业内部的协调和达成共识的成本,避免行为的不一致所带来的不确定性(Pratt and Foreman, 2000)。通过压制悖论的一方来维持有序的假象可以暂时舒缓焦虑或使一方得到加强,但它不仅无法消除两者之间的紧张关系,而且在管制放松后,两者之间的紧张关系会进一步加剧,从而导致悖论的恶性循环。因此,将权衡思维或一致性作为组织防御机制,短期内会提高组织共识和效率,长期则会顾此失彼。

悖论(paradox)是指一组同时且持续存在的相互对立又相互联系的元素(Lewis, 2000; Smith and Lewis, 2011)。悖论思维与权衡思维存在着本质差异（Lewis, 2000）。其一，与权衡思维相比，悖论思维承认事物相互对立的关系，采用"接受"而不是"对抗"的态度。其二，权衡思维强调对事物双方做非此即彼的选择，而悖论思维强调悖论双方既相互对立又相互联系，如果采用积极的管理方式，就存在同时实现悖论双方要求的可能性。其三，在悖论双方中做出选择，并不能解决或消除悖论，这种既对立又联系的关系将持续存在，因此管理悖论是充分挖掘悖论的潜力，用创造性的方法同时发展张力的两端，认识到探索和利用并存的可能性，并在悖论双方之间建立提升彼此价值的方法和途径（Eisenhardt, 1989）。在这个过程中，人们通过直面冲突，寻找"同时"而非"取舍"的管理路径和方案，并在此基础上进行长期和宏观层面的机制设计（Lewis, 2000; Smith and Lewis, 2011）。

因此，如何通过悖论思维帮助人们超越非此即彼、对立和固化的思维模式，对悖论的两端所存在的内在联系进行角度转化，寻找动态平衡解决问题的方法（Poole and Van de Ven, 1989），为双元能力建设提供了新的思路。

3. 探索与利用双元能力构建的分离－集成机制

在悖论思维指导下探讨探索与利用双元能力的重点不是区别孰轻孰重，而是充分发掘双方给彼此带来的效益，通过创造性的方法将"双元"有机联系起来，抓住各"元"的优势，相互补充，从而实现彼此价值的最大化（Eisenhardt and Martin, 2000）。"接受"的态度是使悖论产生良性循环的关键，当人们认识到悖论之间的紧张关系可以共存时，就会主动探索两者之间的对立关系及实现对立关系的动态转化的方案。然后通过悖论的转化，将决策的有效范围扩大到中长期，挖掘组织资源的可能性和潜力。在悖论思维的影响下，Poole and Van de Ven（1989）及 Andriopoulos and Lewis（2009）提出了悖论管理的分离－集成机制。

分离机制。分离机制关注悖论两"元"的不同之处，采取不同方法对二者进行处理。分离有助于解决悖论双方的冲突和竞争，通过建立和发展分离结构，给它们空间和时间发展出各自的独特性和创造性，使组织的双元性同时得到发展。分离可以细分为空间分离和时间分离（O'Reilly and Tushman, 2013）。空间分离是指在组织内建立分离的单元，通过结构边界和空间隔离，在子系统内营造互不干扰的条件和环境（Jasen et al., 2009）。时间分离指在不同的时间段关注悖论的不同方面，如在某一时期重点发展探索能力，在另一时期重点发展利用能力。

分离的好处是通过时间与空间的分离，避免了悖论的冲突和竞争，让业务活动模式保持各自的独立性和一致性，让悖论中的某一方做到最优，避免组织悖论中一方对另一方产生干扰。这有助于发展组织专业化能力，通过自我强化机制增加组织在某些领域的领先性和差异性（Smith and Tushman, 2005）。资源匮乏的企业根据环境变化和战略诉求，同时或交替地发展探索和利用活动（Benner and Tushman, 2003）。

分离的局限性是单独进行探索活动与利用活动，对组织资源配置有较高的需求，而且，由于探索活动与利用活动之间的关联弱化，组织将面临知识交换和成果共享方面的障碍。此外，由于探索和利用在各自体系中的自我强化，导致组织难以蜕变出新的资源组合和能力。利用性单元倾向于规避探索活动的不确定性和风险，使企业错失转型的良机；而探索性单元无法充分利用原有资产和能力，难以实现新兴技术的商业价值，最终将导致企业在稳定与发展的悖论中顾此失彼。Edmondson et al.（2003）指出，只使用分离的方式并不能完全解决组织悖论，组织中的冲突关系仍然存在，并且会产生新的冲突。例如，宝丽来虽然投入大量资源进行数码摄像的研发，但大多数高层领导人对这种颠覆式技术的排斥导致与新技术有关的成员被边缘化（Edmondson et al., 2003）。

集成机制。集成机制强调在看似相反的两"元"之间寻找关联点，通过在两者之间建立联系来构建双元能力。越来越多的学者认识到，探索活动和利用活动之间可以形成互补关系，通过两者之间的转化提升彼此的价值：探索活动为利用活动提供了优化和扩展的素材，而利用活动为下一步的探索活动提供了知识基础（如Cao et al., 2009; He and Wong, 2004等）。在这个过程中，组合能力与互补性资产发挥了关键作用。

组合能力是在已有知识与新知识之间进行动态交互和融合的能力（Fleming, 2001）。Schumpeter（1939）指出"创新是用新的方式对已有的资源进行重组"。Fleming（2001）提到，"为了应对技术转型的不确定性和不可预测性，组合是在已有的视野和知识框架内，尝试加入以前没有的要素，在这个过程中，能同时考虑新要素与新组合，就可以使创造持续发生"。这些观点都表明，如果将探索活动和利用活动加以组合，将有助于引发组织创新，使得探索活动的风险得以降低，利用活动的价值得以提升。此外，组合能力是组织吸收能力的基础，创造新知识是在现有知识中生成新的应用和新的知识组合（Kristal et al., 2010）。Bosch et al.（1995）进一步将组合能力细分为系统能力、社会化能力和协调能力，指出其可以发生在组织内部、产业间和与企业相关的产业与环境中。Cao et al.（2009）将组合的概念用在产品研发双元能力上，认为组合重点关注探索活动与利用活动的资源配置的数量和比例，但没有进一步挖掘组合的具体方式。

除了探索活动与利用活动的组合能力，要使技术能够成功地转化为商业价值，还需要企业互补性资产的支持。Teece et al.（1997）提出，核心技术商业化的成功需要互补性资产做支持，它会提高模仿者拓展市场时的准入壁垒，提高新技术的商业价值。探索活动和利用活动能够共享组织的已有资产（如制造、渠道、服务、互补性技术、外包、市场营销、金融等），这可以提高利用活动的效率，降低探索活动的风险。对于高科技企业来说，探索式创新和利用式创新是企业的核心活动，流程、系统、价值链等是企业的辅助性活动，支撑辅助性活动的资产称为互补性资产。互补性资产本身的优化和更新，对提高企业在技术转型期的适应力有重要的作用。已有研究结果也证明：创新者与新进入者在商业上是否成功受三个因素的影响：投资、技术能力和互补性资产的专有性，在产业新进入者和旧产业守卫者互动的过程中，专业化互补性资产具有至关重要的作用。如果投资和技术能力彼此孤立，会影响创新绩效（Tripsas, 1997）。Taylor and Helfat（2009）将互补性资产的概念用于解释技术转型中组织面临的双元性挑战，通过对IBM和NCR的对比案例研究发现，高科技企业在技术转型期，在核心技术与互补性资产之间建立三种连接（linkage）：一是互补性资产之间的内在连接；二是旧互补性资产与新互补性资产之间的连接；三是核心技术与互补性资产的连接。他们的案例研究发现，中层管理者的沟通和协作等链接活动在探索活动和利用活动之间的互动关系中发挥了关键作用。该研究建议：当新技术处于萌芽状态时，应先采取分离策略以增强探索活动的活力，随着组织互补性资产不断成熟和完善，应借助互补性资产有目的地将探索活动和利用活动与互补性资产进行集成（Tushman and O'Reilly III, 1996）。

组合能力和互补性资产的概念对我们理解探索活动与利用活动之间的集成机制很有启发，但现有的相关文献仍未能揭示探索活动与利用活动集成机制的具体方法和过程：一是未能揭示探索活动与利用活动彼此支持的动态关系和互惠机制；二是未能揭示探索活动与利用活动之间的动态关系如何有助于降低探索活动的不确定性和风险；三是未能揭示互补性资产与探索活动和利用活动的连接给企业创新带来哪些价值。在这些问题上，国内外仍缺乏相关的研究案例及大规模的实证研究（Raisch and Birkinshaw, 2008）。如果我们对组合能力与互补性资产有了更深入和更全面的理解，就可以进一步解释企业创新中探索活动与利用活动悖论管理的途径和集成机制，将企业创新取得成功的"黑箱"打开。

在此基础上，本章提出了企业创新的双元能力过程中分离－集成机制的分析框架（如图1-1所示）。我们初步提出以下四个主要命题：

命题一：企业在构建探索式与利用式创新的双元能力过程中，对创新中的悖论进行分离与集成是一个重要的悖论管理机制。企业在采用悖论思维的前提下，首先对创新的"双元"进行分离，即将一系列的探索活动与利用活动分离。

命题二：在企业创新双元能力构建过程中，分离"二元"（探索活动与利用活动）的价值是通过对悖论的集成来实现的。

命题三：在集成机制中，组合能力和互补性资产是关键要素。对企业创新中的探索活动与利用活动进行组合有助于提升彼此的价值，利用活动对探索活动的支持有助于降低创新风险，探索活动对利用活动的补充有助于增加创新活力。以组合能力为核心的集成机制将对降低企业创新中的不确定性和风险发挥重要作用。

命题四：企业的互补性资产由组织的流程、系统、价值链构成，互补性资产具有内在逻辑关联且持续更新。互补性资产与探索活动的连接，可增强探索式创新的效率；互补性资产与利用活动的连接，将进一步降低利用活动的成本。以互补性资产为核心的集成机制将对提高创新的投资回报率发挥重要作用。

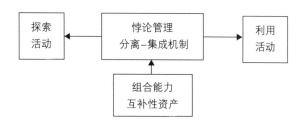

图1-1 探索与利用双元能力悖论管理机制模型

三、思科案例的研究方法及过程

1. 研究方法

研究问题的性质决定了研究方法的选择和后续研究的设计（Eisenhardt, 1989）。本章试图探索成功企业如何使用分离与集成机制构建双元能力，并拟采用单案例研究方法。这是因为：第一，该研究问题中所涉及的"集成机制"是近期新兴的研究热点，目前尚没有成熟的理论和公认的结论（Jasen et al., 2009）。而单案例研究方法，能够通过极端的、具有启发性的案例掌握研究现象的丰富性（Weick, 2007），形成较全面与整体的观点，因而适用于探索那些较少被研究的领域（Yin, 2003）。第二，该研究问题关注双元能力的构建机制，是一个"怎么样"的研究问题。相比于其他研究方法，单案例研究能够深入具体的企业情景，通过翔实的描述（Tsui, 2007）和丰富的情境信息解释现象背后隐含的复杂而具体的机制。

本书基于以下三个原因选择思科公司作为单案例研究对象。第一，作为一家大型的跨国科技公司，要在成熟和新兴市场中持续保持领先地位，思科公司面临诸多悖论管理的挑战（董小英和周佳利，2014）。这些挑战正是本书研究问题的起点。第二，作为为数不多的长寿的高科技公司，思科在双元能力构建方面有独特的实践经历。在其三十多年的发展历程中，思科超越了如北电、Linksys等五代竞争对手，历经多次技术变革，依然能够稳坐网络设备提供商的头把交椅,并在销售上维持60%—65%的毛利水平。互联网上近80%的流量经由思科系统公司的路由器、交换机及其他设备传递。思科的独特实践及其成功经历对很多企业有借鉴和启发价值。第三,本书主要作者在2010—2013年收集了针对本书研究问题的大量的且十分宝贵的一手访谈资料,详细的收集过程将在"资料收集"部分呈现。综合来看,思科的单案例研究具有极端性和资料难以获取的特性,满足单案例研究理论的抽样原则。

Eisenhardt and Graebner(2007)艾森哈特等人指出,"访谈是获得丰富数据的一种高效方法,但访谈也会造成受访者下意识的反应,即出于印象管理和'事后诸葛亮'等机制导致的访谈数据的偏差"。本书主要通过两种途径减轻这种偏差:(1)访谈多个研究对象,以从不同的角度掌握同一个研究现象的丰富信息。因为让众多形形色色的受访者都进行印象美化和篡改的可能性很小。(2)将多种数据收集方法连接起来使用,在数据之间形成三角验证(Tsui, 2007)。除了一手访谈数据,本书还收集了大量二手数据,包括1995—2012年思科的年报,其企业网站及新闻报道,国内外学者关于思科的管理模式与经验的著作,以及在数据库中检索到的中英文文献。

案例资料的分析过程是一种"分析性归纳"(analytic generalization),即使用概念和范畴来抽取事实,提炼问题结论(Tsui, 2007)。本书的资料分析方法参考Miles and Huberman(1994),采用了"扎根理论"中的编码步骤:包括开放式编码、主轴编码和选择编码三个阶段。

2. 研究过程

2010—2013年,本书的主要作者参与国资委对标世界一流企业的相关项目,随同先后选派的四期近50位央企高层领导参与美国思科公司的培训。笔者有机会亲历现场，系统地聆听了思科公司从董事长、总裁到人力资源、市场营销、运营、信息化、供应链、风险管控、创新体系、社会责任、合作与战略联盟等（累计49位）高层领导人的授课，同时也聆听了各央企领导针对思科的实践所提出的问题及双方的高峰对话，因此，掌握了大量宝贵的一手资源。笔者对所有授课过程进行录音录像（包括英文演讲的文字资料、语音资料、录像、中文同传和现场对话）；之后将所有的中文同传打成文字，对重要的但不能确定的内容核查英文录音或录像，以确保资料的准确性和可信性。在此基础上，研究团队对文本资料进行分类整合，整理后的文本共30余万字，现场问题及对答300多个。作者所著关于思科公司实现创新与管理的著作已经正式出版（董小英和周佳利，2014）。资料收集的具体步骤和过程如表1-1所示。表1-1展示了2010—2014年，研究团队不断收集企业信息和对话访谈，寻找理论和分析视角的过程，从高科技企业的双轮驱动、双元能力，到双元能力的悖论管理和分离-集成机制，作者试图不断探索思科在激烈的市场竞争和转型中获得成功的关键要素。这些理论视角也在授课过程中，在央企领导人不断寻求反馈和确认的过程中进行修正和深化。因此，这是一个实践信息获取—理论归纳分析—实践者信息再获取与反馈—理论修正和深化的过程。

表1-1 案例研究实践—理论—实践的演化过程

年份 资料分析	2010年	2011年	2012年	2013年	2014年
关注焦点及理论视角	对世界一流企业的全面了解与对标，重点关注创新体系与信息化建设	双轮驱动：创新体系与运营体系	高科技企业双元能力	高科技企业双元能力的悖论管理	双元能力的悖论管理，分离-集成机制，互补性资产与组合能力

续表

年份 资料分析	2010年	2011年	2012年	2013年	2014年
一手资料	思科的创新系统与卓越运营系统（14人演讲）；现场问答：33个	思科的转型、变革、创新与信息化（12人演讲）；现场问答：50个	思科的转型、创新、文化、信息化、人力资源、社会责任等（16人）；现场问答：68个	思科的创新体系与运营体系（12人）；现场问答：78个	思科公司15人授课；现场问答：70个
资料分析过程	记录整理一手资料3.5万字；主题分析：国际化、创新和信息化建设	一手资料累计6万字；主题分析：创新体系、合作、战略联盟、信息化与运营体系	一手资料10.5万字，二手资料12万字；对思科5大主题下的20个小主题进行扎根研究	一手资料12.5万字，二手资料20万字；对思科6大主题下的50个小主题进行扎根研究	一手资料25万字，二手资料20万字；对思科9大主题下的63个小主题进行扎根研究，对问答进行分析归类

四、探索与利用双元集成：思科的做法

我们通过对思科进行深度案例分析，总结出思科在悖论思维下构建双元创新能力的分离－集成机制，如图1-2所示。之后，我们将对这一机制分小节进行具体分析与阐述。

1. 探索活动与利用活动的分离机制

A. 分离的探索活动

探索活动中的分离机制是在现有技术体系空间之外去寻求新的技术，大企业通常有完整的研发系统和技术体系，如果长时间专注以自我为核心的技术创新，有可能错失激进式技术发展的苗头和机会。面对这种情况，思科作为一个成熟企业，"必须克制所有研发都由自己完成的欲望"，以避免失去激进式创新的机遇，尤其是在思科技术体系之外的技术和产品。为了解决这个问题，思科通过收购外部企业，把外部资源源源不断地整合到

企业内部；同时，把内部的新技术研发团队从已有体系中"分离"出去，使其有更大的自由空间和独立机制，确保其创意更加"独特"。

思科的新兴技术部副总裁谈到，企业变大之后，人们会对创新产生天然的反抗："企业中有抗体，他们会扼杀你的点子，如果你有很好的点子而没有人反对的话，也许这并不是一个真正的好点子，一个非常疯狂的点子会使某些人觉得不舒服，因为它是颠覆性的。"思科的高层领导针对人们对探索活动的恐惧，特别注重培育企业中诚惶诚恐的危机意识和变革文化与机制。

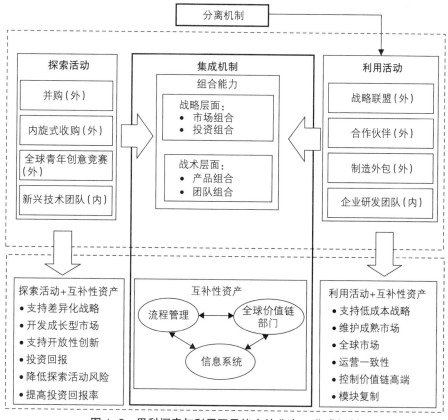

图1-2　思科探索与利用双元能力的分离－集成机制

并购。思科很清晰地意识到，一个企业很难提供全面、完整和最新的产品和解决方案，收购是整合和利用外部资源的最重要途径，特别是对于思科已有技术体系之外的技术和企业，思科主要采取并购的方式获得，以快速满足市场上的客户需求。思科的收购也是不断引入外部资源，激活企业内部发展变革动力的过程，它有助于企业克服因惯性思维而导致的组织惰性，从而错过激进式技术创新的机会。在过去的15年时间里，思科做了170项并购。2013年，思科用在并购上的投资是61亿美元，占其销售额的近13%。通过并购、获取外部创意等方法，思科不断将外部的创新企业和创意集成到其技术创新和产品体系中。通过这种方法，思科一方面不断弥补自身创新的盲点和未来发展中所缺失的技术，将与思科技术体系具有互补价值的中小型科技企业和人才收入囊中，同时，不断组合已有的技术产品和服务体系，确保它有效地适应市场需求。

内旋式收购。内旋式收购是早期介入被收购企业的一种方式，也是为了确保收购成功、降低不确定风险的积极探索。在实践中，思科对未来可能被并购的公司进行早期投资，与其分享技术路线图、将有经验的管理者派到被收购企业进行指导。当被投公司的销售额达到预设客户数量和里程碑时，思科再出手购买该公司。

全球青年创意竞赛。全球青年创意竞赛是将外部创新资源内部化的另外一个途径。思科从全球青年创意竞赛中获得创意，利用思科内部行动的学习方法，推动外部创意的内部创业。互联网是年轻的产业，也是年轻人的世界，思科为了了解年轻人的创造力和需求，在社交媒体平台上向全球推广创意竞赛，从世界各国的年轻人身上获得好的想法。思科在全球范围内通过竞赛可获得数千个项目，目的是在年轻人当中获得创新性的想法，对于创意优胜者，提供高达25万美元的奖励。

钱伯斯在信息产业界高管交流的晚会上就说道:"思科要像一个10岁的孩子那样展望未来,保持年轻心态,他们提供邀请年轻人参加董事会等机会,了解年轻人的思维和追求,期望用年轻的心态展望未来,就会看到机会和希望。"

新兴技术团队。思科对内部创新的新兴技术团队采用分离策略,支持其有相对独立的办公空间、文化氛围、激励机制和自主的选人标准,与已有的成熟技术研发团队保持距离,保持相对的独立性,不受干扰地完成创新项目。在思科,总裁掌握着2000万美元的创新经费,对于员工提出来的好创意,员工要找工程师一起做计划,共同协商新创意能为公司未来带来的好处。如果项目得到专家和工程师们的认可,员工就可以独立组建小组进行研发,这时,该项目团队像是投资公司一样运营。有时,创意团队还会离开思科,在共享思科资源和基础设施的同时享受更多的独立和自由,不受思科文化、激励机制甚至上班时间的制约,与思科保持时间和空间上的隔离。这种时间和空间上的隔离可以让这些创新团队享受更多初创小企业的自由和氛围,不受大企业固定思维和运营模式的干扰,一旦产品研发到了可以进入市场的阶段,公司再将该项目收购回来,项目的收购价格将根据市场价值进行估价。如果创意小组在思科内部经过孵化进入大规模制造阶段,经过公司设计的流程,就会被纳入成熟产品的生产体系中并成为其中的一部分。思科的技术和产品就是经过这样的孵化、生长、整合与循环,不断增强产品体系的深度和广度,增强整个产品和解决方案的差异性。

B. 利用活动的分离

在销售和制造体系上,思科也采用将外部资源为我所用的策略,这里主要有三个原因:一是速度的要求。随着技术和产品生命周期越来越短,依靠一个企业的技术能力难以快速进入市场并占据主导地位,因此,企业与外部资源进行结盟的能力变得更加重要。二是全面满足客户需求的要求。随着互联网技术的发展，客户的需求越来越复杂，需要企业提供一揽子的全面解决方案。思科虽然通过不断地并购企业来拓展技术产品的复杂度和多样性，但对于思科无法并购的大企业，则通过合作伙伴、战略联盟和外包的方式捆绑成利益共同体或共同服务于客户的综合体。三是核心竞争力的要求。在整个价值链上，一个企业难以获得整个价值链上的所有资源和能力，因此，与拥有其他资源和能力的企业形成互补性的联盟关系是达成多赢的有效途径。思科在高效利用外部分离资源的过程中，主要有三个途径：

战略联盟。战略联盟是指一个或多个组织间通过资源联系所建立的持续创造高价值的战略关系。思科对于难以购买的企业（特别是大企业或知名企业）或是非核心业务，就采取战略联盟的方式。联盟的类型既有探索性的联盟，又有利用性的联盟（Rothaermel and Deeds, 2004）。利用性联盟关注产品的商业化阶段，一般包括利用外部企业的销售、推广渠道。思科的战略联盟着眼于发展企业之间长期、稳定的战略性关系，要求各方共享资产、技能和资源，各参与方形成较强的组织承诺。这种承诺必须从 CEO 开始进行自上而下的传递。高层管理团队成员在战略联盟关系中要有主人翁意识和责任感。虽然各企业领域和文化不同，但组建战略联盟的过程中要有共同目标，建立相互信任的关系和对话机制以保障战略的一致性和协调性。思科的战略联盟主要有五种类型：合资企业、投资性联盟、销售性联盟、区域联盟和解决方案联盟，这些联盟都是利用性联盟，主要用在技术互换、产品联合销售和推广、市场营销和提供整体解决方案上。如果涉及核心新业务或思科自己不能做的项目，思科就采用购买策略。从资本和控制的角度看，并购是全盘控制，战略联盟是局部控制。如剑桥技术合伙公司、安永和毕马威等，与思科都是战略联盟的关系。

合作伙伴。合作伙伴与战略联盟的不同之处是：战略联盟是在双方认可对方价值的基础上形成的长期稳定的战略关系，而合作伙伴则是根据市场和客户需要形成的互利互惠的特别项目或销售体系。思科的合作伙伴主要在它的销售体系上，思科14%的产品由本公司直接销售，另外86%则由将近3万家合作伙伴预定销售（其中，54%通过一级经销商预定，15%通过二级经销商解决中小企业的需求，17%通过服务提供商销售）。思科在进入新市场之前会考虑寻找合作伙伴，因为这可以大大降低其进入新市场的成本，降低进入壁垒，快速抓住新的市场。思科通过其合作伙伴在全球雇用的销售人员超过15 000名，如果把5.5万家渠道合作伙伴的销售人员也包括在内的话，销售人员的数量是思科直销人员的20倍。合作伙伴从三个方面影响着思科的价值链：一是拓展思科的销售和服务渠道（拓展地理区域，提供集成化解决方案、垂直经验）；二是与合作伙伴相互支持硬件和软件；三是与合作伙伴在技术上提供相互支持。

战略联盟与合作伙伴的关系管理是企业外取资源能力的重要组成部分，思科以其技术工程能力著称，但是，市场能力对于技术型企业同样重要。技术发展速度如此之快，如果不能把技术产品快速市场化，就有可能在较短的时间内丧失市场机遇。因此，思科将80%的市场能力外包，通过合作伙伴，思科可以绕开并购，快速进入壁垒高的市场，或者通过合作伙伴，接触到自身无法接触到的客户，甚至降低进入一个新市场的成本和风险。

制造外包。思科借助外包方式完成95%以上的产品制造，很多制造企业在发展中国家。在财富快速增长之前，思科自己生产和制造产品，当时采用的是按单生产（build-to-order）的业务模式，但是，这种模式复杂到超出运营团队的管理能力,同时,业务的急速扩张需要大量资本,因此公司开始考虑外包。在决定是否采用制造外包方式时,很多人担心制造的外包可能会使思科丧失对供给的有效控制和管理透明度。为了让制造厂商生产高品质、低成本和快速需求的产品,思科会考察制造企业持续供应、库存管理、敏捷生产和对制造的整体管理能力。在对制造企业全面考察的基础上,通过合同的方式满足制造需求,利用大量独立的第三方企业进行印刷线路板测试、产品修复和产品组装,更重要的是,思科在电子程序芯片上开发了拥有知识产品的软件用来控制和检测制造过程,包括配置产品、满足客户需求、确保质量和安全。

2. 探索活动与利用活动的集成机制

A. 组合能力的要素

组合能力是在探索活动与利用活动之间搭建一座桥梁,通过探索活动与利用活动之间的组合、信息共享和人员流动,一方面,将利用活动中积累的经验、知识和能力反哺到探索活动中,降低其不确定性和风险,提高探索活动的相关性、针对性和目的性。另一方面,将探索活动中搜索、发现和创造的新技术、新能力,充实到利用活动中去,避免利用活动的惰性和知识的老化。思科的组合能力有战略和战术两个层面:战略层面聚焦于企业外部,针对不同类型的市场进行组合和投资;战术层面聚焦于企业内部,通过技术路线的分享和团队人员的搭配,对探索活动和利用活动之间的优质资源进行组合。

战略层面——市场组合。 探索活动的核心是通过不断发现成长型市场和客户的新需求,创造或引入新的技术,构建新的能力,形成新的满足成长型市场的需求,当企业不断地在成长型市场中找到快速增长空间时,企业的可持续能力就获得了保障。思科的探索活动不断受到成长型市场的牵引，如 2010 年关注并进入云计算领域，2011 年关注智能电网，2012 年关注并进入视频和数据中心领域，2013 年关注万物互联领域等，正是这些对市场和新技术的探索活动确保思科在市场转型中不会丧失新的发展机遇，为企业的增长不断发现新的引擎。思科在评价和选择并购企业、构建战略联盟和发展合作伙伴时，会将成熟市场与成长型市场进行组合。成熟市场给企业带来稳定的现金流，而成长型市场为企业的后续发展带来新的机会和空间，并帮助思科快速进入新的细分市场。为了快速占领成长型市场，思科不断进行对未来市场发展与客户需求的前瞻性研究和预判，同时，在机会到来时快速整合资源进入新兴市场，通过新产品与原有产品的整合不断拓宽和深化企业市场能力。思科在并购或选择战略联盟对象时，很少选择与其业务同质化的企业，而是选择在价值链上与其互补的企业，如在市场和技术上掌握思科并不擅长的技术和资源的企业，与之形成有效的利益同盟，在利益共赢的目标驱动下快速跨越市场鸿沟，扩大市场份额。除此之外，思科还会考察市场转型的速度以确定组合探索与利用活动的强度和时机。在市场进入低速发展期时，企业有足够的时间进行新技术和新产品的研发，大多数产品的开发和技术创新来自企业内部。但当市场加速发展时，企业仅仅依靠内部的力量很难跟上客户和市场的发展需求，如果竞争对手以更快的速度推出新产品，企业就很难获得市场领先者的地位。在这种情况下，企业通过并购快速从外部获取最新技术。

战略层面——投资组合。思科对研发的投资组合采用的是多项目横向组合，而不是对少数技术持续纵向投入，以减少错失新技术发展机会的概率。也就是说，思科通过采用类似于金融领域的投资组合方式配置激进式或渐进式技术创新项目。在投资前，将每一项目的前景、可拓展性、利润、风险等要素综合起来加以考量，在系统分析的基础上对技术和产品进行评价和筛选，决定最佳的产品组合方案。当然，技术的市场前景也是一个需要重点考察的因素。2013年，思科的研发投入占其销售额的12.2%，达到52亿美元。在技术创新的投资组合中，激进式技术创新、特别是高端技术得到的研发费用在3%左右，只需少数专业人士参与到项目中，项目数量约为每年15项。研发费用的75%用来投资未来具有广阔市场前景的技术，特别是将来1—2年有较大市场潜力的20项新兴技术，22%用来加强现有的技术体系，增强已有技术体系的差异性。思科通过不断优化投资组合，在多种技术可能性中孵化具有市场潜力的项目，确保企业既保证短期利润，又保证有足够的激进式创新产品以维持思科的市场地位和可持续发展。思科在对研发项目进行投资组合的同时防止研发项目的过度扩张和分散，必要时采取"瘦身策略"。具体做法包括：(1)在进行新项目投资时，关停商业价值有限的研发项目；(2)在市场发生波动、股东质疑企业探索活动的利润率时，将探索活动聚集到最关键的业务领域。

钱伯斯认为，"企业高层容易落入的陷阱是做太多的事情，比如抓5个重点20个次重点"，假如企业能够更加专注于某些投资，而不是一味地贪多求全，就可能在减少投资总额的情况下对每个重点项目投资更多，并减少探索活动对于资源的消耗。思科全球销售运营部副总裁谈道："思科在25年的历史上经历了几次低谷，但是，都在渡过最困难的时刻之后浴火重生。在经济环境不好时，企业应采用专注的策略，通过'瘦身'聚焦于自身的核心技术和核心产品。"这位副总裁以自己在通用和思科的经历为例特别谈道："更多并不一定更好，很多伟大的公司都是因为'消化不良'而死的，而非'饿死'的。"

战术层面——技术组合。 思科非常重视新技术与成熟技术的组合，将与思科已有的技术体系关联度高的创新活动纳入公司内部的研发活动，通过渐进式创新实现持续升级和优化，目的是增强整个技术体系的一致性、延续性、统一性和集成性。因此，利用活动是公司最重要的基础和核心优势。与思科原有技术体系差异较大的新技术，或思科不熟悉的技术领域，被归入创新的探索活动，通过并购、外部创意将外部资源内部化；或通过新兴技术团队进行独立研发，实现局部分离，整体协同。

思科在对技术研发中的探索活动和利用活动进行组合时，会将企业的复杂系统架构作为对新技术进行选择和判断的指南。复杂系统架构是针对大客户的复杂需求，提供综合、全面及个性化的解决方案。复杂系统架构是围绕目标客户的需求展开的。

思科还将创新中利用活动的知识和经验转化成分析工具，辅助判断新创意和新技术的价值。如在对外部创意进行评价的过程中，思科的资深专业人员创造了一个分析框架来评估新技术的市场潜力和商业价值，这个框架包括机遇概念图和内部创投函数图。机遇概念图是用可视化的方式展现公司技术和产品的语义网络，通过概念、连线、连接词来展现技术产品体系的内在关联，以及新的创意与原有技术体系的潜在关联。机遇概念图包括协作、视频、数据中心、虚拟化和能源，这些是目前思科认为非常重要的市场机遇。在确定核心领域的基础上，思科的内部创投函数图可以帮助思科集中资源做少数潜力大的项目。这些工具帮助思科有效地评估和选择创意的商业价值，使企业在探索活动的早期，拓宽创意的来源，扩大创意的空间和数量，形成对创新领域的全面看法；在中期和后期，思科会根据利用活动所积累的知识和方法论对创意不断进行压力测试和筛选，创意中的98%都被剔除，留下的是真正具有开发价值的想法，并在2—3年或更长的时间内，把创意转化为可以推向市场的产品，充分实现创意的商业价值。

战术层面——团队组合。为了确保探索活动的成功，思科在团队组合上采取了新老员工组合及技术与市场团队组合两种方式。特别是对内旋式收购企业，思科会派出在销售、客户支持、工程和制造等方面有经验的员工进入该企业，将其已有的知识及能力与小企业融合，为将要收购的企业把关。这些思科员工会和小企业员工一起分享彼此的技术、经验和产品路线图，以协作的方式开发出具有良好集成性的产品。同时，老员工在必要的时候，有权利对管理进行监督。为此，思科通过制定特别的激励机制鼓励老员工到内旋式收购企业去工作。与此同时，思科对未来收购企业技术产品的市场前景也提出要求，当该企业达到预先设定的客户数和销售里程碑时则购买该公司等。收购价格与公司的市场化能力的相关性促使被收购企业关注技术的市场价值，从而降低技术研发中市场的不确定性。对于在新兴技术团队从事激进式创新的人员，则是精心挑选的有激情、反传统、独立、自由、可靠的员工。在团队组合时还考虑到年龄因素，在将外部创意商业化的过程中，思科在从全球青年创意竞赛中获取数千创意的基础上，邀请企业内60位资深领导人从不同的视角对创意进行评价，以群策群力的方式对创意进行筛选，在选择有开发和应用价值的创意之后，思科内部组成行动学习小组将创意转化为产品，并提出有针对性的客户解决方案。

B. 组合能力对提升探索活动与利用活动彼此价值的贡献

战略层面的组合能力使思科能够同时关注成长型市场与成熟型市场的需求，通过战略布局和投资的横向组合，不断发现新技术、新市场的业绩增长点，确保企业在技术和市场转型期不被淘汰，并在成长型市场和成熟型市场之间形成共生和动态组合关系。

降低探索活动的不确定性。通过组合能力，利用活动的知识积累被用来帮助降低探索活动的不确定性和风险。作为一个高技术企业，思科通过战术层面的技术组合和团队组合，将利用活动中的知识和人才转移到探索活动中，使探索活动在分离的同时，与利用活动建立关联。这种关联在某种程度上对探索活动起到过滤、选择、风险评估的作用，使探索活动不会无的放矢。思科将多年来在研发和市场上积累的知识转化为复杂技术架构，并将这个架构用作判断探索性技术的参考，指导探索活动的方向、资源投入和价值，帮助企业甄别新技术与已有技术的相关性，在新技术与现有技术架构之间建立组合和锁定关系。它有助于提高思科满足客户多样化的需求、全面综合解决问题的能力。团队的组合可以及时补充小企业缺乏的人员和能力，帮助它们少走弯路；使企业在满足成熟市场的同时，能够快速进入新兴市场并形成新的市场优势。

增强利用活动中技术体系的差异化。通过组合能力，探索活动所获得的新技术可以不断丰富利用活动的品类，满足市场不断发展的新要求。探索活动中的新技术不断整合到已有的技术体系中，增强已有技术体系的差异化和多样化整合，实现技术体系的系统化和系列化，从而确保企业的技术和产品优势，拉大与竞争对手的差距。通过探索活动所获得的新旧技术整合，还支持了思科从设备提供商向全面解决方案提供商的转型，为其进入利润更高的服务业奠定了坚实的基础。根据 2013 年的年报，思科在产品销售中的毛利达到 59.1%，在服务提供中的毛利达到 64%，这也从一个侧面反映出其技术组合能力为企业转型创造的基础。

C. 互补性资产要素及内在连接

互补性资产要素。思科的互补性资产包括全球价值链、信息系统和流程三个方面，这三个方面作为思科的关键资产，对企业的成功起到了至关重要的作用。正如思科企业定位副总裁所言：

公司通常会寻找一两个战略来得到成功，思科其中一个战略就是卓越运营，扩大规模，覆盖全球，并且拥有一个全球的品牌，如果说卓越运营和创新哪一个更有效，研究表明卓越运营的公司通常会在长期超越创新型公司。

全球价值链运营体系。思科在全球32个国家或地区拥有6万多名员工、1000多家供应商，拥有全球化的生产和物流基础架构，其中包括5个制造商合作伙伴、5个原始设计制造商、30多个制造基地、4个物流合作伙伴和17个物流基地。为了将所有相关利益者连接起来，思科构建了一条端到端的企业间价值链运营体系，将客户服务、架构、战略规划、全球供应链、运营和价值链整合在一起提供综合解决方案，实现从客户订单到交付和使用的全过程客户体验。为了更好地应对全球价值链复杂性的挑战，思科从六个方面制定应对策略：一是对全球价值链进行规划。为了整合供应需求并达到平衡，需要把销售、业务部门和财务部门的信息整合起来。二是建立多维全球部门，从全球视角来分析和解决问题以支持企业的可持续增长。在这个过程中，思科采取纵向视角从地区维度设计运营体系，横向视角对运营流程进行整体布局。三是管理市场的波动性。思科不断打造更加敏捷与灵活的供应链，在战略层面，为了达到产品的灵活性，利用通用平台和可复用组件最大限度地减少特殊组件。同时，留有小于20%的空间满足客户定制化和个性化的需求。四是实现从单一价值链向同步价值链的转移。如今思科形成了多个价值链模式，包括"按订单配置""快速按订单配置""快速根据库存生产"。五是简化工作方式。思科通过大量的流程再造来简化业务流程，鼓励员工提供有关工作流程简化的建议。六是人员本地化。2010年以来，思科采取人员本地化的策略，对于地区高管尽量强调放权，让当地管理层具有更多决策权力。

信息化管理。思科的信息化系统以全球价值链运营体系为对象，实现对其运营体系的高效支撑。由于思科的客户价值链比较长，统一的运营体系和信息系统也非常复杂，如何将供应链中的信息系统标准化，优化供应链服务体系和财务管理体系，支持企业全球业务协同及与外部制造商和合作伙伴的业务协同，对信息系统提出了很高的要求。为了满足业务目标，思科的信息化部门有7 000余名员工，占其员工总数的10%，其中近一半人在国外分公司工作；每年的信息化投入占其销售收入的3%。信息系统对公司的价值主要由八个指标衡量：对业绩增长的支持；客户和企业员工对信息系统的使用体验；信息系统对提高工作效率所做的贡献；信息系统对提升思科业务能力所节约的时间；系统应用的可复制性；系统的灵活性；对企业业务规模扩大的贡献；新技术采纳的速度。

流程管理。思科的并购之所以非常成功是因为它对外部资源的整合协同能力非常强，对于并购过程有非常完整的目标分析、管理流程、监控体系和人才队伍，虽然并购对象来自企业外部，但一旦进入并购程序，在业务、市场和职能多层面的协同和流程随即高效启动，确保外部知识、资源和系统与思科原有体系迅速对接，有序整合。在大量的并购案例中，思科快速积累和提炼各方面经验用于已有流程的优化，这是并购流程成为提高执行力的有力保证。在思科大量的并购案例中，关键环节是消化、整合和吸收。

三个要素的内在连接。在三个要素的架构设计和整体规划过程中，全球价值链部门与客户需求和业务活动高度相关，因此，在信息系统与流程管理和优化中起着主导作用。价值链对信息系统设计承担主要职责，引领信息系统的发展方向，价值链部门的战略意图在信息系统建设路线图中有着清晰体现，信息系统承担着支持价值链的工作。当客户需求和价值链安排出现矛盾时，采用的解决方法首先是尽力倾听和理解客户的问题，在此基础上，不断优化已有的价值链和信息系统。在信息系统与流程的连接中，信息系统对业务流程起到基础设施和支撑体系的作用。

互补性资产与探索活动的连接。互补性资产与探索活动连接的价值主要体现在提高对外部资源的整合管理能力、提高探索活动的成功比例和实现探索活动的商业价值上。其支撑保障作用主要反映在以下两个方面：

一是提高探索活动的投资回报率。通过互补性资产与探索活动的集成，思科将通过外部和内部获得的新技术，以及自身高效的生产、销售体系快速推向全球市场，有助于解决新技术研发后的投资回报问题。通过全球价值链，被并购企业的受益显而易见。在思科这个大平台上，被并购企业的产品定位和发展方向不会发生大的改变，但销售市场和渠道被大大拓宽，产品不仅卖给小企业，还通过思科的合作伙伴和渠道卖给大企业，甚至快速进入全球市场；同时，可以支撑3—4年或更长时间以形成市场规模，这对于小企业来说是难以做到的。

二是降低收购外部企业过程中的风险。思科在收购过程中面临的风险包括：运营系统的整合，特别是对于已有全面和复杂的大型运营系统的企业；管理者驾驭复杂性的风险，特别是由并购所带来的管理更复杂的运营系统的挑战。思科卓越的全球价值链、信息系统和流程管理能力，确保其并购的整合过程非常高效。思科在并购过程中的整合能力非常强，并购的成功率高达75%，这得益于思科的信息系统。被并购企业的职能部门（如财务、人力资源管理、办公自动化系统等）直接被思科的信息系统整合，使得企业的资源管理能力在很短的时间内实现统一。面对并购中缺乏经验，竞争对手占据强有力的地位，失去关键员工、客户和经销商等各种风险，思科开发了一整套完整的筛选标准、并购和整合流程与方法论，以及400多人的专业化团队，通过流程管理降低并购中的风险，提高整合的成功率。

互补性资产与利用活动的连接。打造整合外部资源的虚拟价值链。思科的互补性资产与利用活动的集成机制使其有能力对外部的制造和销售系统进行实时的动态监控，形成高效的虚拟运营体系。思科的信息化管理能力使其对外包的制造业有高效的管理与控制能力，信息系统可以对虚拟工厂和网络化的虚拟供应链实现远程实时的过程管理和质量控制，大大降低思科将制造外包的管理风险，提高总部对制造企业的控制能力。公司全球业务90%以上的交易是通过网络完成的。

实现低成本的生产制造。思科通过信息系统对制造业过程的管理使其有能力根据客户差异化的需求调整软硬件配置，确保制造的敏捷性。思科的软件系统可采用虚拟化方式管理工厂生产过程和全球供应链，一方面对生产过程实现全面检测、测试和统计过程控制，确保产品的品质和可靠性，另一方面，制造外包大大降低了思科的成本。根据其2012年的年报，制造成本占思科总成本的1.7%。出于对市场变化等多方面的考虑，思科并不与合作厂商签订长期合作协议，而是按需签订短期合同。

协同式的研发与知识分享体系。思科的信息系统强有力地支持了其全球研发协同能力和研发速度，其应用包括：（1）通过信息系统解决全球分布式研发问题。思科采用了参数技术公司（Parametric Technology Corporation，PTC）开发的产品生命周期管理系统，以实现全球产品同步开发，管理全球创新流程的一致性，支持对创新成果的快速检索和对研发数据的有效管理。（2）通过分布式研发系统管理和改善全球新产品研发的可视化，通过快速数据转移，使全球设计中心和远程研发中心的工程师们高效工作。（3）利用富媒体促进创新团队交流。在人机互联的商业环境中，创新团队拥有各种背景、技能和经验的人才，他们一起寻找最佳方案、解决问题、制定决策。通过运用富媒体进行有效的协作和相互支持,创新团队可以在 24 小时内协同运转,并迅速而有效地共同工作,为跨国界、不受地域和时间限制的目标的实现提供了保障。(4)虚拟协作。思科的 IT 部门重点提供服务实战手册、虚拟桌面的基础设施,使思科的员工可以在任何办公地点或终端登录并获取与自己工作有关的定制化信息;同时,制定有效的系统管理方法和规则以应对突发事件等。

商业模式拓展及复制能力。在思科看来,全球价值链运营管理能力是思科最重要的核心竞争力,思科的运营体系建设和优化始终追求一个目标,就是为企业的全球化提供可复制和可拓展的资源管理平台与价值链体系。其中,标准化模板、系统的全球复制和全球协同与集成至关重要。信息技术在实现高效、灵活性和快速响应的全球化管理中发挥了核心作用。

五、案例研究发现:从双元集成到双战略实施

对高科技企业来说,同时从事探索活动与利用活动、满足企业在激进式创新与渐进式创新中的动态平衡是确保可持续发展的关键能力。思科的案例对我们理解企业创新活动中,如何通过悖论管理建立探索活动与利用活动的分离－集成机制,使企业在渐进式创新的同时参与激进式创新这一管理问题有更多了解。通过案例分析,我们发现:探索活动与利用活动的管理关键在于在两者的对立与联系中找到恰当的分离－集成机制,基于此,我们凝练出构建创新"双元"的悖论管理模型,如图 1-3 所示。

理论贡献。 与领导力的双元性、组织结构的双元性和情景的双元性视角不同,本书在悖论思维的指导下,通过案例研究,揭示出探索活动与利用活动之间的分离－集成机制是构建双元能力的重要途径。分离决定了高科技企业在可持续发展中能否持续获得创新的资源,并在探索和利用两个

活动空间获得充分的发展。集成决定了企业获取资源后整合和管理资源的能力和效率。分离与集成本身作为一组悖论既各有价值，又相互依赖，需要同时配合使用（Poole and Van de Ven, 1989）。

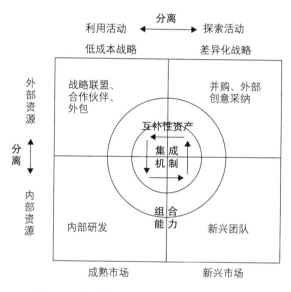

图1-3 构建创新"双元"的悖论管理模型

探索活动的分离解决了企业创新资源来源的外部性、多样性和动态性问题。外部性表现在企业可以在全球范围内寻求扩大创新资源的来源，将企业的发展空间拓展到企业边界之外。通过获取外部多样化资源（如并购）和稀缺资源（如创意），突破了高科技企业在寻求动态发展和成长过程中的资源瓶颈和边界局限，有助于企业扩大对新技术的搜寻、探索、接纳和整合的来源和范围，满足新兴市场的需要，避免错失新兴技术出现的机遇。多样性体现在企业在维护现有产品和技术体系的同时，把眼光放在新兴市场和新兴技术上，使企业的技术产品对各类型市场都有广泛的覆盖度,尽可能满足各类客户的需求。资源的多样性使探索活动与利用活动保持一定的距离,确保企业具有不断将技术体系差异化的能力,增强创新体系之间的互补性。动态性体现在大企业通过不断收购、兼并拥有新技术的小企业,吸纳年轻人的创意,不断激活其活力。探索活动中内部的分离机制(新兴创业团队)有助于打破大企业的路径依赖和系统惰性,增强大企业创新体系的灵活性。

利用活动的分离使企业在利用活动中将附加值较低的环节(如制造和销售)进行外包,或与合作伙伴及战略联盟寻求共同发展的机会,最大限度地利用外部资源为企业服务。而企业可以专注在核心战略、核心业务和核心技术上,通过发展和建立以领先企业为核心的商业生态系统,在整个价值链网络中确保高端地位,同时,通过利用活动分离实现低成本战略。

集成机制决定了企业将外部资源进行整合的能力,包括整合的范围和效率,确保内外部资源运营的一致性和高效率。本书所揭示的集成机制有两个主要方法,即有效调用组合能力和互补性资产,从不同层面解决了双元能力建设中的难题。组合能力通过将探索活动和利用活动在战略层面的组合,实现了市场的双元化,使企业在维护成熟市场盈利的同时,关注成长型市场的增长;战术层面的组合使探索活动与利用活动的团队与技术互补,既降低了技术探索的不确定性和风险,又不断增强利用性技术的丰富性。

互补性资产与探索活动的连接,使外部资源可以高效地被整合到企业内部,提高了探索技术的投资回报率;互补性资产与利用活动的连接,使企业借助外部资源完成非核心业务,降低成本,从而确保企业在价值链中专注在高附加值的核心业务上。互补性资产之间的内在连接和持续更新使思科通过打造全球价值链体系、信息系统和流程管理体系,不断强化自身的核心竞争力，实现高效的外部资源内化和整合，确保其在价值链中的领导者地位。互补性资产使得思科在运营体系上有能力做到业务模式的标准化、一致性、模块化和可复制性，这对其在全球市场中的管控能力和竞争速度都起到重要的作用，在案例中，思科高管特别强调其主要精力要放在卓越运营区域也证实了这一点。

集成机制中的组合能力与互补性资产对思科双元能力建设的另一个重要贡献是实现了战略的双元性，对内外部探索活动资源的组合能力使思科在市场、技术和产品体系中不断增强差异化，实现了差异化战略；同时，互补性资产使探索活动和利用活动中的制造和销售，通过战略联盟、合作伙伴和外包，实现了低成本战略。互补性资产为打造一条龙企业提供了坚实的基础，它在整个价值链的控制、管理中发挥着至关重要的作用，不断加强研发和工程等知识密集度高的环节作为企业的核心价值，也让企业将制造和销售活动外包到发展中国家或合作伙伴的同时对其具有一定的控制能力。

实践意义。本书所做的针对思科的案例研究给我们带来哪些启发呢？笔者认为可以概括为以下三个方面：

第一，探索活动与利用活动的双元整合模式，是确保激进式创新和渐进式创新齐头并进的关键。

通过对思科案例的研究，我们看到，创新与管理是兼顾企业未来与现在、新与旧、变革与稳定、增量与存量的双元组合，缺一不可。当企业安于稳定、无所作为时，在可见的未来，这种停滞与歇息的恶果就会显现，因为市场、客户和竞争对手不会等待，也不会停滞他们大踏步前进的步伐。双元首先是一种思维方法，然后是管理行为，是经过长期建设形成的能力。创新充满着风险、不确定性和试错，它会否定主流、鹤立鸡群、延迟回报，通常是人们乐于规避的选择。在创新本身承担着压力的情况下，如果激励机制不包容、不鼓励这些行为，创新就永远是空谈。而没有创新的企业意味着失去未来。但是，创新同样需要管理来平衡和协同，通过管理体系建设，将创新的风险降低、收益提高。因此，创新与管理像一对连体婴儿，既相互独立，又相互关联和支持，需要在一个共生系统中健康成长。

第二，卓越的运营体系是打造跨国公司的关键基础。

在本书中，我们将卓越的运营管理能力纳入到互补性资产概念中，这是领先企业或大企业竞争优势的重要资产。在技术创新频发的市场环境中，新兴高科技企业通过激进式技术创新，在技术上可以很快颠覆领先企业。但是，如果领先企业也同样获取激进式创新技术，它可以通过互补性资产快速扩大规模，获得较大的市场份额，因此，互补性资产是领先企业构筑竞争壁垒的重要方法。对于中小高科技企业来说，仅仅拥有新技术是不够的，还需要构建和获得快速将新技术推向市场的互补性资产，才能实现拓展市场份额、获得技术投资回报的战略目标。

在我国推进"一带一路"发展战略的过程中，思科的跨国公司运作模式对我国企业走出去和实现国际化战略有参考作用。一方面，跨国公司要对全球各地市场的需求和发展快速响应，制定针对各地市场的销售和创新策略；另一方面，跨国公司在集团层面还要有统一的管控体系、资源配置体系和运营体系。思科的管理运营体系建设和优化始终追求一个目标，就是为企业的全球化提供可复制和可拓展的资源管理平台与价值链体系，以实现在全球化管理中的高效、灵活性和快速响应能力。在这个过程中，信息化建设发挥了关键作用。美国的全球性企业在世界范围内进行资源布局时，牢牢地把握价值最高的环节，通过对决策、技术、知识、创新、组织体系、信息管理等智力资源的持续投入开发，为企业带来高额回报（如思科的毛利在过去的15年里一直保持在64%—66%的水平）。同时，它们将制造业外包到发展中国家，思科通过电子程序化的记忆芯片，利用内置程序自动设置配置，自动检测设备，自动进行质量控制和统计。思科的总制造成本占其销售收入的 1.7%，同时拥有全球最大的互联网商务站点，公司全球业务 90% 以上的交易是在网上完成的，这大大降低了生产总成本。中国企业在推进全球化的进程中，领导人的全球化思维、企业的跨文化能力、对各国市场深入的理解力、全球运营管理能力和全球资源整合能力是需要重点培养的几个方面。

第三，识别外部转型商机和推动内部变革是企业可持续发展的核心动力。

思科案例给我们的启发是：企业家的战略洞察力和前瞻性使他们不断发现外部市场、技术发展空间及新增长点，并将这种认知传导到内部启动组织变革和战略资源配置中，调动企业资源不断构建差异化产品与服务体系，持续满足客户新的需求，在新的市场空间占据领导地位。这是一个企业螺旋式发展和增长的核心动力，在这个过程中，企业的开放性、转型变革的能力、适应新技术发展的速度和成效，是确保企业活下来的关键。企业永远不能把自己局限在一个自我封闭的体系内故步自封。在一个充分竞争的市场环境中，优胜劣汰的竞争机制促使企业不断投资于它的未来能力。企业会评估哪些资源和能力对它未来生存发展的价值最大，能活下来的企业都是有强烈的危机意识和发展动力的企业。因此，要把企业还给企业家，从市场中打拼出来的企业家是真正的市场行家。

参考文献

[1] Andriopoulos, C. and Lewis, M. W. Exploitation-exploration tensions and organizational ambidexterity: Managing paradoxes of innovation [J]. Organization Science, 2009, 20 (4):

696-717.

[2] Benner, M. J. and Tushman, M. L. Exploitation, exploration, and process management: The productivity dilemma revisited [J]. Academy of Management Review, 2003, 28 (2): 238-256.

[3] Bosch, F. A. J. V. d., Volberda, H. W. and Boer, M. d. Coevolution of firm absorptive capacity and knowledge environment: Organizational forms and combinative capabilities [J]. Organization Science, 1995, 10(4): 551-568.

[4] Bouchikhi, H. Living with and building on complexity: A constructivist perspective on organizations [J]. Organization, 1998, 5(2): 217-232.

[5] Cao, Q., Gedajlovic, E. and Zhang, H. Unpacking organizational ambidexterity: Dimensions, contingencies, and synergistic effects [J]. Organization Science, 2009, 20(4): 781-796.

[6] Cialdini, R. B., Trost, M. R. and Newsom, J. T. Preference for consistency: The development of a valid measure and the discovery of surprising behavioral implications [J]. Journal of Personality and Social Psychology, 1995, 69(2): 318.

[7] Edmondson, A. C., Roberto, M. A. and Watkins, M. D. A dynamic model of top management team effectiveness: Managing unstructured task streams [J]. The Leadership Quarterly, 2003, 14(3): 297-325.

[8] Eisenhardt, K. M. and Graebner, M. E. Theory building from cases: Opportunities and challenges [J]. Academy of Management Journal, 2007, 50(1): 25-62.

[9] Eisenhardt, K. M. and Martin, J. A. Dynamic capabilities: What are they？ [J]. Strategic Management Journal, 2000, 21(10-11): 1105-1121.

[10] Eisenhardt, K. M. Building theory from case study research [J]. Academy of Management Review, 1989, 14: 532-550.

[11] Fang, C., Lee, J. and Schilling, M. A. Balancing exploration and exploitation through structural design: The isolation of subgroups and organizational learning [J]. Organization Science, 2010, 21(3): 625-642.

[12] Fleming, L. Recombinant uncertainty in technological search [J]. Management Science,

2001, 47(1): 117-132.

[13] Ghoshal, S. and Bartlett, C. A. Linking organizational context and managerial action: The dimensions of quality of management [J]. Strategic Management Journal, 1994, 15(S2): 91-112.

[14] Gibson, C. B. and Birkinshaw, J. The antecedents, consequences, and mediating role of organizational ambidexterity [J]. Academy of Management Journal, 2004, 47(2): 209-226.

[15] Gilbert, C. G. Unbundling the structure of inertia: Resource versus routine rigidity [J]. Academy of Management Journal, 2005, 48(5): 741-763.

[16] Gresov, C. and Drazin, R. Equifinality: Functional equivalence in organization design [J]. Academy of Management Review, 1997, 22(2): 403-428.

[17] Groysberg, B. and Lee, L. E. Hiring stars and their colleagues. Exploration and exploitation in professional service firms [J]. Organization Science, 2009, 20 (4): 740-758.

[18] Gupta, A. K., Smith, K. G. and Shalley, C. E. The interplay between exploration and exploitation [J]. Academy of Management Journal, 2006, 49(4): 693-706.

[19] He, Z.-L. and Wong, P.-K. Exploration vs. exploitation: An empirical test of the ambidexterity hypothesis [J]. Organization Science, 2004, 15 (4): 481-494.

[20] Jasen, J. J. P., Templaar, M. P., Bosch, F. A. G. V. d. and Volberda, H. W. Structural differentiation and ambidexterity: The mediating role of integration mechanisms [J]. Organization Science, 2009, 20(4): 797-811.

[21] Kristal, M. M., Huang, X. and Roth, A. V. The effect of an ambidextrous supply chain strategy on combinative competitive capabilities and business performance [J]. Journal of Operations Management, 2010, 28(5): 415-429.

[22] Levinthal, D. A. and March, J. G. The myopia of learning [J]. Strategic Management Journal, 1993, 14 (S2): 95-112.

[23] Lewis, M. W. Exploring paradox: Toward a more comprehensive guide [J]. Academy of Management Review, 2000, 25(4): 760-776.

[24] March, J. G. Exploration and exploitation in organizational learning [J]. Organization Science, 1991, 2: 71-87.

[25] Miles, M. B. and Huberman, A. M. Qualitative Data Analysis: A Sourcebook of New Methods, 2nd Edition [M]. Thousand Oaks, CA: Sage Publications, 1994.

[26] Morgeson, F. P. and Hofmann, D. A. The structure and function of collective constructs: Implications for multilevel research and theory development [J]. Academy of Management Review, 1999, 24(2): 249-265.

[27] O'Reilly, C. and Tushman, M. Organizational ambidexterity: Past, present, and future [J]. The Academy of Management Perspectives, 2013, 27(4): 324-338.

[28] Perretti, F. and Negro, G. Filling empty seats: How status and organizational hierarchies affect exploration versus exploitation in team design [J]. Academy of Management Journal, 2006, 49(4): 759-777.

[29] Poole, M. S. and Van de Ven, A. H. Using paradox to build management and organization theories [J]. Academy of Management Review, 1989, 14(4): 562-578.

[30] Pratt, M. G. and Foreman, P. O. Classifying managerial responses to multiple organizational identities [J]. Academy of Management Review, 2000, 25(1): 18-42.

[31] Raisch, S. and Birkinshaw, J. Organizational ambidexterity: Antecedents, outcomes, and moderators [J]. Journal of Management, 2008, 34 (3): 375-409.

[32] Rothaermel, F. T. and Deeds, D. L. Exploration and exploitation alliances in biotechnology: A system of new product development [J]. Strategic Management Journal, 2004, 25(3): 201-221.

[33] Schneider, K. J. and May, R. The Paradoxical Self: Toward an Understanding of Our Contradictory Nature [M]. Insight Books New York, 1990.

[34] Schumpeter, J. A. Business Cycle. A Theoretical, Historical and Statistical Analysis of the Capitalist Process [M]. New York, Toronto and London: McGraw-Hill Book Company, 1939.

[35] Smith, W. K. and Lewis, M. W. Toward a theory of paradox: A dynamic equilibrium model of organizing [J]. Academy of Management Review, 2011, 36(2): 381-403.

[36] Smith, W. K. and Tushman, M. L. Managing strategic contradictions: A top management model for managing innovation streams [J]. Organization Science, 2005, 16(5): 522-536.

[37] Taylor, A. and Helfat, C. E. Organizational linkages for surviving technological change: Complementary assets, middle management, and ambidexterity [J]. Organization Science, 2009, 20(4): 718-739.

[38] Teece, D. J., Pisano, G. and Shuen, A. Dynamic capabilities and strategic management [J]. Strategic Management Journal, 1997, 18(7): 509-533.

[39] Tripsas, M. Unraveling the process of creative destruction: Complementary assets and incumbent survival in the typesetter industry [J]. Strategic Management Journal, 1997, 18(S1): 119-142.

[40] Tsui, A. S. Taking stock and looking ahead: MOR and Chinese management research [J]. Management and Organization Review, 2007, 3(3): 327-334.

[41] Turner, N., Swart, J. and Maylor, H. Mechanisms for managing ambidexterity: A review and research agenda [J]. International Journal of Management Reviews, 2013, 15: 317-332.

[42] Tushman, M. L. and O'Reilly III, C. A. Managing evolutionary and revolutionary change [J]. California Management Review, 1996, 38 (4): 8-28.

[43] Vera, D. and Crossan, M. Strategic leadership and organizational learning [J]. Academy of Management Review, 2004, 29 (2): 222-240.

[44] Vince, R. and Broussine, M. Paradox, defense and attachment: Accessing and working with emotions and relations underlying organizational change [J]. Organization Studies, 1996, 17(1): 1-21.

[45] Voss, G. B. and Voss, Z. G. Strategic ambidexterity in small and medium-sized enterprises: Implementing exploration and exploitation in product and market domains [J]. Organization Science, 2012, 24(5): 1459-1477.

[46] Weick, K. E. The generative properties of richness [J]. Academy of Management Journal, 2007, 50(1): 14-19.

[47] Yin, R. K. Case Study Research: Design and Methods [M]. Thousand Oaks, CA: Sage Publications, 2003.

[48] 董小英，周佳利．信息时代的创新与管理：思科启示录 [M]．北京：北京大学出版社，2014．

[49] 聂开锦，李琳鋆．该不该上新业务 [J]．哈佛商业评论，2012，（9）．

（本章原发表于《中国软科学》2015年第12期，原文有修改）

第二部分　案例呈现

在激烈的竞争中，领导人既要对市场和技术动向保持远见卓识、带领企业持续转型变革、推动创新体系持续发展，又要通过高适应性文化、风险管控和信息化运营，来确保组织效率与收益，两者的结合才是企业真正的核心竞争力。

第二章

战略领导力

一、引言

战略领导力主要包括三个方面：一是吸收能力，它与领导人的学习和对环境的感知有关。具体表现在领导人在学习过程中强调实验和探索，愿意承担风险，进行多样性的选择，更新现有学习过程，推进战略变革和创新。在这个过程中，领导人除了以身作则外，还积极带领组织通过识别、吸收和应用新知识，不断获得新的能力。二是领导变革的能力，它是指战略型领导人具有面向未来的远见卓识和危机意识，具有认知复杂性。在远见卓识和危机意识的引导下，领导人努力带领组织进行转型和变革，克服各种变革阻力奋力向前，引入新的制度和架构，改变对制度的理解，注重差异化思维。战略型领导人的行为复杂性是指他们质疑假设，探寻实质，适当冒险，观察新现象；有效沟通，平易近人，走动管理；重视他人意见，要求多源头知识贡献，公开讨论错误，鼓励信息共享；灌输意义和挑战，富有个人魅力，鼓励团队内部和各团队之间的沟通。三是管理智慧，它包括把握机会的眼光和洞察力，敏锐及时地感知环境的变化，理解随着社会环境和角色的变化而发生的内在关系的改变。

领导人的战略能力主要体现在两个方面：一是认知分析能力，体现在对战略内容的把握上，体现领导人的认知复杂性。二是人际能力，主要表现在领导人要带领员工快速学习、转变思想、勇于改变现状，展现了领导人的行为复杂性。对于领导人来说，如何能在这两个方面保持平衡，如何在这两个方面分配时间，影响着他们的领导风格。下面的问题也反映了领导人的作用和特质，如主要战略制定者的核心责任是什么？是关注战略内容的架构，还是战略过程的架构？（前者重点反映了领导人对战略结果的重视，对战略决策内容中远见卓识、危机意识、前瞻性和洞察力的重要贡献；后者反映了领导人将决策过程视为重要的结果，强调制定透明、合理决策的过程，并让参与决策的人发挥自身的聪明才智并组合形成系统解决问题的力量。）以及在现有的战略制定过程中他们的主要工作是什么？在制定战略的过程中，决策团队的类型是什么？等等。

根据美国创造性领导力研究中心（CCL）2009年对3个国家2 000多位领导人的研究报告，现有组织领导人的能力无法满足组织未来的需要。目前和未来领导力的重点主要有七个方面：领导他人、战略规划、管理变革、激发责任意识、拥有丰富资源、在恶劣的环境中坦然面对现实及快速学习的能力。调查结果表明，在现有领导人的技能中，领导他人、战略规划、管理变革和激发责任意识是最薄弱的，但对组织未来发展来说却是重要的。

二、思科领导人

约翰·钱伯斯（John Chambers）1949年生于美国俄亥俄州的克利夫兰，先后毕业于西弗吉尼亚大学和印第安纳大学。他从小在西弗吉尼亚州的查尔斯顿长大。他的父亲是位富有的妇产科医生，母亲是位心理学家，父母后来还在查尔斯顿开了一家餐厅。正是在那里，钱伯斯萌发了有朝一日要经营自己生意的念头。

小时候，钱伯斯因为阅读障碍症饱受痛苦。但父母对他充满信心，为他提供了各种条件。据阅读专家沃尔特斯回忆，钱伯斯总是非常乐观，坚持到成功。后来，他甚至把阅读障碍变成了优势。钱伯斯说："我无法解释这是为什么，但我就是可以用不一样的方式去解决问题。我很容易跳出常规。"

1976年，钱伯斯成为IBM公司的电脑推销员。他不屈不挠，又有着美国南方人的好脾气，业绩很好。在推销过程中，钱伯斯意识到IBM的缺点，比如它专注于商用电脑和打字机，而此时个人电脑时代已经到来。这段经历给了他一生最重要的财富——重视客户。他说："（IBM的）很多经理离客户越来越远。他们总是告诉客户，自己懂得对方要什么。但这是错误的。"不久前，钱伯斯接受采访，再一次强调了客户的重要性。他说，思科要成为"第一IT公司"，而所谓"第一"，指的是对客户的重要性。"谁是客户们认为的最重要的合作伙伴，谁就会成为'第一'。"在高科技企业的高管界，钱伯斯有些与众不同。他不像微软的比尔·盖茨等人那样有技术背景。事实上，当年他离开IBM，就是觉得自己缺乏工程学位，发展空间有限。钱伯斯的才华在于管人。

1983年，钱伯斯听了王安电脑公司创始人王安的一次演讲，对王安的企业经营思路非常感兴趣，并很快说服王安，自己才是其亚洲销售团队合适的领头人。他随和的个性再次让其在亚洲市场取得成功。钱伯斯对王安也尊崇有加。他曾说，除了父亲之外，王安是对他影响最大的人，"他对我的信任我永远不会忘记"。

钱伯斯也在王安公司学到了怎样用人和怎样裁人。王安1990年因癌症去世，公司由盛转衰，他按照中国传统将自己的儿子任命为继承者，而投资者不买账。公司股票迅速贬值，作为执行副总裁的钱伯斯，不得不在圣诞节假期前裁员 5 000 人。这对他来说是一段痛苦的回忆。日后他回忆："裁员是领导人做出的最艰难的决定。如果我们不这样做，公司就无法生存。"

钱伯斯 1991 年加入思科，职位仅次于时任 CEO John Morgridge。1995 年 1 月，钱伯斯开始掌舵这家位于加利福尼亚州圣荷西的网络公司——思科，在他的领导下，思科创造了互联网历史上最辉煌的业绩之一，并跻身《财富》美国 500 强之列（1997 年位列第 332 名），其市值超过 1 000 亿美元（1998 年），2000 年甚至一度成为世界上最有价值的公司（估值约 5 500 亿美元）。2001 年，美国发生 "9·11" 恐怖袭击事件后，面对市值缩水 85% 的现实，他进行了思科历史上第一次大裁员，并将自己的年薪降到 1 美元，成功带领企业渡过危机。此后，新经济的发展起起落落，思科股价也经常波动，但钱伯斯不为所动。他说，作为 CEO，自己会读分析师的报告，但不会在其基础上做出决定。"最好的时刻还在前方。万事都有高峰和低谷，但我是个乐观主义者。"

钱伯斯擅长带领企业进行转型与变革，在变革过程中，他是一个坚韧而强悍的领导人，转型期间 30% 的领导层会更迭。"我意识到，在 CEO 层面和业务执行层面，大部分人很难重塑自我。所以，当企业转型和变革时，这事对我来说很难，但我们必须痛苦地执行。我告诉人力资源负责人，要找出培养领导者的方法。我们有一个庞大的人力资源开发计划，研究如何培养下一代领导者，包括下一任 CEO。"

2012 年，钱伯斯表示他将在两到四年内退休，并指定开发和销售部总裁 Rob Lloyd、现场运营高级副总裁 Chuck Robbins（中文名字罗卓克）以及服务部高级副总裁 Edzard Overbeek 作为继任者候选人。2015 年，66 岁的钱伯斯正式宣布从 CEO 的岗位上退休，2017 年，则不再担任董事会主席。罗卓克正式接任钱伯斯的职位。

66 岁的钱伯斯曾被《商业周刊》称为"互联网先生"。他在思科干了 24 年，当 CEO 长达 20 年。如今，支持互联网运行的关键设备中有 2/3 来自思科。它在全球 165 个国家运营，雇员达 7.4 万人，在互联网的下一个重大机遇——万物互联中，思科努力夺得先机。作为一个有远见的、有危机意识的领导人，钱伯斯将万物互联视为"将人、数据、流程和物体用智能方式联系在一起的互联网"。"这是互联网令人振奋的新阶段，它对社会的冲击和影响将是以往互联网的 5—10 倍。"

作为敢于直言的硅谷 CEO，钱伯斯做出惊人预判，思科、IBM、惠普、微软和甲骨文这五家当下最大的科技巨头在未来会死掉两家。钱伯斯将这五家公司最近 14 个季度的业绩做成图表展示出来。其中，只有微软实现连续 14 个季度收入增长超过 3%，连续 12 个季度增长的思科在近期也遇到困难。钱伯斯没有指明哪家公司会被淘汰出局，只是谈到了思科的竞争对手 IBM 和惠普眼下所面临的困境："用心观察这五名选手的时候，你会发现惠普和 IBM 已经两三年时间没有实现收入增长了。" 钱伯斯还提到了他的"颠覆论"。他认为在由物联网驱动的巨大科技变革时代，也许只有 40% 的科技企业能够在十年后继续生存下去，"任何一个公司都可能掉队，也包括思科"。

据说 2002 年华为正式进入美国市场以前，任正非曾与钱伯斯有过接触，并向他表达了合作的愿望，而钱伯斯觉得华为太小，甚至提出收购华为，双方不欢而散。后来华为的崛起，也让钱伯斯感觉到有些伤脑筋。他曾经在美国一个网络设备展上，亲手制定了"打击华为计划"，将"咄咄逼人"的华为送上了法庭；不过，最终他却选择了和解，化干戈为玉帛。

《华为的世界》一书中,有关于钱伯斯来华拜访任正非的描述:2005年12月的一天,"在深圳坂田的华为总部办公室里,任正非对着镜子整理了一下自己的领带。这位平常在'华为老家'里着装总是不太在意的华为总裁,今天的穿着却非常规整。因为今天他将迎来一位华为客人——可以说是多年的敌人,也可以说是未来伙伴的思科CEO钱伯斯"。可惜的是,10年过去了,思科和华为并没有成为"未来的合作伙伴"。2015年,钱伯斯在评价华为时说:"任正非是一个好领导。他领导的华为很成功,组织规模也在不断扩大和成熟。我一直关注他的言论。我们对于为中国带来数字化,以及数字化带来的好处的理解是一致的。我们在这方面是竞争对手,而且会在此方面继续竞争。华为正在经历的很多转型对其公司而言都是很好的。我个人对华为的手机业务很感兴趣,而且看起来他们的手机业务做得很不错。"钱伯斯非常擅长研究竞争对手高管的个人情况与决策习惯。他表示,即使没有任何提示,也可以说出华为创始人兼CEO任正非在生活与决策方面的详细情况。钱伯斯说:"对于其他竞争对手高管,我也能猜到他们的想法。"

罗卓克于1997年加盟思科,从客户经理一职很快被擢升为区域经理和运营总监。他此前担任思科全球销售高级副总裁一职,负责领导公司全球销售部门和全球合作伙伴部门的工作,并推动了多项投资举措的出台和运营战略的变革。同时,罗卓克还从管理层面对公司的安全和协作业务的发展给予了大力支持,也是Sourcefire和Meraki收购举措的重要推动者。罗卓克拥有超过20年的领导经验。在思科任职的17年里,他出任了一系列高级管理职务,其中包括分管思科最大业务分区即美洲区的高级副总裁,以及负责美国企业、商业领域和加拿大地区业务的高级副总裁等。在出任思科美国和加拿大渠道部门副总裁期间,他帮助思科建立了行业最强大的合作伙伴项目，现在每年可为公司贡献超过 400 亿美元的收入。他曾被 *CRN* 杂志评为 2008 年度 "最佳渠道领导人"，并获选 *VARBusiness* 杂志评出的 2005 年度和 2006 年度 "渠道百强高管"。

自从接过了思科的权柄之后，罗卓克先是组建了一个由 10 人组成的行政队伍，比前任的 13 人团队少了 3 个人，分别是 CTO Padmasree Warrior、全球化主管 Wim Elfrink 和服务高级副总裁 Edzard Overbeek。其次，罗卓克着手对思科进行重组，尝试将公司的重点转向四个关键领域：安全、物联网、网络和云计算。为了实现这一目标，思科在 2015 年 8 月裁员 5 500 名，占员工总数的 7%，很多高管的职位也相应发生了变化，一些高管开始进行新的职业选择。例如，当时很有力的总裁候选人 Gary Moore 现在在俄亥俄州立大学担任执行官，同时在商学院讲课。Rob Lloyd 成了初创公司 Hyperloop One 的 CEO，该公司近期融资 5 000 万美元，并解决了前高管提出的诉讼问题。Padmasree Warrior 加入微软董事会，并成为中国电动汽车创业公司 NextEV 的 CEO。Wim Elfrink 在从思科离开后创立了 WPE Ventures Digitized Solutions 公司并担任总裁，专注于安全和物联网。Edzard Overbeek 成为 HERE 的云平台公司的 CEO，专注于数字地图、自动驾驶和物联网。

三、全球性企业领导人的核心职责

领导力是激励和影响他人，使之努力工作来完成重要任务的能力。伟大的领导能力与远见有密切的联系，我们所需要的领导人能将远见转化为现实，能够把对未来的展望生动有力地传达到每个人的心中，并促成整个团队的一致行动。领导人的核心作用主要表现在以下四个方面：在领导他人时，具有鼓舞士气、激发热情、进行有效沟通和维持积极性的能力；在凝聚共识和制定战略上，具有描绘未来、设定方向和制订计划的能力；在组织体系上，具有创建和优化组织结构、运用平台、提高管理效率和创立组织文化及绩效体系的能力；在控制风险上，具有构建制衡机制、确立安全体系、确保目标达成和实现企业可持续发展的能力。

在思科，我们有机会亲耳聆听钱伯斯与宝洁前总裁Robert A. McDonald（中文名字麦睿博）、通用前总裁Jeffery R. Immelt、沃尔玛前总裁Mike Duke的直接对话，以及与央企领导的高峰对话。对话的气氛平等而坦率，不乏真知灼见，大家对领导人的远见卓识、决策、团队建设、领导变革、工作方式、自我激励和自我管理都提出了很多看法。笔者将自己所听到的进行记录整理，在此与大家一起分享。

钱伯斯认为，CEO要确保企业具有稳定增长的能力，而要达到这个目标，CEO应主要负有以下三方面责任：一是为公司设定愿景和战略，并根据企业的发展战略配置相关资源。二是招募人才，建设领导班子。他特别谈到王安公司对人的任用主要是从内部提拔，缺乏吸纳外部优秀人才的机制，使得整个团队的思维趋同，减少了思想交锋和产生新思维的机会，弱化了企业的活力。三是培育企业。他认为，不管是在欧洲还是美国，文化都深植于企业的所有活动之中，与企业的能力息息相关。企业文化是不同企业之间形成差异性的根本力量，其形成与塑造由CEO负责带动。

在2012年的演讲中，钱伯斯特别谈到，面临激烈的竞争时，企业要保持可持续发展，企业领导人和高层团队就要有不断学习的能力，要强迫自己学那些不想学的东西，强迫自己直面复杂问题，还要从别人的错误中学习，只有这样才能不断提升自己。如果企业领导人拒绝接受新事物，拒绝去学习，企业就会走下坡路，所以学习是第一要务。钱伯斯本人经常做的一件事情就是把为公司效力20多年的全球高管召集在一起开会，同时邀请 18 岁到 20 多岁的年轻人一起参加会议，让年轻人分享他们喜欢的工作、沟通方式或是发些牢骚，让年长者了解年轻人的想法并接受他们的挑战。在钱伯斯看来，企业成长的关键在于具有持续学习的能力。年轻人往往抱怨老年人思维固化，持续的学习变得越来越困难，这恰恰需要我们特别注意和预防。一个爱学习的领导人，必须创造出一个充满学习者的组织，这个组织如果不学习，就不可能适应新的环境。

在谈到 CEO 的职责时，钱伯斯认为，领导人推动创新也非常重要，在推进技术创新的同时还要确保企业的卓越运营，在创新与卓越运营之间保持平衡。思科创新的源泉来自听取客户的心声。思科在 1995 年进入中国，那时候美国并不重视中国，但钱伯斯认为，了解客户的需求，了解市场，建立信任感，以及树立对创新的信心，这些都非常重要，会令你感到非常振奋。在变化速度非常快的环境下，每两年就会出现市场转型，慢了一步就会落后，所以创新是关键。他说："大家常开玩笑说我就喜欢变革，确实，你要创造出这样一种文化——鼓励变革，哪怕这个变革会让你出汗或是觉得不舒服。"

在传播企业文化方面，领导人也拥有不可推卸的使命。思科对文化的传播涉及全球各个区域和国家，钱伯斯多次谈到，保持思科文化是确保企业可持续发展的核心源泉。思科的每个员工都有一个随身携带的小卡片，用员工所在国家的语言写着思科的 12 项核心价值观：客户成功，高素质团队，授权，延伸目标，没有技术崇拜，开放式沟通，团队合作，市场转型，信任、公平、正直，文化，节俭和乐在其中，这是确保思科持续发展的重要基础。

宝洁前总裁麦睿博认为，CEO 的核心职责主要是四个方面：一是平衡多方利益关系。在这个过程中，领导人要成为一个好的沟通者，认真听取客户、员工、股东、合作伙伴和媒体的反馈意见，承担起企业的社会责任。他特别谈到，CEO在寻找平衡的过程中既要考虑利益相关者之间的关系，又要平衡长期目标和短期目标的关系。为了确保平衡，他经常和助手坐在一起回顾日程，分析在战略问题上花了多少时间，解决了多少关键问题。否则，CEO埋头于具体事物或日常业务，就会放松对大目标的把握，导致长期目标和短期目标的失衡。二是聚焦企业目标，维持企业的可持续发展。三是传递公司的战略、愿景和目标。CEO在推进企业发展目标时，不能仅仅关注未来1年，而是要关注3—5年的战略目标和愿景。麦睿博还谈到，"CEO要善于讲故事，通过讲故事发出自己的信号"。四是总裁的成功并不仅是个人的成功，而是整个团队的成功。因此，总裁需要激发整个团队的才智，凝聚团队的智慧，保持团队的稳定性，并吸收更多的精英和天才加盟团队。谈到拥有175年历史的宝洁的经验时，麦睿博说，宝洁成功的核心是它的文化和价值观。宝洁并不是一家完美的公司，但它有非常好的文化，这个文化的核心是让所有人的生活变得更美好，它具有长久的意义。一个大企业的领导人应该以身作则，在文化传播中做出表率。

通用前总裁Immelt在谈到CEO的主要职责时特别强调，企业一把手的核心职责集中在六个方面：一是制定长期战略，找出经营重点，而且在确立长期愿景的同时制定短期战略；二是针对不同市场，以不同的方式配置资源和资本，确立不同的市场定位；三是就企业文化与员工不断进行交流、讨论，使之成为更伟大的文化；四是要定期召开员工大会，推动文化的传播和实践；五是精心选择各地区的领导人，使其能够推动各个区域业务的发展；六是发现、培养和使用有领导力的人才来帮助执行企业战略。

与通用前总裁 Immelt 的高峰视频对话

四、CEO 的前瞻性思维与决策

全球性企业领导人要应对复杂的经济、政治和社会环境，如何才能确立正确的创新方向，制定具有前瞻性的战略决策呢？钱伯斯认为，领导人的预测和决策并不总是正确的，但决策一定是组合决策，当实践证明了企业的决策正确之后，领导人就会发现哪些决策更具有长远意义。同时，客户的反馈也是判断决策是否正确的试金石。在判断市场转型的趋势时，决策的组合显得更加重要，而判定决策是否正确应该以客户的反应为标准，客户会告诉我们产品的发展方向和市场转型的方向，因为客户要求做的事情一定含有其价值。钱伯斯说他们会花 50% 的时间倾听客户的建议，王安成功后就不再倾听客户的建议，结果只能是企业的衰落。

愿景—战略—执行力的时间安排。对于思科来说，首先要抓住行业发展的大趋势，然后制定公司的愿景。思科的战略愿景在 28 年里没有发生太大变化，就是要通过互联网改变人们的工作、学习和生活方式。愿景会决定企业10年内的发展状况，在10年的目标确定之后，用3—4年的时间实现企业的差异化，再用14—18个月的时间把差异化的战略落地。具体的战略执行要以星期为单位，在各地区进行预测、排序和落实，对未来的发展进行选择。在这个过程中，关键是不能忘记平衡，沿着正确的道路向前走。

决策组合。思科作为一个高科技企业，很多投资决策是具有前瞻性的，而且在制定决策的过程中，不可避免地会遇到各种风险。钱伯斯认为，思科的前瞻性认识和决策要通过实践、时间和客户的检验，而决策组合是防范风险的重要途径。在制定决策的过程中，思科非常谨慎，一方面要参考市场转型的方向，另一方面要在不同的客户中进行调查并积极寻求反馈。钱伯斯本人做出的几乎所有决策都是由客户需求所驱动的，为此，他要花大约一半的时间倾听客户的意见和建议，每年要与世界500强企业中的150位CEO交流两次，这对他把握整个企业的发展方向非常重要。

基于数据的预测。在介绍思科如何预测未来经济的发展走势时，钱伯斯说，思科通常可以提前3个月判定未来市场的前景，比竞争对手提前两个季度了解市场的动态，因为思科80%的业务都是在120天之内就知道了。他说，听取客户的意见和观察订单率都是预测未来的好办法，这些数据对做预测来说非常有价值。他本人在预测中国前景时也会关注"十二五"规划，将其作为决策的依据。

年轻心态的重要性。对于领导人如何确立对未来的战略眼光，钱伯斯特别谈起，在一次信息产业界高管的交流晚会上，一位微软的高管对他说，要像一个10岁的孩子那样展望未来，保持年轻心态。比如，IBM虽然是百年老店，但仍然保持年轻的心态，用年轻的心态展望未来，就会看到机会和希望。

五、CEO 如何塑造企业文化

领导人的既往经历铸就企业文化。钱伯斯登上第三代领导人的位置后，非常注重战略发展和文化建设。他认为，文化是由领导人塑造的，而不是由人力资源部门建立的。领导人既往的成功和失败经历铸就了企业文化的核心。钱伯斯本人在 IBM 和王安公司都工作过，在王安公司工作时，他是王安打网球的球友，也是王安非常好的朋友。在 20 世纪 70 年代，IBM 忽略了客户的需求，选择低价开放计算机标准，导致公司陷入困境。而 20 世纪 90 年代初，王安公司技术至上的领导团队坚持认为自己比客户强，导致公司破产。当时市场开始向个人电脑过渡，但王安忽略了这一变化，很多软件公司也都错过了这个技术和市场转型的良机，丧失了新的发展机遇，结果美国相关行业有 3.7 万人失业。这段痛苦的经历是钱伯斯奠定思科核心文化的重要背景。因此，担任思科 CEO 的钱伯斯在塑造企业文化时，把倾听客户的声音，而非技术崇拜放在非常重要的位置。相比之下，许多成功的企业往往会因疏远客户而走向衰落。

以客户为导向的文化。在实践中，特别是在思科的文化和绩效体系中，客户需求和客户满意度都处于非常重要的地位，以客户为导向的文化渗透在日常决策和经营体系中。在思科，客户驱动具有崭新的含义：让市场带你去到它想让你去的地方。如果带着"服务于市场"的想法进入市场，就会找到可信任的客户。当客户提出需求时，认真倾听、接受并且跟随它，就会找到转型和创新的机会。思科经常举办客户咨询委员会会议，以支持各业务委员会的工作，并指派高层管理者参加会议并与每个客户委员会成员进行深度交流，在交流结果的基础上列出行动表，并在下一次会议时公布根据行动表所采取的具体举措——通过这种方式，思科将客户驱动融入公司战略和执行的更深层面。

塑造自我变革的文化。如何才能使企业具有可持续发展的能力呢？钱伯斯认为，在当今世界，行业变化十分迅速，过去技术转型的周期大约是10年，现在2—3年就会迎来新一轮的转型浪潮，转型速度慢的企业就会落后。在这个过程中，并不是每个人都喜欢变革和创新，所以需要创造一种鼓励变革和创新的文化。促使转型的关键是创新，所以企业必须持续不断地创新。宝洁前CEO麦睿博用温水煮青蛙的故事阐释企业转型的重要性，他谈到，作为冷血动物的青蛙，其体温随着水温的变化逐渐升高，如果企业不寻求变革，就会像温水里的青蛙一样，不会从锅里跳出来，直到最后被烫死。他还以柯达公司为例来说明这个道理：柯达曾经是世界上最伟大的企业之一，在纽约州占地一平方英里的柯达公园，曾经是这个企业鼎盛的象征。柯达是一家垂直整合度非常高的企业，自己发电，自己制造洗照片的纸和洗胶卷的化学品，但恰恰是这种稳定性导致了胶片行业的惰性。他们虽然意识到了数字技术时代的挑战和变化，但却没有及时采取行动，最后变成了煮熟的青蛙。与传统的百年老店相比，现代企业的生存率比过去低得多，这就是领导力的问题。

六、CEO的修养与品格

通过企业愿景实现自我激励。钱伯斯在谈到自己多年来始终保持工作激情时，多次提到了企业愿景对自我的激励作用。思科三十多年来，始终将"互联网改变人们的工作、学习和生活"作为企业的愿景，当看到这一愿景通过员工的努力取得成效时，企业高层感受到莫大的成就感并发展为变革的动力。这一愿景同样也成为企业在变革时提拔任用或更换核心领导人的重要原则。

清醒地认识自我。钱伯斯谈到，作为一个大企业的领导人，要对自己和企业的强项与弱项有非常清醒的认识，正确认识自己才能正确认识他人。当你明确自己的强项和弱项之后，要坦然面对，虽然不一定要将其和团队分享，但自己必须要有清醒的认识。认识清楚之后，虽然有时企业发展的速度比较慢，一路也会犯错误，但是对企业的变革和发展却能够选定正确的方向，并一直坚持不放弃。领导人要意识到，成功前的黑夜往往是最黑暗的，思科以前行动速度比较慢，短期执行做得不好，经常犯错误，但是犯了错不可怕，关键是要敢于和团队分享，找出解决问题的方法和途径，不断进行修正。

坚忍不拔的意志。钱伯斯认为，在面临压力和失败之时，创造奇迹、发现并抓住商机的人拥有真正的领导力。领导人的关键作用，是能够领导企业从无到有、从小做大、从弱到强、扭亏为盈。因此，领导人的远见卓识、坚定执着、随机应变和领军作用是非常重要的。思科身处技术快速发展的互联网产业，其领导人更需要对环境保持警醒，对未来的不确定性勇于探索，对战略有足够的耐心和执着。对变革的引领，是企业领导人确保企业航母不被颠覆的关键要素。

战略平衡的高手。宝洁前总裁麦睿博先生在对话中特别谈到平衡对于企业领导人的重要性。他认为，企业领导人首先要能够有效地平衡相关利益者的关系，与各个相关利益者形成良好的沟通、达成充分的理解；其次，要在日常工作和制度建设之间建立平衡，不能让日常烦琐的业务工作埋没了企业重要制度的建设；最后，是战略目标与发展机会的平衡，每个企业都有自己的战略意图和战略计划，但当人们过于关注自己的战略意图时，可能会忽略不期而遇的机会。

言行一致。CEO如何应对艰难决断？新任的领导人要和企业发展目标保持一致。当被问到如何应对一些困难的决策，例如遇到跟随多年的同事要离开或者要解雇员工等情况时，钱伯斯认为，领导人言行的一致性是非常重要的，在不同的情形下，对任何人就相同问题的回答应该是一致的。

行为的可预测性。在管理学领域，对领导人特质的研究始终受到高度关注。1998年，一项针对3 400多名管理者的研究显示，对绝大多数受人尊敬的领导者的描述是诚实、称职、有远见、有感召力和有信誉。这样的积极品格可能会提升领导者的领导力，特别是在远见卓识和授权上，成功领导的重要特质包括：有冲劲、有领导意愿、积极性、诚实和正直、自信心、智慧和适应性。①在被问到作为行业领袖，取得成功的最重要的原因和最大的挑战时，钱伯斯回答："作为领导，最关键的是你如何对待别人，是否能够尊重和信任他人，为人处世的方式决定了你与他人能否建立信任，也反映了一个人的本质是否善良。领导人与他人建立信任的能力、尊重他人、行为表里如一、言行的一致性和可预测性、保持平衡的能力都是非常重要的品格。"领导人也需要正确看待自己，对自己有一个正确的认识，同时也要客观地看待自己。一个人对自己感觉良好，也会让他人感觉好。"每当我回到家里时，我的夫人都能让我感觉自己不再是一个CEO，这样我能放松下来，人的平衡也就建立起来了。"钱伯斯说道。同样重要的是，领导人必须让员工觉得其行为是可预测的。

聚焦的能力。钱伯斯认为，企业高层容易落入的陷阱是做太多的事情，比如抓5个重点、20个次重点。在美国，信息产业竞争十分激烈，能够生存和发展起来的领军企业都有其核心技术和产品，这是竞争对手难以超越的。例如，IBM的主机和服务，惠普的服务器，微软的操作系统等，

---

① 信息来自"Women and Men, Work and Power", Fast Company, 1998, 13:71.

而思科在业内拥有12个居于领先地位的产品，这12个产品类别具有内在关联性，这增强了将其组合后产品体系差异化的能力，思科通过持续投入对这些产品的研发来确保其领先优势。

幽默感。钱伯斯还谈到，幽默感很重要，中国人就有幽默感，特别是在讨论艰难议题时，幽默感更有帮助。

敢于担当和承担社会责任。思科的钱伯斯和宝洁的麦睿博都谈到公司的社会责任是企业文化不可分割的一部分，公司的责任就是要回馈，虽然世界上很多公司并不一定相信这一点。在四川发生了可怕的地震之后，中国比其他任何国家做得都好。因为四川处在山区，思科了解山区交通状况的艰难，因而捐赠9 000万美元用于医疗和教育领域的建设，这在当时是公司所做过的最大一笔捐赠。

七、CEO如何领导全球性企业

对于如何领导全球性企业，钱伯斯在2011年给央企高管讲课时谈到，思科希望在中国成为中国公司，在德国成为德国公司，但是，企业高层要保持全球视角，在世界各国发现机会，并且敢于承担风险。同时，作为一个全球性企业，无论在哪个国家，其运营体系都要保持一致。企业要想在全球范围内取得成功，就要在世界各分公司建立共同的话语体系和沟通平台，使得每个分公司都有明确的战略目标。思科期待对各国的投资在5—10年后取得成功，并且有足够的耐心在各国实现本土化，并通过持续的努力来实现与竞争对手的差异化，在合作中达到共同目标。

推进企业文化全球化。作为一家全球性企业，思科着力推进企业文化的全球化。思科公司将其核心文化价值观用世界各国的不同语言，以所有员工可以随身携带的小卡片的方式进行传播。作为推动全球企业文化认同和传播的渠道，这一投资一万多美元的做法卓有成效、影响深远。如何将以美国思科为主导的文化与在其他国家的思科文化融合，是一个非常具有挑战性的问题。在访谈中，思科高层就此问题的回答是，思科文化相当于主菜，世界各国的文化相当于甜点，文化的主流系统是以美国总部为核心的。通过统一核心的价值观形成统一的话语体系，公司内部的多种跨国沟通平台和机制，有助于形成对企业核心价值观和文化的共同理解与实践，这种共同理解有助于企业跨越文化差异，达成对思科核心价值的认同和共识，增强企业的凝聚力。

全球性企业失误的常见陷阱。对于一个身处高度竞争环境的全球性企业来说，技术的创新与替代层出不穷，如何才能避免企业的失误和潜在的风险呢？思科大中华区总裁陈仕炜先生在报告中多次谈到大企业如何避免失败这一话题。思科的经验是：（1）虚心倾听客户的需求，多向客户提问，在企业做出重大战略决策和进行转型时，充分考虑客户的需求。（2）启动变革，避免骄傲自满的情绪，通过不断学习掌握新技术，了解客户的新需求来推动企业的转型和变革，防止故步自封的情况发生。（3）不贪大求大。思科在34年的历史上经历了几次低谷，但都在渡过最困难的时刻之后浴火重生。经济环境不好时，企业采用专注的策略，通过"瘦身"来聚焦于自身的核心技术和核心产品。钱伯斯以自己在通用和思科的经历为例谈到，更多并不一定更好，很多伟大的公司都是因为"消化不良"而死的，而非"饿死"的。（4）培养正确的领导人。一些企业在发展过程中，没有办法孕育卓越的领导力，找不到优秀的人才，于是就发展流程，流程越来越复杂，管理层队伍越来越庞大，导致恶性循环。对思科来说，重要的是找对人，赋予他们责任，建立扎实的文化和核心价值，通过渐进式的变革不断培养优秀的领导人队伍。

建立一个透明的公司。公司文化的基础是如何确保客户成功。要把所有相关部分公开，让大家知道，思科是一家透明的公司。有恐惧感的公司才能生存，否则3—5年内就会被取代。

抓住全球市场机遇快速行动。对于思科来说，70%的机会来自美国之外，90%的收益来自美国以外的市场，因此，如何快速、灵活地形成可复制的商业模式，对思科来说是至关重要的。钱伯斯说道："目前我仍然感到思科行动太慢，但是行动太快又没有后援，所以，组织结构的调整和运营体系的创新就很重要。"

互补性团队的建设。钱伯斯在谈到高层团队建设、总裁与副手的配合时说，一把手与副手之间的最佳组合是互补型的，副手可以强化总裁的强项，弥补不足，同时保持步调一致。接班人的培养很重要，要看他的成长经历和学习经验。以前美国企业的领导人多从东部来，今后会有更多的领导人来自美国西部。

八、领导人如何推进企业变革

将企业变革视为一种信仰。钱伯斯认为，企业的变革速度和发展规模非常重要，未来思科要从400亿美元的高科技企业发展成为800亿美元的企业，其间最重要的是进行持续的创新和变革。但是，创新与卓越运营是企业平衡发展的两个不可或缺的轮子，两者必须兼备，只注重创新而忽略卓越运营，或只注重卓越运营而忽略创新，都会给企业的长期可持续发展留下隐患。

面对企业规模的扩大，如何处理创新与企业惰性之间的关系成为大企业领导人面临的主要困难，因为企业过度成熟与稳定的环境和运营会给创新带来很多阻力。钱伯斯认为，在快速变革的阶段，领导者首先要明确行业未来的发展方向,才能领导企业走向未来。如果企业战略愿景不清晰或不正确,就要不断寻找机会和调整方向并让团队快速行动起来。企业应该把变革看成一种信仰,如果自己不变而别人变了,就会被他人超越。现实情况是,最成功的公司往往是变革最缓慢的公司,因为最成功的人最难适应变革,人和组织都是有惰性的。在寻求未来变革的动力和方向面前,人们的认识往往不一致。在变革过程中,如果有人抗拒,管理团队就需要进行不断调整和更新。当问到不支持变革的人是否要被换掉时,钱伯斯果断地回答:"是的,但总裁不换。"在钱伯斯看来,领导人不能只干四五年,他在目前的工作岗位上已经干了15年,企业的战略往往要3—5年才能显现出结果,因此,要让领导人有足够的耐心做事情。对于高管或下属来说,如果在3—5年之后仍然无法适应变革的压力和环境,就要被轮岗或调动。以前美国有很多信息技术公司总部都在波士顿,但现在波士顿还剩下3个,其余都到硅谷去发展了,说明激烈的竞争环境使得企业的淘汰速度加快。

领导人的预见性。领导人是否具有预见性决定了公司能否抓住变革的先机。如何抓住市场改变的机会来推动组织变革,在别人没有想到的时候进行变革,是很多大企业领导人面临的主要挑战。思科做事情的方式是着眼世界市场。思科并不关心竞争对手是谁,只关注快速转型,通过与伙伴合作的方式快速形成市场规模。亚洲金融危机的时候,很多跨国公司决定离开亚洲,退出中国市场,但思科反其道而行之,结果在亚洲市场取得了很好的成绩。例如在汽车行业,思科与通用、福特建立了密切的关系,最初投入很多,但销售业绩不佳,不过思科坚持下来了,成为通用的供应商,通过不断改变用户的体验来提升客户满意度,硬件销售的年增长率为30%。在进入中国市场的过程中,思科先以外包的方式将制造业转移到这里，现在看来这是明智的决定。

建立变革的文化和路径。企业变革通常有两种方式，第一种是采用常规程序进行持续变革，第二种是重大的不定期的变革，也称之为"转型"。在思科看来，企业要变革，通常要经历以下几个阶段：思考为何要变革（变革意识），参与变革（变革愿望），知道如何变革（变革知识），实施新技能、采取新行动（变革能力），保持变革态势（变革巩固）。若要成功转型，领导者必须督促大家不要对现状感到自满，并提出对未来的美好愿景。也就是说，企业要想变革成功，让员工对变革后的状态满意，必须设法让员工不满于现状。之前提到的任何一个阶段如果没有做好，变革都将失败，而这些失败也将全部归咎于领导的失败。

人们对变革的恐惧和抵制往往源自对丧失熟悉的环境和体系的担忧。很多原因都会导致大家抵制变革：比如从心底里不赞成变革的愿景、战略或策略；增加了工作量却没有增加奖励；因为变革而丧失既有的地位或身份；在变革中丧失了权力、控制范围或资源；应得的利益受损；变革中会遭遇新的竞争对手等。如果大家不支持变革或抵制变革，会有各种表现，如传播小道消息，工作涣散、不能按时完成任务，无病呻吟、身体不适，无精打采，保持缄默，总是"把事情往坏处想"，心神不定，拉帮结派，争权夺利，客户满意度降低，等等。

思科将抵制变革状态的员工形容为"阻力动物园"中不同的动物：鸵鸟、蜗牛、狗、鼹鼠和老虎。鸵鸟将头埋在沙子里，沉浸在自己的世界里无视变革的发生；蜗牛虽然清楚地知道变革正在进行，但改变的速度非常慢；狗的胆量不足，只知喊口号，却缺乏行动；鼹鼠从不明确吐露内心的真实想法，但是在暗中搞破坏；老虎则明目张胆地抗拒变革，常常直言不讳或毫无顾忌地大发雷霆。

如果能了解这些"动物"的内在需求和抵制变革的真正原因,并采取相应的对策,"动物园"会变得更加和谐、更容易接纳变革,但如果发现不了阻力的来源,"动物"们肯定会不断地制造麻烦。所以,高层领导要多关注员工抵制变革的原因,并采取下述措施来克服变革的阻力:(1)督促大家不满足于现状;(2)勾画一个可实现的愿景,使员工了解变革的价值;(3)将核心步骤明确化;(4)降低心理成本,进行不断的开导和帮助;(5)尽量降低合作者所要付出的经济成本和代价。

在客观上进行变革或者仅仅是在头脑中思考变革是一件很简单的事情,但是主观上真正接受变革却很难。A. Grashow在《适应性领导力实践》[①]一书中说道:"变革会带来失落感。学习的过程通常很痛苦。一个人进行创新会使得其他人感到自愧不如、受到背叛或事不关己。没几个人喜欢'推倒重来'。适应是需要时间的。"所以,领导者需要意识到变革会给一些人带来损失。一个能体现变革重要性的例子是美国的制冰工业,在1850年的纽约,人们从湖里采集冰块,进行打磨后输送到其他地方。而在1900年,有人想到在大城市中开设造冰的工厂,将制造的冰用于冷冻和保鲜,这样一来妇女就不用天天去购买食品。这个举动大获成功,造冰业成了1920年美国的第九大产业,之前采集冰块的企业迅速消失。1927年,冰箱企业出现且获得蓬勃发展,之前的造冰企业消亡。在70多年里,这些原本在市场上领先的企业都没能向下一代技术过渡,采冰企业的领导者未能成为造冰企业的领导者,而被其他人取代;同样,造冰企业的领导者也未能成为家用制冷设备企业的领导者。由此看出,转型很难,但同时转型又很重要。

抗拒变革意味着丧失领导力。一个人担任领导总是要推进变革的,

---

① Ronald A. Heifets, Marty Linsky and Alexande Grashow, The Practice of Adaptive Leadership[M]. Harvard Business School Press, 2009.

四五年之后，变革的动力会消失，这个时候就需要领导人的更替。一个人的前途和未来职务，关键要看他的个人目标与企业的大目标是否仍然保持一致，在这个过程中要就事论事。而下属的更迭是为了让企业更加进取。在互联网行业充满变化的环境中，领导人故步自封是非常危险的，人们不能总是沉浸在对过去的回忆中，因此，妨碍变革的人就要离开岗位。

九、小结

在领导全球性企业参与激烈的国际竞争过程中，关键的领导人要解决三个核心问题：

一是对待外部环境和外部关系问题。首先，战略领导人的全球视野非常重要，并能够把这种视野转化为企业的战略能力。领导人能够及早、快速、准确地感知和把握全球市场、客户、技术和竞争环境的变化趋势，将远见卓识和危机意识传导到组织内部，形成企业转型、变革的核心动力。这个过程中，领导人的认知和判断也可能出现偏差和失误，但可以通过高层团队、决策组合、倾听客户声音和及时纠错等方法进行修正。在激烈的国际竞争中，领导人需要确定企业的战略和定位，并发展出有效的与市场互动的动态调整机制，根据企业战略发展的需要高效地配置资源，通过快速学习建立高适应性组织。其次，领导人要是一位平衡高手。高层领导人要与企业所有相关利益者建立联系，发展平衡机制，协调不同相关利益者的冲突关系，与客户特别是关键客户建立密切的沟通和信任关系。同时，在外部利益与内部利益、短期目标与长期目标、战略问题与战术问题、创新发展与管理效率之间寻找平衡点。

二是对待企业内部的发展问题。在带领企业发展的过程中，领导人所要解决的关键问题首先是用人问题，如何选拔使用对企业发展具有重要意义的领军人才，建设一个强有力的领导班子和互补性的团队，对企业战略能否落到实处是非常重要的。同时，企业最高领导人是企业文化的核心建设者，领导人的价值观、核心理念和既往经历，尤其是他们在人生中所经历的磨难和坎坷，决定了他们对企业文化中的最关键的要素和行为的期望与要求。领导人自身的行为就是企业文化的重要标杆，领导人在塑造、建设和传播企业文化上发挥关键作用，他决定了这个企业在转型、变革与创新等艰难时刻的魄力和勇气，展现了企业在发展历程中能否自我蜕变、求新求变的精神品质。

三是对待自我。企业的胜败荣衰，与一把手高度相关。企业高层领导人的视野、学习能力和魄力直接影响企业对未来的预见和适应能力。因此，领导人的思维模式、吸纳新知的能力、自省和自我认知，决定了企业对未来的投资和聚焦能力。领导人在与他人打交道的过程中，与他人建立信任关系、行为的可预测性、言行一致、幽默感都是重要品格。同时，领导人的自我管理能力，包括工作和生活与健康的平衡、社会责任感与道德意识，也是企业持久健康发展的必要保证。

第三章

企业转型与变革管理

一、引言

　　企业转型是针对外部环境变化,通过动态选择、调整和改变战略,应对环境变化的过程。变革是指组织为了有效应对外部环境带来的挑战和机遇,不断对内部的组织体系、流程、技术和管理体系等进行改变的过程。企业转型与变革源自高层领导团队对环境、市场、客户、技术和服务等要素演化出新的趋势和模式的认知、响应或引领,首先是思维的根本性改变。通过领导人卓越的思维探索,逐渐开发出有利于竞争的创新、架构、流程和体系,这是一个组织及其成员释放潜能的过程。为了应对来自未来的挑战,领导人需要带领组织在个人、团队和组织层面做好准备,接纳、适应和拥抱新的机遇和挑战。转型与变革是企业与外部环境之间高效的互动和应变机制。通过转型和变革,组织放弃旧有的观念、技术、方法、知识和能力,不断构建新的技术、管理、产品服务和能力体系。通过转型和变革,企业不断拓展视野,拥有解决更复杂问题、提供更尖端或市场更需要的产品和服务的能力。组织变革并不仅仅是依靠结构重组或流程再造等方式的强迫式变革,还包括主动、积极应对环境机遇和挑战的态度和能力。企业转型和变革面临不确定的环境和更加激烈的竞争态势,并不是一件容易的事情。很多企业，特别是拥有长期积累、已经成熟甚至成功的企业，其固有的思维、方法、流程和行为已经非常稳定，形成了组织的惰性、路径依赖、孤岛、本位主义和利益格局，这些会对转型与变革所带来的挑战、变化和重组，形成顽强的抵制，与激烈的市场竞争带来的创新、灵活性、敏捷性和快速应对等要求相去甚远。

企业转型是领导层必须应对的一项艰巨挑战，转型过程没有简单的路径和方法，它需要一系列要素的配合，包括：（1）更广阔的思维视野。领导人的远见卓识要与环境的变化速度相匹配，甚至超前于业内对问题的识别，如果能预见环境的变化和发展趋势，则将给组织的转型与变革带来先机。（2）转型与变革并不仅仅是技能的改变，而是整个思维和心智模式的变化，是企业组织体系、架构和流程等整体化组织资产的改变。（3）在推进组织转型和变革时，有必要将阻碍和反对企业变革和转型的潜在想法揭示出来，正是在组织内部潜伏运行多年的管理体制、地位、权利、利益和控制系统在暗暗地阻挠变革的推进。（4）组织的转型与变革首先是领导人的变革，特别是在思维、文化和行为上的改变。领导人个人在变革过程中的责任是确保改革成功的关键要素。（5）决策是转型与变革的核心。转型与变革初期行为未知，但价值已知。转型过程中所做的事情肯定是让每个人不舒服的，转型与变革的过程是一块硬骨头，仅仅依靠软技巧是不够的，必要的时候就需要铁腕领导。这样的领导人要有大视野，不满足现状，态度坚定，在压力下不屈服，在不同的观点面前有自己的判断，有足够的耐心和勇气推动变革，不断审视成本和结果，这时候就显示出文化的重要性。

企业转型的时机很重要，有些企业选择在高速成长期转型，有些企业选择在低迷时期转型；有些企业选择主动转型，有些企业是被动转型；有些企业选择全面转型，有些企业是局部转型。企业推进转型的核心动力来自领导层的远见卓识与危机意识，也来自市场和利益相关者的压力。

企业变革通常有两种方式：第一种是采用常规程序进行持续变革，第二种是重大的不定期的变革，也就是"转型"。不断的转型、变革和演化是长寿企业的重要基因。1937年标准普尔500强公司的预期寿命为75年，1983年为40年，到了2012年仅剩15年。如今的思科公司已经34岁了。思科能在竞争激烈的互联网行业中存活下来，关键在于企业转型、变革和创新的能力，这也是它34年来一直保持年轻的重要经验。

二、卓越企业是持续转型的结果

互联网行业素以变化迅速和竞争激烈而著称，资本市场对产品和服务的更新速度和盈利能力要求很高，所以企业往往面临持续发展和盈利的双重压力。企业必须不断迎接挑战，拥抱变化，推进转型。钱伯斯上任后，思科进行了9次大的转型，这些转型依靠的是敏锐的市场观察和有效的决断能力。在这几次转型中，思科公司核心竞争力的重心也在不断发生变化。回顾思科转型的历史，我们大体可以将其划分成三个时间段。

授课者讲授思科转型过程

1984—1999 年，互联网设备提供商。思科于 20 世纪 90 年代进入互联网产业，此后通过不断收购，进入相邻的技术领域。在这一阶段，世界各国均在加速投资，进行信息基础设施建设，因而互联网产业快速增长。思科借此契机迅速发展，市场销售达到 240 亿美元。在快速成长的同时，思科注重企业核心能力的建设，以应对快速增长的市场需求，并着力扩大产品组合，增强研发能力，以期不断推出新产品并超越竞争对手。随着 2000 年网络泡沫的破灭，全球互联网需求急剧下降，思科的销售额从 240 亿美元下降到了 180 亿美元。在此期间，很多竞争对手陆续退出市场，而思科通过改变业务模式来寻求新的发展空间。

2000—2008 年，优化整体运营体系。思科吸取网络经济泡沫破灭的教训，在积极发展领先技术的同时，提高公司在市场、技术和商业模式中的运营能力与供应链管理能力。在此阶段，思科积极发展领先技术，不断拓展在互联网中的业务，并通过收购提高公司在市场、技术和商业模式中的运营能力，内部能力得到了优化和提升。

2008—2012 年，全面解决方案提供商。思科力图实现从产品提供者到全面解决方案提供商的转型。思科公司通过领先的技术，在互联网行业中发展价值超过百亿美元的业务，硬件设备占其总收入的将近 70%。与此同时，公司依然面临着相当大的转型压力，即如何实现从产品销售商向服务和咨询提供商转型，以便更好地满足客户需求。在这个过程中，思科通过战略执行、调整核心业务和产品组合来尝试做出改变，并通过投资先进技术，进入新的市场。新技术和新市场，特别是视频技术的普及，以及云计算的应用，将企业推向了新的成长空间。

2013—2018 年，思科赋能数字化转型。在这一时期，思科以万物互联为核心，进一步利用自身全面的技术体系优势，意图在万物互联方面有大的作为。根据思科的预测，2021年，全球物联网的连接数量将从2016年的58亿增长到137亿个，增长空间很大。同时，思科在制造业、医疗和教育领域加快布局，促进新一代信息技术与专业行业更深度的融合和互联互通。在制造业领域，思科通过提供互联工厂套件，将网络专业技术和知识与企业网络深度融合，帮助制造业企业在优化运营管理、充分利用数据支持管理决策、精准记录和预判设备运行效率和洞察潜在故障方面，提高管理效能。思科还通过制造企业互动式网络架构体系，以云计算为核心打造全数字化互联工厂。在医疗领域，思科的技术主要用在远程医疗上，通过在患者、医生和医疗流程之间建立安全可靠的连接，提高就诊率，改善医疗质量，提升医疗效果。思科以数字化医疗创新解决方案和远程医疗选型图的方式提供相应的服务。在教育领域，思科的信息技术可以使学生随时随地使用校园的任何设备，打破时间和空间的局限，构建智慧校园。

思科从四个视角切入，来判断变革和转型的时机：一是抓住全球企业变革的发展趋势，二是抓住技术转型的机会，三是抓住市场转型的机会，四是在企业健康的时候实现转型。在公司股票被金融市场低估时，思科把构建内在业务能力和产品研发作为核心活动，抓住低谷时机提高研发效率；在经济回暖时，思科通过全球销售网络快速形成销售规模，并着力在新兴产业中快速扩大市场份额；在新产品被市场肯定之后，企业的核心战略就转变为确保市场的高速增长。

三、战略转型的外部动力

公司应及早识别外部环境发生的新变化。思科专注于信息技术和互联网领域，这个领域的快速发展决定了思科要不断调整自己以适应变化。在不断推进自身转型的同时，思科发现外部环境在以下八个方面发生了显著的变化，这些新变化也不断推动思科进行变革。

信息技术的快速发展与应用。信息技术是近50年来引领科技创新的核心力量，从基础研发到市场应用，信息技术的发展经历了一个又一个的循环。新技术最初在大学、科研机构或企业被研发出来，之后逐渐被企业采纳，在实践中加以应用，这个时间周期大约为15年。紧接着，消费者将享受到这些新技术带来的好处，比如说，个人电脑、笔记本电脑、网络、邮件系统、IP电话的发展基本都遵循这样一个循环的过程。但是，2000年以来，这个情况发生了很大的改变。最新的技术采纳者不再是企业，而是消费者。如果企业对新技术非常敏感并且其学习能力非常强的话，或许能在15年之内追赶上消费者的脚步，即时通信软件、维基百科、博客、Twitter及其他社交网络等Web 2.0技术都是先在消费者中流行起来，才慢慢被企业接受并加以运用的。这种转变意味着消费者向企业学习应用新技术的时代已经过去了，如今消费者一马当先，成为新技术应用的主要引领者。消费者在沟通方式、协作方式上往往比企业更先进、更有效。在这个过程中，新兴的互联网企业成了创新型技术应用的领导者，这对于企业（特别是已经成功的企业或者是处于传统行业的企业）来说是很大的压力。对于企业中的信息化负责人（CIO）来说，他们既承担着来自上级的压力，确保企业信息系统安全可靠、效率高；又面临着来自消费者的压力，以前公司要教育消费者接纳新技术，现在消费者走在了前面，企业要快速地向消费者学习并采纳新技术，否则就会被消费者抛弃。

互联网再造社会生活的各个方面。几百年来，在媒体与技术领域一共发生了四次革命：第一次，500年前在欧洲，古登堡的印刷术开始推广；第二次，200年前出现了电话和电报；第三次，150年前出现了录音技术，人们开始录制有声电影、唱片等；第四次，100年前电视和广播出现。上述这些技术得到广泛运用的前提是覆盖世界各国的基础设施建设，在这个过程中，各国投入了大量的资金和其他资源。虽然上述四种媒体技术在各自领域里可以得到充分利用，但它们彼此之间却不能交叉使用，是相互独立的存在。互联网之所以被称为"互联网"，就是因为它能够将所有的人和物连接起来，连接所有的媒体，集接收和传送功能于一身。同时，互联网使得通信成本大幅度降低，不仅支持人与人之间一对一的交流，同时也支持一对多、多对多的沟通交流方式。从网络渗透率指标来看，北美超过了66%，亚洲为20%，也就是说每5个人中就有1个人使用互联网。但是，从用户总人数来看，世界上几乎一半的互联网用户在亚洲。互联网对世界的各个领域进行了再造，这种再造的过程已经渗透到了国际政治、经济、社会、文化的各个领域。虽然很多人感受到了互联网所带来的变化，但并没有看到它所带来的深层次影响和结构化的改变。其中，最明显的是工业经济体系的变革，传统的商业模式受到前所未有的挑战，新兴互联网企业不断地利用网络对商业模式进行优化和创新，以更低的成本、更快的速度及在更广的范围内蚕食传统行业的势力范围。在这种环境下，战略挑战和机遇并存，领导者如何面对如此深刻的改变，如何挑战自我的思维惯性和既有的组织体系，将意味着企业能否在下一个发展浪潮中抓住机遇，实现成长和繁荣。

民众的力量变得更强大。20世纪90年代，互联网的发展主要集中在信息基础设施的技术层面；到了2012年，互联网的发展已经将战略重点聚焦于"互动""社区"与"共建"。互联网将人与人连接起来，大家因为共同的兴趣爱好组成虚拟社区，快速在大范围内分享信息。互联网成为引发社会舆论热点、推动社会运动的最重要平台。2007年发生在哥伦比亚的一个实例说明了互联网力量的强大。哥伦比亚山区的一个武装力量实施了绑架、虐待和枪杀等一系列犯罪活动，一位险些被绑架的Facebook用户在网络上对其罪行进行了控诉，这一举动立即在全球范围内引发巨大反响。同年7月6日，100万哥伦比亚人走上街头，进行大规模示威游行，他们要求政府严惩该组织，并无条件释放被扣押的人质。这一行动迅速传遍全球，在之后的30天里，120个国家的1 200万群众在世界各地进行了抗议游行，共同声讨暴力行为。在过去，一位普通民众如果知道这一事件，几乎无法采取任何直接的行动，但在互联网时代，他却能号召上千万人共同抗议。互联网使得每个人都有了发言权，普通民众都有可能取代权威媒介，成为大多数消息的来源。

数字一代的成长。出生于1980年到1999年之间的人生活在全球多元文化的信息环境之中，他们掌握的信息量大，心智开放，思维活跃，交往能力强，协作组织能力强，被称为"数字一代"。互联网为他们提供了随时随地交流沟通的技术环境和文化氛围。相对于父辈来说，他们接受信息的能力更强，学习速度更快，对全球多元文化更能包容和接纳，地域和语言界限淡漠，因此，与上一辈的代沟也更加明显。

信息爆炸。在思科看来，世界上三分之二的移动数据流量将来自视频。信息量的迅猛增加将对互联网的未来产生深远影响。信息爆炸的另一个发展趋势是信息对企业的影响。全球企业的数量正在迅速增加，与十年前不同，目前很多全球500强公司的总部设在美国以外，例如，2012年，中国在世界500强中已经占了50家。因此，企业需要不断调整，充分利用市场变化的趋势和网络技术，实现在商业模式领域的创新，不仅要在市场上求生存，而且要取得成功。

互联网成为商业模式的颠覆者。互联网在社会经济生活中的扩散正在改变行业和企业的供应链、运营体系和商业模式，许多中间环节被互联网取代,采纳了新兴商业模式的企业快速成长起来。以音乐产业为例,5年前在唱片业,唱片公司掌握了整个产业的主导权,一支乐队要想成功,需要经历创作、歌手演唱、设计专辑封面、制作专辑、俱乐部巡演、制作视频、剧场巡演、制作新专辑、专场演出等一系列流程,在这个过程中,唱片公司主导整个流程并从中获得最大的收益。但在今天,乐队和歌手利用社交媒体掌握了主动权,他们将歌曲上传到视频网站,在获得广大听众的喜爱之后就可以直接与赞助商签署合作协议并举办专场演出。又比如在新闻界,日本发生海啸的时候,海啸灾区发来的信息最先来自普通民众,之后才是新闻媒体的报道。这些事例都显示出,互联网让更多的人获得了改变传统行业的能力,很多尚未适应这些变化的行业正面临无所适从的尴尬境地。

互联网大大提高了业务流程的效率。在互联网时代,信息内容已经不用装载在特定的媒体中,而是可以通过网络进行虚拟传播,用户可以在互联网上随意下载,而不是必须借助录音机、DVD 机、黑胶唱片或电子阅读器。在纸质时代,一本书到达读者手中需要经历漫长的过程:作者创作、出版商审阅编辑稿件、图书印刷配送、零售商备货并进行销售。而现在,作者创作,出版商得到稿件并进行编辑,之后将它们存储在服务器上供读者下载,整个过程大大简化,而且读者花 6 美分就可以买到一本书。此外,电子供应链还削减了卡车运输、林业、造纸、书架制作和商店销售等各方面的成本,因此,电子书的数量越来越多。纸质书存在了几百年,但在可预见的 10 年内,电子书就可能逐渐取代纸质书的地位。这就是商业模式创新对市场带来的颠覆性影响。

网络的发展导致决策的复杂性增加。IBM 对上千家企业 CEO 做出的调查显示:60% 的企业认为目前正面临(极)高的复杂性,79% 的企业认为在未来 5 年中世界会变得更复杂,但是,只有 49% 的企业的 CEO 认为他们已经做好了应对复杂环境的准备。

四、战略转型的内在动力

思科转型的内在动力是从改善体验、加速增长、提升效率和提高收益四个方面展现出来的，其具体的模型参见图3-1。

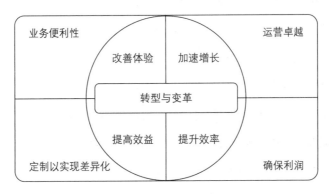

图3-1　思科转型的驱动因素

改善体验。改善体验的主要目标是让业务更便利，主要途径有两个：一是让员工的工作环节更加简便，在企业内有更好的工作环境和体验，如信息系统应用与组织内部协作方式的体验、与客户交互平台的体验等。二是让客户有更好的体验，客户的类型有合作伙伴和终端客户。合作伙伴的体验表现在通过与思科的伙伴关系，形成无缝对接的工作流程和良好的投资收益；终端客户的体验是思科提供端到端的价值链整合与一站式的服务。

思科把客户需求视为牵引市场转型的最重要力量，公司转型的方向是实现产品之间的无缝衔接，增强产品和技术的互补和组合能力，提供客户体验，在市场增长的同时，让公司的合作伙伴有新的盈利空间。在这个过程中,人机互联技术将对企业内部和企业之间的协作带来巨大的影响和变革,将引领未来的创新方向;并且它可以通过社交媒体和 Web 2.0 技术,保证组织内部实现高效的连接,使人们在适当的时间、通过适当的媒体来获取适当的信息和知识。人机互联还是一种快速的业务处理方法,它可以帮助人们跨越信息传播和共享中的障碍,消除信息处理和决策沟通中由各种障碍导致的延迟,还可以连接更多的人从而形成无边界网络。因此,人机互联技术影响力强、发展空间大。

除了互联网,思科认为智能电网上的发展机遇同样不可限量。以智能电网为例,在美国和欧洲国家,电网的基础设施已经严重老化。一般来说,电网的传输系统的平均寿命是 45 年,但是在欧美国家,电网传输系统只能用 40 年,现在都在超期服役。同时,传统的电网基础设施无法支持新的应用,比如无法支持电动汽车充电,而这种应用在中国已经比较普及。在欧美,大部分员工是在 20 世纪六七十年代进入电力行业的,很快就要面临退休,而这些老员工的知识和经验有可能随着他们的退休而流失,这对电力行业的安全运行来说是一个令人头痛的问题。从思科的角度来看,电力行业有待解决的问题越多,客户越痛苦,市场机遇也就越大。欧美国家电网的现状好像是一个只有肌肉骨骼、缺乏神经系统的人,没有办法传感信息。因此,对思科的创新团队来说,他们要为电网安装数字神经系统,增强电网之间的通信功能,全面地搜集电力资源使用的信息和分布状况,在此基础上合理并智能化地使用电力资源。让汽车在电能消耗低的时候充电,使得智能电池和电网产生互动,在最佳时机利用电力资源,从而使这个古老的产业焕发出青春活力。在这种认识的引领下,思科在 2012 年进行战略调整,将核心竞争力聚焦在五大战略领域:核心业务的领导者(网络路由器和交换机及相关服务,如网络安全和移动解决方案)、协作技术

（固定和移动网络集成化的语言、视频、数据）、数据中心的虚拟化和云计算、视频系统、业务转型的架构。思科将市场聚焦于企业级客户、服务提供商和商业用户，并以此作为企业战略发展和创新的重点，为公司的技术创新和并购指明了方向。

加快增长。思科将自身的增长重点放在通过不断发现新兴市场和新兴技术所带来的转型机会，以及将颠覆性技术整合到已有的技术和产品体系当中，为客户提供新的解决方案和消费模式上。为此，思科非常重视前瞻性地发现以互联网为平台的新技术应用和客户需求，通过并购等手段将中小企业的新技术纳入囊中，优化原有的产品结构，在新兴市场中找到快速增长点。

思科的战略转型受市场发展方向的牵引，识别市场的发展方向需要领导层具备广阔的战略视野和前瞻性眼光。而这种战略视野的形成，需要高层决策团队对未来人类的生存方式、对现有技术的发展趋势和潜在影响、对传统行业的转型方向、对人们需要面对和解决的问题有一个清晰的认识；需要决策团队在这种认识的基础上，进一步寻求问题的解决方案。在互联网这个大平台之上，思科认为人机互联是未来最重要的创新空间。人机互联的创新重点体现在信息技术在全球范围内对人类交流和互动方式的影响。互联网作为一个巨大的平台，将社会各个层面的人们聚合在一起，其技术扩散和渗透程度越来越宽、越来越广、越来越深，主要表现就是社交媒体的发展。该领域已经展现出了蓬勃的商业机遇，也是Facebook、Twitter、YouTube、苹果公司及其他一些企业创新变革的主要动力。社交媒体加速了社会性创新，促进了创新型行业的彼此互联；相反，在大型的传统企业中，创新仍然非常缓慢，存在众多的信息孤岛，要实现彼此的连接非常困难。企业的高管需要不断地探索、弄明白哪些新技术能够确保员工以不同的方式销售产品，或清楚利用新技术获取市场情报的方法，在这种环境下，思科认为存在着大量的商机和发展空间。

2013年，思科寻求三个新兴市场：智能互联、云计算、大数据和视频。思科预测未来每个人将有46个设备与互联网相连，但目前全世界只有1%的物体与互联网相连，而在交通系统、智能建筑、智能节能电网、水供应、食品价值链、医疗电子保健、智能城市和智能家居方面，还有广泛的物体互联的机会，这就意味着物联网还有巨大的市场空间。在万物互联的发展过程中，除了技术和设备有巨大的市场外，提供整体解决方案的服务业也有相应的增长空间。在明确定位新的市场空间后，思科会首先考虑现有市场有哪些增量性的发展空间，需要增加哪些新的技术和产品；同时，思科会分析为了满足未来市场的需要，现有技术和产品体系中要增加哪些新的要素，如何拓展现有技术产品体系的深度和广度。在技术设备方面，思科对自身的定位是发展高端技术。这类技术有很大的市场空间，一般小企业很难做到。技术设备的价格可以卖得很贵，虽然量不一定大。在对市场和技术有了超前认知之后，接下来就快速地创造一个新市场。其次，思科会不断寻找市场中的空白点，如新兴市场国家，以及业务类别上的空白点，如智能服务是近年来思科发展的一项战略重点。智能服务是在网络基础设施建设的基础上提供的自动化软件分析功能、网络数据诊断、深层知识库的比较分析等。在确立这个新的业务类别后，探索如何深化服务体系的路径和方法，实现从被动式服务和主动式服务向预测式服务和前瞻性服务发展。

在市场和技术转型中，思科还分析它对人、组织和人们决策的影响。对于物联网来说，人们是在构造不断地将人、物、流程互联的环境，通过高效的信息交流和数据集成与数据分析，制定更好的决策。在互联网环境中，处于基层的人员掌握更多的数据和真实的情况，并拥有更快的应变能力。在人与人之间、物与物之间、人与物之间实现互联的组织和国家，将有机会和能力创新、创造更深的关系，洞察业务发展的深层规律，发现跨界事物之间的内在联系，如天气与农业、湿度和营养之间的关系。在掌握了人与物之间内在关系之后，人们有能力制定更明智的决策，科学合理地配置资源。正是在对未来的快速成长型市场和发展趋势有了判断和认识之后，思科找到了企业转型的方向和发展的空间，通过提供集成化的产品、服务、软件平台的智能网络及技术架构，快速整合技术和合作伙伴，力争在该产业内做到领先。

思科不断通过转型、变革确保企业的成长性。投资者通常看好快速成长型企业及其在市场上的未来潜力，一旦企业进入成熟期，增长缓慢，股票市场就会放弃对它的支持。思科在过去34年的时间里经历了9次转型，2011年转型的主要动机是企业发展遇到了很大麻烦，由于华尔街怀疑思科的战略执行能力，特别是怀疑思科能否保持其承诺的12%—13%的增长目标，因此思科失去了投资者的信任。在这种情况下，钱伯斯与首席运营官摩尔先生下决心推动转型，其中一个主要的方法是压缩成本。思科到底通过何种途径来降低成本呢？思科采取的办法是"做减法"和"瘦身"，剥离一些业务，同时对业务的有限度和资源配置进行调整，这个过程中不可避免地要裁员。

提升效率。思科具有卓越的运营体系，生产制造过程外包，通过信息化管理对外包工厂进行品质管理和过程监控，其供应链管理水平在美国企业中处于领先地位。通过这套运营体系，思科获得了高额利润，其发展目标是利润的增长快于收入的增长，同时，独特的解决方案和经验促使思科大力发展咨询服务，并控制咨询服务的成本实现最优。

思科推动转型的动力还与其独特的产业认识视角有关。在传统观点中，互联网仅仅是一个计算机网络，而思科认为互联网是一个大平台，在这个平台上可以构建各种产品、服务和商业模式。在这一视角的引导下，思科找到了很多可以拓展的空间。在过去的几年里，思科一直试图实现自身的转型，从企业级产品导向（路由器和交换机），向服务导向（云计算、数据中心整体解决方案和刀片服务器技术），进而向消费导向（互联网视频和视频会议系统）转变，这些转变过程并不容易。思科在传统的网络技术设备基础之上，通过自主研发和收购增加了近30项新产业和新业务，例如在2003年以5亿美元收购无线路由器厂商Linksys；2006年，以32亿美元收购网络视频会议厂商WebEx，同一年又以69亿美元收购了机顶盒厂商亚特兰大科学公司；2009年，以5.9亿美元收购视频摄像机公司Flip等。通过这些决策，思科的消费级业务多达30项，涵盖了视频、数字家庭、光纤网络、无线、IP电话等多个领域。现在，思科更希望成为像IBM和惠普那样的解决方案提供商。就像云计算，用户只需关心问题的答案和结果，而过程和解决方案的组合则完全交给厂商来做；又如，虽然电力的来源90%是天然气发电，剩下的10%来自太阳能和风能，但消费者在使用电时根本不用操心电力到底是如何组合的。

提高效益。思科的高利润和高效益来自规模经济与定制化的最佳组合。面对全球市场，思科的策略是全球统一，统一性越高，规模经济效益越明显。但同时，各国各地区市场的发展水平不同，客户也有定制的需求，在全球一致性的大前提下，思科提出定制和差异化的需求应该保持在20%以下的水平。这种一致性（80%）与定制化（20%）的组合，使思科能做到既实现规模经济的效益，又满足个性化的需求，从而实现高效率与灵活性的兼容。

作为电信设备和服务提供商，思科的销售收入占比在15年里一直保持在64%—66%，其核心商业模式是通过产品的伸缩性获得全球的统一性，同时通过产品的灵活性实现产品的本地相关性。前者是将其解决方案在全球市场进行复制，虽然每个国家的市场大小不同，但产品系列的整体性和系统性不受影响，只是在规模上进行调整，通过这种方式，使解决方案的复制成本最低、收益最大。当然，不同国家的需求不同，思科保持了产品组合的适度灵活性，但差异性低于20%。这种商业模式将成功的解决方案以低成本、高效率的方式进行复制，在发展速度和成本上做到效益最高。

在转型过程中，思科对美国之外的市场给予了高度重视，就地域而言，中国、印度和其他新兴国家是重点，重点销售的业务有智能电网、云计算等。思科看好并且希望进入物理安全市场。如在伦敦的商业区遍布摄像机，其数量多过世界上其他城市，这些摄像机与互联网相连，用以监视犯罪活动。不论在哪个角落出现特殊情况，警察都可以实时观看影像并迅速做出反应。这一物理安全业务市场的价值是当前思科擅长的路由／交换业务的两倍，亟须得到重视和发展。录像系统还有许多其他功能：如果一个人在四周无人的情况下摔倒，那么录像系统会自动识别并且发出警报，帮助摔倒的人获得救助；一群人在排队的时候，录像系统可以帮助我们确定排队人数；录像系统还可以迅速判定行驶车辆的车牌号。思科希望进入这一新的业务领域，并且成为业内第一或第二。

五、如何把握战略转型的时机

在战略转型的过程中，公司要抓住全球性企业的发展需求和转型趋势。现今很多企业都需要视频网络支持各地研发人员协同工作，公司内部需要通过这种视频沟通的方式来实现隐性知识的分享和协作，思科就是看到了这一发展趋势才积极拓展自己在视频领域的业务。

客户需求是企业转型的牵引力。在过去 34 年的发展历程当中,有很多高科技企业或互联网公司被淘汰出局,而思科能够存活下来并成为行业龙头的一个很重要的经验就是"客户导向"。以客户为核心的理念体现在企业发展战略、产业转型、研发创新和员工绩效考核的方方面面。企业的研发部门注重搜集各国的情报,扫描全球的竞争态势和客户需求,从而找到创新的概念,就此萌生创意并启动创新活动,使思科的产品具有全球优势。思科在每次市场转型时都会认真听取客户意见,非常关注客户想要的东西或是想买的东西。从客户那里获得前瞻性的认识之后,思科就有可能抓住每次市场转型的机会,比竞争对手提前 3—5 年进入市场。比如,客户可能对视频、物联网等业务有需求,而且他们需要更为智能、效率更高、生产力更强的互联网等;如此一来,通过与客户进行深入交流,思科可以更好地把握市场发展的脉络,进行持续投入,从而在新的技术应用浪潮到来的时候,快速抓住机会并形成市场能力。

抓住市场转型的机会。在战略转型过程中,公司要看到市场转型的机会。如今"节能"已经成为全球关注的主题,因此,思科把智能电网作为重要的发展领域并力图在此领域中实现差异性,通过研发一些具有颠覆性的技术在市场转型过程中形成规模销售,不断扩大市场份额,保持公司业务的不断增长。钱伯斯认为,最有利的发展时期往往是整个行业形势最不好的时候,思科就是抓住这种机会在转型期内扩大市场份额,实现技术与商业模式的有机结合。

抓住技术转型的机会。技术往往能够成为战略转型的主要驱动力,虚拟化服务器、计算中心和通信网络把企业的各个部件融合在一起,协作和沟通技术帮助企业与商业伙伴建立联系。通过技术的进步,公司可以建立竞争优势，获取利润，并且不断扩大自身的竞争优势。

在企业健康的时候实施转型。随着思科的运营变得越来越复杂，就整体而言，公司的发展速度会慢下来。思科在2012年实施了比较大的"瘦身"和变革，尽管此前公司业绩良好。2011年7月考察企业财年之时，思科的销售额已经达到了400亿美元的规模，第一季度的增长率是8%，到最后一个季度已经高达11%，这对公司而言是一个非常强劲的增长速度。路由器业务的增长率达到76%，交换机的增长率达到62%，并且正朝着120亿美元的方向发展。此时，思科在南欧市场上为当地政府提供视频技术服务，已经获得了很好的销售业绩；相比之下，惠普甚至IBM公司都宣布它们的市场出现了问题——思科比竞争对手提前两个季度发现并解决了市场问题，从而在市场上占据了优势地位。在这种情况下，思科并没有任何不良之处，但依然启动了对公司的变革。为什么选择此时对公司进行调整和变革呢？答案是在竞争对手行动之前，先发制人，才能走在前列。

六、用战略方向牵引企业转型变革

明确企业的战略定位。思科的战略目标是成为产品系列中位于全球数一数二的公司，否则将不进入该领域。一旦产品被竞争对手超越，思科将放弃该产品。小型摄像机就是一个典型的案例：思科公司先收购了该产品，但无奈技术发展得太快，在思科做好准备、计划向市场发布无线摄像产品的两周之前，苹果公司就发布了摄像功能强大的iPhone手机。考虑到苹果的产品不但质量高，而且数量大，能有效降低其生产成本，思科在这个领域无法成为全球数一数二的厂商，因此只能宣布退出该市场，将研发资金投向其他技术领域。战略的一致性也是明确变革目标的重要保障。思科在研究外部环境和客户需求变化的过程中发现，企业面临的最大问题是当互联网变得越来越智能，并将成为所有企业拥有和使用的资产时，如何帮助客户企业提高劳动生产率与运营效率，以确保自身在市场上的竞争力。

客观地判断企业的现状。未来的思科到底是什么样的？要达到的目标到底是什么？思科希望自己成为客户信任的IT技术业务合作伙伴，实现客户的投资回报，帮助客户取得成功。要做到这一点，思科需要将现有资源重新调配，从而在相关行业更集中和专注地做业务；还要确保企业有足够的资金进行研发和收购，有能力领导网络技术的发展。思科的获利情况良好，现金流充沛，购回了一些股权；不过，为了进一步提升获利率，思科要以更快的速度做产品，并且简化运营和生产体系，简化内部决策过程。更重要的是，要提升员工对公司的归属感。随着IT领域一些优秀企业的不断发展，如谷歌、苹果等企业吸引了很多非常有才华的年轻人，思科也因此失去了一些优秀的员工，对此思科需要自我反省。同时，小型创业企业增长速度快、前景好，受到市场投资者的青睐，而思科现在已经转型为规模非常大的公司，相比之下，增长速度没有小企业快，其优于小企业的市场份额相对于收益率来说吸引力不够大，因此影响了公司的股价。所以，转型对思科未来的发展是非常必要的。

明确未来的发展方向。2011年，思科高层领导团队的12位成员在钱伯斯家里开会，部署下一步的战略计划，提出思科新一代战略性计划的五个要点：一是领导网络技术转型，从以前的54个战略重点聚焦到5个核心技术产品，密切关注市场转型方向并引领转型的过程。二是推动业务和技术架构建设，通过优化商业架构和运营体系，清晰地把握不同产品、服务和软件，通过整合战略快速进入市场。三是在新兴国家和地区处于领先地位，为了达到这个目标，公司要加大在新兴国家的投资力度，发展合作伙伴模式，了解不同国家法律许可的准入渠道。四是加速思科的转型和简化，通过简化整个组织体系，使得整个运营体系也更简化、行动更迅捷，使得责任能落实到每一个子公司。五是构建一个软件平台，而不仅仅是开发软件。考虑到产品线已经非常到位，公司需要通过构建软件平台来更快地提升收益率。要达到上述目标，最重要的途径就是沟通，同员工进行沟通、同市场进行沟通。

在多次开会之后，思科高层领导团队的12位成员达成共识，他们认为团队要实现战略目标，需要从四个方面进行努力：一是优化成本结构，大幅度降低成本。二是战略聚焦，以前思科有54个重点战略领域，现在要压缩到5个，砍掉不挣钱的公司或业务，同时提高收益率。三是对进入的每一个市场有所控制。之前公司要花好几个月的时间才能获得客户订单，决策过程缓慢，同时可能有140—150个决策悬而未决。因此，公司必须找到一个更好的方法，来对现状进行有效的衡量。四是将问责制落实到位。思科清醒地意识到，必须改变做事的习惯才能改变现状。

通过战略聚焦加速转型。2011年，全球金融危机导致市场走低，思科在资本市场上遇到巨大的压力，未能兑现17%的增长速度；同年8月，思科宣布裁员7 000人，另有约3 000名员工提前退休，合计占思科员工总数的14%。而裁员所涉及的部门既包括消费业务部门，也包括核心业务部门。这对于通常情况下不愿意裁人的企业来说是一个大的举动。思科高层领导团队的12位成员经常坐到一起，讨论企业发展的每一个步骤和每一项业务。思科正是通过这种讨论，确保12位成员能够完全了解公司的现状。在2012年之前，思科总共拥有54项重点业务，12位核心成员难以同时关注全部这些业务，所以，钱伯斯建议企业聚焦5个核心领域，它们分别为：

（1）核心业务，也就是路由器与交换机业务。它们是公司利润的重要来源。此外，服务领域也是思科高度关注的领域。

（2）协作。协作对于思科来说是一个非常大的范围，既包括从桌面的电话到手机、视频的协作，也包括软硬件之间的协作，涵盖的领域非常广泛。

（3）数据中心、虚拟化、云计算及新的业务模型。在当下的市场变革中，这是重兵聚集之地。2006年，思科开始投资一项能够改变数据中心运营方式的新技术，2009年该技术进入市场并已拥有全球市场11%的份额，而且有望进一步扩大。

（4）视频业务。思科的目标是提供整个行业内最好的视频设备，包括网真和其他产品，这是思科的优势所在。

（5）基础设施。思科关心客户如何购买技术和产品，关心如何与他们的目标实现有效结合从而达成协作，或者说将视频或桌面设备结合起来，真正实现通信技术，这是非常关键的。

钱伯斯称，思科将采用流线型经营架构，在这5个领域里建立内部关联——路由器和交换机一直是思科的发展基石；在企业级应用层面，协同成为各种组织提高生产力和合作沟通的驱动力量；数据中心、虚拟化、云计算是以互联网为中心的架构；架构是将多种应用组合在一起的抽象模式，它有助于人们在利用信息技术时将多种产品组合在一起；视频代表下一代互联网语音服务，互联网将日趋走向可视化道路。变革使思科自身的战略路径和业务体系更加清晰，同时思科也出售非核心业务，例如将机顶盒出售给富士康。

负责运营的高级副总裁Gary Moore先生领导了思科此番瘦身的工程，根据Moore本人的介绍，他受命于钱伯斯，负责主持变革。在这个过程中，他首先花费了大量时间阅读技术组合资料和数据，了解企业各部门的真实情况,然后用了8周的时间去发现企业面临的致命问题,用了1个多月的时间决定要做什么。与此同时,由7—9名成员组成的小组用了6周的时间进行密集讨论,研讨公司的转型方案,将企业发展的优先度从54个领域聚焦到5个。减员计划包括退休(18个月工资加上奖金)和项目缩减计划,此计划的结果是减少了10%的人员成本和19%的高层管理成本。企业瘦身使员工成本降低了10亿美元,瘦身工程花费了两个季度的时间。在瘦身的过程中,思科将省下的成本投资到5个战略核心领域。在组织结构体系上,将全球销售格局从按新兴区域划分集中到按三大洲划分,减少了不必要的人员冗余与协调成本。变革的结果按季度进行评估,如果没有达到预期目标,就要找到解决问题的方法。在变革过程中,思科有大约300人参与和配合,提出了上千个变革创意。瘦身工程增加了思科的利润,获得了资本市场的认可,同时,也基本达到了降低成本结构、优化产品组合、提高组织运行效率、确保运营模式的可靠性、修订评估指标以及改善流程和政策等六项目标。

思科的战略聚焦和转型还反映在市场层面。2011年以前,思科在全球有9个销售大区,后来出于降低成本、提升效率的考虑,变成美洲、欧洲和亚太3个销售大区。这种方式有助于明确领导者的决策和问责制,同时能够大幅度减少不必要的行政支出。

降低企业成本。关于降低成本,思科的方法是根据不同国家的法律,采用提前离职或提前退休的方法降低人力成本。对于一些允许提前退休的国家,用优厚的退休金给予员工鼓励;对于提前离职的员工,思科给予至少18个月的固定工资和2个月的红利,同时他们可以继续持有股权。在2011年的最后两个季度,总共有12 000人离开思科,其中几千人是墨西哥工厂的工人。思科在生产制造方面实行外包,通过不断的收购,很多员工后来又成为生产制造工厂的员工；同时，思科和员工签订协议，请他们为思科做外包，这样一来员工可以继续为思科工作。

优化产品组合。在产品组合方面，思科采取的策略是对产品的优先度进行审视，分析产品组合中的成本结构，进而整合或削减不挣钱、低利润的产品。在这个过程中，有些项目组可能被整体裁掉，而且思科重新调整了 2 万多名员工的职务，因为他们的主管或团队负责人已经换人。

实现业务转型。思科进入服务领域大约是在 10 年前，业务从最初的 26 亿美元，发展到现在的 56 亿美元，未来将达到 100 亿美元。Gary Moore 先生当时负责进入这一新领域的转型工作，他采取的策略是与思科的大客户进行积极的交流，了解他们的需求；同时，与思科高管人员一对一对话，了解公司的业务状态。整个过程花了大约 6 个星期的时间，目的是明确公司需要转型的领域，仔细考虑如何推动转型和制订执行计划。最关键的一点是要高管人员对 Moore 汇报，Moore 再直接对钱伯斯汇报，确保每一层管理人员都能真正担负起责任。在明确业务转型方向的基础上，Moore 先生开始搭建团队，邀请六七名最年轻睿智的员工参与团队工作。其中，有一名员工来自互联网解决方案业务部门，曾经帮助 IBM 重新组合公司业务，经验丰富；此外，Moore 还邀请了来自大型国际咨询公司的咨询人员，这些人共同组成了一个综合性团队。团队成员开始探索未来业务的发展目标，主要思考服务团队的投资组合和产品组合问题，分析投资回报率，弄清楚利润的来源。通过大量、全面和深入的调查研究，加上参考外部咨询专家的建议，服务团队做出了 6 个领域的市场战略，并且提出了有效的策略，使得产品服务能够成功地覆盖目标市场。

实现市场成长的转型。Rob Lloyd 先生负责整个思科的销售，他是先从加拿大市场做起的，之后负责欧洲市场，现在负责思科全球的销售。在加拿大开始做销售的时候，他和团队成员都没有想到销售业绩会从 3 亿美元增长到 20 亿美元。在销售额只有 3 亿美元的时候，他带领团队制订行动计划，提出要从 3 个亿做到 7 个亿，当时团队成员对这个目标表示怀疑，在倾听了大家的想法之后，他采用了在欧洲市场使用的销售模式，通过商业模式的创新达到目标。Lloyd 一直坚信，市场空间非常大，只要不惧怕困难，就可以达成目标。在销售业绩达到 7 亿美元之后，他又提出，如果按照正确的轨道前进，销售额可以达到 14 亿美元，他说："当我把这个想法告诉整个团队的时候，他们都认为我疯了，觉得这是不可能达到的目标，一些核心成员甚至认为，继续按这个目标前进的话，公司团队会散掉。"

面对这个挑战，Lloyd 的做法是，先退后一步，思考如何让团队成员摆脱思维上的限制。在他看来，GDP 的数据本身反映了市场机会，而且很多竞争对手已经达到了这个销售目标，因此他相信思科也可以做到。思科当时主要在做中高端的企业设备，但是客户也需要一些低端设备，所以他不断地带入更多需要低端设备的客户。为了激励士气，他在一次大型销售会议上邀请了一名特殊的客人——Erik Weihenmayer 先生，Weihenmayer 先生虽然双目失明，却凭着坚强的意志和勇气登上了珠穆朗玛峰。Weihenmayer 先生向销售团队的所有成员介绍了自己攀登珠穆朗玛峰的整个艰难历程，以及他用什么样的方法克服困难，具体包括如何到达营队，休息了多久，如何继续向上攀登，遇到过哪些困难，如何休整以适应当地的高度等。Weihenmayer 说，他也曾怀疑自己能否登顶，有的时候上上下下，爬上去又退回来，但是他没有放弃，最终登上了珠穆朗玛峰。

在听取报告之后，Lloyd 对 14 亿美元销售额的目标进行分解，就好像 Weihenmayer 登顶一样，从大本营出发之后步步前进。Lloyd 提出，公司的销售可以按照 10% 或 20% 的速度持续增长，而参照 GDP 的数据，团队成员认为20%的增长是可行的。"我们一步步走上去的时候，就像英语谚语里讲的，一口口把大象吃掉，如果目标太大、过于宏伟，大家在心态上就觉得遥不可及。不过，听了Weihenmayer先生的故事之后，我们就知道将市场从7亿美元做到14亿美元的关键是要对目标和过程进行分解。"Lloyd说。随后，他与团队成员就这个目标及将来可能遇到的困难展开了深入的讨论。如此一来，团队成员就和他达成了共识。Lloyd相信，如果团队认为自己可以做到，他们就有机会做到。总之，让团队看到未来，制定合理的目标，逐步实现增长，这是确保市场跨越的关键。

七、转型的阶段与方法

思科推动转型的过程可以分成四个阶段。

1. 明确转型目标

在这个阶段，在大量调查研究的基础上，思科的高管团队要对业务的重要性进行排序，根据客户的需求对项目的轻重缓急进行调整。加速转型要达到四个目标：第一，优化运营模式，包括进一步明晰决策权，增加组织的透明度，让更多的员工参与到转型的过程中来。第二，确保可盈利的增长。第三，提升世界一流的企业的执行力和效率。为了提高执行力，主要采取三个途径，即对流程、策略、转型机制和工具进行合理化和简化，明确关键绩效指标，并对指标的执行结果进行跟踪和持续优化。第四，增强业务的便捷性。

在这个阶段，思科的高管多次开会，对内外部的商业和运营模式进行反思和修改，找到可以改善的地方。在外部商业模式中，去发现和寻找离公司最近的市场，并改变进入市场的方式和路径；对内部的运营模式，要明确和简化问责制，针对不同地理区域的市场，明晰绩效指标，利用信息系统纳入指标和数据，使公司上下对绩效目标和结构有准确的统计数据。而在此之前，公司没有清晰的损益表，通过这次变革和数据统计程序将报告完善起来，这个过程有员工的全程参与。

转型也是公司内部资源重新配置的过程。在创新方面，思科用"种花除草"的方式（指终止部分没有前途的研发项目，将资金用于新的项目中）配置其60亿美元的研发费用，对研发领域的优先度进行排序，对投资池进行审核和配置，有些市场前景堪忧的项目被砍掉，资源集中在对公司具有重大战略价值的核心项目上。在卓越运营方面，思科力图打造世界一流的管理体系，通过优化流程、简化运营、建立关键绩效指标仪表盘的方式，客观展示哪些部门做得好，同时也使公司与客户和供应商的合作更容易。

2. 诊断阶段

思科通过外部对标和内部审核的方式发现其主要缺陷和问题，获取公司在业内发展现状的实际数据，利用公司的视频会议召开全球大会，说明公司的战略决定，向高层和员工阐明转型的必要性。转型将以制订全面计划、开放和公开的方式推进。转型初期的高层调查结果表明，有些高层对此持否定意见，不愿意参与转型，思科用颜色反映高管的态度，通过各种方式"化敌为友"，鼓励所有高层参与到转型项目中来。在转型诊断过程中，公司在运营委员会下成立了产品服务和质量诊断团队、卓越运营团队、金融市场团队，通过矩阵责任体系，把员工纳入转型过程。财务部门要密切关注所有细节，确保投资的收益率。人力资源部门也担当重要角色，在不同的地理区域吸收人才，征询多层面问题的解决方案，判断机会是否可行。部门之间密切协作，鼓励大家进行跨职能部门思考，将利益与绩效挂钩，并关注总利润率。

在诊断阶段，企业要通过审核释放出新的能量，思科设计了"关卡式"流程对这个阶段进行管理：一是创意，找到新的发展机遇，为了确保公司的增长，思科进行创意管理。员工们提出上千种建议，在此基础上，根据创意与市场价值的匹配进行漏斗式创意筛选，得到支持的创意进入业务实现阶段。二是分析，对抓住市场机遇的方法和路径进行选择。三是自主研发计划和案例，找到将设想转化为市场行动的举措、财务模型和利益相关者的诉求及平衡这些诉求的方法，同时针对突发或紧急情况做出预案。在这个过程中，思科管理层从方法论、期望、机会和质量多个层面对创意进行定量和定性分析，财务部门会对机会进行分析和跟踪、进行量化指标监测，审查部门进行严格的评估。四是排序，根据项目的价值和潜力确定资源的配置。

3. 执行阶段

在执行阶段，各团队要制订更加详细的行动方案，明确承诺的底线，并将任务和目标部署给相关的团队，明晰问责制和结果交付。

4. 评估阶段

思科的转型使其股票从 2011 年第四季度的 13—15 美元涨到了 2013 年的 23—25 美元，涨幅为 56%。除了确保股东价值，思科方面认为转型对企业的无形资产指标也有贡献，如合作伙伴的评价、企业的透明度得到改善，创新和运营能力得到增长等。企业处于低谷期的转型目标着重于发现运营体系中出了什么问题，把钱用到能够改善企业基础性能力的地方，如是否通过实施 ERP 系统获得企业运营的准确数据，如果基础性能力薄弱，在新一轮的创新浪潮中企业将难以跟进。企业高峰期的转型目标是找到途径和方法，把技术推到客户手中，把技术和产品转化成市场收益，加速企业的运转。从思科的转型来看，其重点更多偏向于提升卓越运营能力，进一步拓展深化已经建立的市场，为未来的创新搭建一个坚实的基础框架，让内部流程高效运行。为此，思科有常设的转型机构和永久团队，有专门负责转型的副总裁及咨询顾问，专门负责转型的预算和过程管理。

八、思科的数字化转型

什么是数字化转型？数字化转型是全球领导人讨论推动数字经济发展的重要战略和行动。但是，什么是数字化呢？从技术、社会和企业角度，数字化与信息化有哪些不同呢？从学术研究视角看，在技术上，数字化（digitization/digitisation）是指将模拟信号转变为数字信号[①]，将物理或模拟流程、内容或对象用数字信号编码。[②]数字化过程（digitizing）是指模拟信号转换为数字信号的过程。数字化有两个核心特征，即数据同质性（homogenization of data）与可重程设性（reprogrammability）。其中，数据同质性是指，数字信号采用0/1离散二进制编码形式，使数据脱离了存储、传播、处理、显示等技术的束缚；可重程设性是指，数字信号与实体设备的分离使得重新编程成为可能。在此基础上，数字化技术具备了可编程、可访问、可通信、可记忆、可感知、可追溯、可协作的属性。[③]

在社会层面，数字化转型是指数字化技术被组织、社会采纳与使用的

---

① 模拟信号是指用连续变化的物理量所表达的信息，如温度、湿度、压力、长度、电流、电压等，我们通常又把模拟信号称为连续信号，它在一定的时间范围内可以有无限多个不同的取值。数字信号是指自变量是离散的、因变量也是离散的信号，这种信号的自变量用整数表示，因变量用有限数字中的一个数字来表示。

② Loebbecke, C. and Picot, A. Reflections on Societal and Business Model Transformation Arising from Digitization and Big Data Analytics [M]. Butterworth-Heinemann, 2015;

Gölzer, P. and Fritzsche, A. Data-driven operations management: organisational implications of the digital transformation in industrial practice [J]. Production Planning & Control, 2017, 28(16): 1332-1343.

③ Yoo, Y. Computing in everyday life: A call for research on experiential computing [J]. MIS Quarterly, 2010, 34(2): 213-231.

过程。数字化技术的属性不仅拓展了产品与服务、企业与行业的边界，甚至使得这些边界变得可渗透、可变化[1]，越来越多的组织使用数字化技术进行创新。数字化技术通过 0 和 1 的形式来表示语言、信号、图像、声音和物体，受到数字化影响最大的行业包括媒体、银行和金融、电信、医疗技术和医疗保健、零售、制造业等，一些新兴产业形态，如物联网、工业互联网、工业 4.0、大数据、人工智能、机器通信、区块链、加密货币等应运而生。

在组织层面，数字化转型包括由数字化技术驱动或数字化技术嵌入的创新，广泛渗透到了产品服务、业务流程与商业模式创新中。产品服务的数字化创新是指将数字化技术嵌入和应用在产品和服务中，产生新的产品和服务，比如人们使用的智能手机；业务流程的数字化创新是指将数字化技术嵌入和应用在组织工作流程中，改变了组织的生产过程、决策过程、交易过程等；商业模式的数字化创新是指数字化技术的使用产生了新的价值创造方式，往往伴随着产品服务的创新，所以常常与产品服务的数字化创新一起讨论。从组织层面来看，一个组织可能会出现多种数字化创新的模式。

思科推动数字化转型的策略与方法。从思科本身来说，这家昔日的网络巨头有着强烈的危机感和转型动力。2015 年，《纽约时报》刊文称，思科董事长、CEO 钱伯斯在退休之前，希望能对公司进行一次大转型，他担心思科会在科技巨变中毁灭。在接受采访时钱伯斯说，由移动设备和传感器

---

[1] Yoo, Y., Henfridsson, O. and Lyytinen, K. Research commentary—the new organizing logic of digital innovation: an agenda for information systems research [J]. Information Systems Research, 2010, 21(4): 724-735；

Nambisan，S. Digital entrepreneurship: toward a digital technology perspective of entrepreneurship [J]. Entrepreneurship Theory & Practice, 2016, 41(6): 1029-1055.

物联网所带来的变革，给微软、IBM、SAP、甲骨文、思科带来巨大冲击。"未来 5 年内，这几家科技企业中会有 2—3 家退出名单，因为转变速度快于以往任何时候。"当年罗卓克接过了思科的权柄，开始大举对思科进行重组，并且尝试将公司的重点转向四个关键领域：安全、物联网、网络和云计算。

此时，思科的转型压力主要来自三个方面：一是随着云计算的发展和普及，以网络设备制造为主业（占销售收入的将近 70%）的思科的好日子已经过去，思科该如何向软件和服务方案供应商方向转型。二是随着网络基础设施建设趋向成熟和稳定，思科的传统业务的增长速度下降，但新兴行业快速发展，云计算、物联网、大数据快速发展，思科如何快速进入这些新兴领域，特别是为政府、大企业这样的大客户提供有效的服务，如在交通、城市数字化、物联网等领域有所作为。三是在行业和企业大转型时期，思科面临着换届的问题。2015 年钱伯斯辞去 CEO 职务，2017 年辞去董事长职位，在内外部变化频发的环境下，思科将如何实现新一轮的转型？

对于具有科技乐观主义文化传统的思科来说，虽然内外部有多重变革挑战，但思科在转型变革上也是历经沙场，久经考验，他们在压力和挑战面前同时也看到希望和前景。正如思科首席市场官 Karen Walker 所言，思科所秉承的科技乐观主义使其看到"全数字化颠覆"技术的巨大应用前景，以及互联网给人们的工作、生活、娱乐和学习方式带来的巨大变化，使得思科有理由相信巨大的增值市场依然存在，但如果转型速度太慢，"全数字化颠覆"将使近十大行业领导者中的四位被取代。

在这个过程中，思科苦苦寻找未来的转型方向。作为在 ICT 领域有三十多年经验的企业，思科凭借自身的技术实力，通过一系列的收购战略和举措，试图在推动传统企业数字化转型的过程中发挥领导者的作用。思科在推动数字化转型中，认为自身的技术和服务体系具备四种能力：一是数据和连接能力，网络连接整个价值链上数百万个终端并收集数据；二是确保网络和数据的安全性，提供基于策略的连续威胁防御；三是自动化能力，帮助客户实现从网络边缘到数据中心，再到云的整个流程的自动化；四是大数据分析能力，围绕设备、网络、用户、应用和安全隐患收集数据，并对数据进行分析，为高层管理者提供切实可行的商业洞察。为了进一步强化这四种能力，思科采取了一系列并购策略，整合在数字化转型中相关的新兴技术，以增强自身技术体系的差异性和竞争优势。

思科如何通过并购布局数字化技术体系？在错失了云计算大数据的发展机遇之后，思科近年提出了万物互联的概念，着手在物联网上有所突破。为了在全球数字化转型过程中获得更大的市场，思科进行了一系列的战略布局，其中一个重要举措就是收购与其战略目标相关的企业，以快速组合数字化转型的技术能力，增强服务体系的内在协同。有数据显示，思科几乎每 6 周就要发起一桩收购，思科发起的多起收购都围绕着云计算、大数据等软件和服务领域展开。

作为一家以互联网硬件设备起家的公司，思科为了推动其在数字化转型市场上的核心竞争力，更加注重对软件和服务领域企业的收购并购，通过软件有效连接标准化硬件，将使思科在整体解决方案上不断升级，使硬件赋予灵魂。思科在新推进的并购案例中，仍然秉承其既有的原则和方针，即是否符合思科转型的大方向，收购的风险是否可控，收购后是否有助于企业的长远发展。

并购物联网公司。2016 年，思科以 14 亿美元现金和股票收购物联网创业公司 Jasper Technologies 就非常引人关注。它不仅是思科近年来比较大的一笔交易，也被不少业内人士视为物联网领域最大的并购案之一。并购后，Jasper 不仅可以为思科提供物联网平台，还可以扩大思科的安全、高级分析等物联网服务。除此之外，思科陆续收购混合云服务商 CliQr（2.6 亿美元），技术核心是帮助客户筛选出最合适的云服务供应商。收购的云搜索技术初创企业 Synata，用于支持思科旗下的基于云计算的协作服务"Cisco Spark"的端对端加密服务。除此之外，被收购的芯片制造商 Leaba、云搜索技术初创企业 Synata、云安全公司 CloudLock，则主要是用来强化思科在云端的安全技术，旨在强化思科在云计算应用中的技术深度、差异化能力和整个布局的完整性。

并购数据可视化公司。在 2017 年，思科用 37 亿美元完成了对云应用和业务监控提供商应用性能管理公司（AppDynamics）的收购，此举使其成为能够对网络基础设施终端用户提供可视化数据服务的公司。该公司帮助企业将应用程序数据转换为业务洞察，并在其技术堆栈中提供端到端的洞察力。这项并购将使其能够在整个网络、数据中心、安全和应用程序中开发可视化服务，推动公司的数字化转型，改善客户体验，帮助客户监控每一行代码对业务结果的影响。在思科并购前的一个月，应用性能管理公司刚刚提交了 IPO 申请，思科早在其提交 IPO 申请前就曾与其有过接触，2016 年年底放弃了谈判。这则消息算是峰回路转，通过投行 Qatalyst 的撮合安排，二者 48 小时之内完成了文书方面的工作。应用性能管理公司于 2008 年创办，总部位于旧金山，它提供了一系列对应用程序的容量、扩展性、故障排除和用户体验进行管理和监控的服务，以及移动监控和业务分析等服务。该公司当时已经进行 6 轮融资，融资总额为 3.14 亿美元，思科开出的 37 亿美元是个不错的收购价格，也许还会为今后的相关收购和融资设定一个积极的风向标。与思科的合并可以提高其从网络到应用端到端的可视化、智能化和安全性,并助力思科的网络数据分析、可视化业务走向新的高度。

加强基于意图的网络建设。所谓基于意图的网络,是指通过网络内置的机器学习机制,自动解读情境中的数据,并向用户提供可视化的分析,使网络通过机器学习、人工智能、分析等方式变得更加智能,通过数字网络架构(DNA)中心,设置网络自动化和学习引擎,集中管理仪表板使得网络管理员能够自定义意图,将意图转化为行动,跨越了设计、配置、策略和保障,为整个IT部门提供了网络的可见性和情境。要建设基于意图的网络,人们必须信任网络,因此,网络安全和隐私保护就变得更加重要。为此,在加密流量中网络也可以识别威胁,而不会对其进行解密并影响数据隐私。软件定义接入(SD-Access)通过自动化策略是通过将日常任务自动化(如配置、故障排除)来简化网络访问。新数据平台和保障作为一个分析平台,将网络上运行的所有数据进行分类和关联,通过DNA中心保障服务,将机器学习转化为预测分析、商业智能和可操作性。加密流量分析的安全软件使用思科的Talos网络智能和机器学习来分析元数据流量模式,使IT部门能以高达99%的准确度来检测加密流量中的威胁。

与电信企业合作布局5G技术。随着企业日益转向全数字化,移动运营商正需要5G网络提供的高速、低延迟和动态设置能力,以满足日益增长的用户需求,迎合全新的服务趋势。思科通过与美国电信企业威瑞森(Verizon)的紧密合作,把握绝佳时机,构建世界上最大的5G现场试验网。思科为Verizon 5G商用试点项目的试运营提供了5G就绪的移动架构的主要组件,包括:(1)通过思科服务平台,简化VNF的注册和操作流程,加快服务速度,实现对客户的应用实时交付;在网络传输领域,推出移动回传基础设施,以全面实现5G所能提供的更快的千兆带宽。(2)虚拟管理服务,通过虚拟化、自动化、数据分析和云计算,快速部署安全和网络服务。(3)合力研究 5G 网络的连接和性能,以及如何在垂直行业中充分利用这一技术。全新的业务应用(如增强现实或虚拟现实),非常需要 5G 在整个网络中所提供的低延迟、高质量服务和大容量优势。这将使企业能为用户带来前所未有的互动感受和身临其境的体验。

思科在物联网建设中的布局。2014 年,思科分析认为全球仅有 1% 的设备联网;2016 年,全球 6 400 万台机器中,有 92% 尚未连接网络,这意味着企业有很大机会将其生产环境变得更加智能、高效。思科研究团队预测,到 2020 年,联网设备将达到 500 亿台。约 45% 的此类物联网设备会受到电池电量的限制,并且需要长距离物联网连接。因此,思科提供面向 LoRaWAN ™ 的解决方案,将低功耗广域网与 WiFi 和蜂窝技术组合在一起,用于经济高效地连接数十亿此类以电池供电的数据速率低且距离远的物联网传感器。

根据思科的科技乐观主义,物联网有巨大的发展空间。思科为联网机器提供了一套完整的解决方案,能够支持客户通过与机器制造商合作,安全连接设备,将机器数据转变为宝贵的实时洞察,同时持续壮大日常业务。通过实施联网机器解决方案,思科的制造业客户将能受益于机器制造商的专业知识,通过采取实时纠正措施和不间断的预测性维护,推动机器流程不断改进。在物联网应用中,思科提供的服务包括:(1)可插拔的微服务,能够以非常安全的方式可靠地集成物联网传感器与云应用,同时处理最接近机器的数据。(2)连接流分析,借助雾应用,在 IE4000 上为小型部署支持安全连接机器,可靠地提取机器数据,并提供实时洞察,其成功案例是为全球知名的日本机床生产制造商山崎马扎克(MAZAK)公司构建的 iSMART 工厂。思科通过 IE4000 交换机,支持 lOx 的雾应用与连接流分析相结合，通过 SmartBox 采用思科联网机器解决方案。这一应用通过使用高级制造单元和系统以及全面的数字化集成技术，推动在流程控制和运营监控方面实现数据的自由流动和数据共享。在该概念下，通过连接到工业物联网（IIoT），制造商将效率和生产力水平提高到前所未有的水平。

助力联网工厂建设。基于完整的技术架构和体系，思科联网工厂为客户提供了完整的工业园区解决方案，简化网络管理并扩展物联网范围，支持客户安全地连接机器和传感器，并从物联网数据中快速获得实时的洞察信息，发现生产中的隐患和问题，大幅缩短生产周期，提高设备的可用性和效率并降低风险。部分客户正通过整体联网工厂架构来实现其价值。比较成功的案例是思科以色列热力工程供暖与制冷系统制造商 Lordan 提供的联网工厂全面解决方案。Lordan 在提供高质量定制设计和供应灵活性方面享誉全球。为了推进其物联网战略，提高车间的整体效率，在安装了包含思科的技术设备之后，公司的首席运营官表示："在两周内，我们能够制作出整体设备效率（OEE）报告，并基于真实数据而非主观评估来制定决策，一个月内，我们将制造车间的生产效率提高了 10% 以上。"

思科的联网工厂包括以下技术：

第一，工厂自动化网络，包括工业以太网、无线控制和物联网连接。

第二，雾计算。在工厂生产中会产生大量数据，对数据处理有两种需求：一是对机床、设备的及时控制，需要将这些信息在边缘上做快速处理；二是如果不做边缘处理，直接进入广域网或云计算中心，会给网络带宽、计算资源带来压力，因此，边缘计算是最佳方式。

第三，机器学习与自动配置。无论是网络基础架构还是数据中心，会从原来的手工半自动配置变成自动化配置，网络基础架构会根据现在的网络或计算资源模型，预测今后的资源需求，并进行自动调度，利用机器学习方法自动帮助企业调整。也就是说，今后网络或计算资源可以通过自主学习，自己去调整和服务，进行自主性管理，不需要太多IT人员进行日常的维护。你只需在一开始时提出你的策略和需求设置，机器会自动运转和实现。

第四，设备互联与设备服务化。物联网技术将在数控机床上安装工业控制设备并进行网络连接，这种数控机床对中小企业来说很有价值。因为数控机床或高端机床的成本比较高，它还需要不断更新换代，对中小企业来说，可以通过租赁而不是购买的方式使用这些数控机床或高端机床。提供设备服务的企业可以把数控机床运到中小企业，按小时收费，使中小企业以更低的成本获得机床服务。除此之外，还可以将数控机床与机器人整合在一起，提前预测和计划整个系统中的生产线、设备开机时间、设备状态、什么时候需要客户化升级、维护和保养，有效监督制造设备的健康状况，监控每个时段是否出现问题，在问题出现时及时调整。同时还可以根据业务逻辑需求进行快速的业务优化，使整个生产或机器运行效率不断提高，从整体上提升制造企业的智能制造、管理、决策和运维水平。

打造基于云的中小企业办公沟通平台。思科与TCL合作开发了科天云，帮助中小企业解决办公自动化问题。通常大企业都有自己的会议视频系统，但中小企业构建这套系统的投入产出比不合算，如何满足中小企业跨企业、跨地区的办公沟通协同需求呢？思科通过开发虚拟的云模式，帮助企业建立跨企业、跨地区的视频会议系统；中小企业通过专用硬件终端（如手机、PAD等），通过云端进行会议连接，以相对比较低的成本租赁服务，如每周或每天的生产协调会，与上下游供应商的视频会议等；通过视频与监控技术整合，客户还可以远程看到生产线上的状态。

发展雾计算应用。自2011年雾计算被正式提出后，思科的雾计算在北美、欧洲地区已经有了应用场景，但面向中国市场还是首次提出。与成熟的云计算发展周期来看，雾计算还处在起步状态，但其技术原理非常适合工业物联网应用场景，因此能够解决网络延迟、终端安全等技术顽疾。何谓雾计算？雾计算是指将计算、通信、控制及资源存储等安排在距用户或者数据源最近的设备或节点上进行计算和控制。云计算将资源虚拟化并集中在网络上层的核心网中，由此实现全网范围内的资源共享；而雾计算将云从核心层拉到了边缘侧，终端数据无须传回数据中心，直接在网络边缘计算处理，而用于承载雾计算的设备可能就是一台边缘路由器、一部手机，甚至是一根路灯杆。雾计算的一个典型场景，比如在很多大型制造企业的车间里都安装有"机器人手臂"，每一次手臂动作的精度将直接影响流水线产品的合格率，当这些"机器人手臂"运转几年后进入故障高发期时，工厂可以通过布设视频捕捉摄像头实时采集"机器人手臂"的运行数据，通过 WiFi、蓝牙等网络将数据传递到就近的一台工业路由器上实现数据挖掘和计算，将结果反馈到质量监测平台上，如此一来维护人员就可以随时掌握每台"机器人手臂"的运行情况。以上场景也可引申到城市、交通、电力等大型行业的应用中。比如在智慧交通领域，未来不仅是街道两旁有摄像头，每部车辆都会安装传感设备，由此更加精准地呈现路况和解决交通阻塞。但是如果将所有传感器的数据全部传回后台，所产生的海量数据将对传输网络造成极大压力，更重要的是网络延时。2015 年，思科、ARM、戴尔、英特尔、微软及普林斯顿大学边缘计算实验室共同宣布成立 OpenFog 联盟。法国电信与 Inria（法国国立计算机及自动化研究院）成立了雾计算与大规模分布式云研究项目——Discovery。此外，在核心厂商的相关项目中，都能看到雾计算的理论模型。2017 年，雾计算正式推向中国。

打造共享云供应链平台。思科在广东番禺有一个智能制造云项目,这是一个物联网云基础架构平台,在这个平台上会形成一个生态体系,工厂会提出需求,有一批第三方企业会像西门子、亚马逊那样提供设计、生产、客户服务。这个平台有两个价值:一是帮助客户实现远程装备、设备管理,实时监控生产线,提升生产运营效率;二是帮助智能企业做智能制造的私有云,这些企业不需要自己构建云平台,而是以租赁的方式获得云的服务。在此基础上,思科助力企业建立智能供应链管理体系。思科之所以能够提供上述服务,首先得益于这一模式在思科内部已经实现。思科在我国有187家生产制造工厂,帮助思科生产各种各样的产品,思科通过制造云模式,与这187家工厂及其上下游供应链进行协同,思科每周甚至每天与这些生产企业开生产协调会、生产监控会,或帮助这些企业进行业务升级,以满足其基于网络的订单需求和变化。基于网络的生产方式是思科的核心竞争优势之一,也是思科把武装自己的能力转化为对外输出的产品和服务的重要基础。

打造全数字化业务平台。在将原有技术体系与并购技术整合的基础上,思科快速搭建全数字化业务平台,里面包括功能全面的全数字化网络架构,结果驱动的全数字化解决方案,由全球合作伙伴生态系统共同支持的开发环境。其中,思科全数字化网络架构(DNA)是面向全数字化业务的软件驱动架构,可以将数据、连接、安全、自动化和分析有机地结合在一起。2017年已推出全新的硬件平台和虚拟网络服务,将虚拟化扩展到分支机构。在建设和提升技术能力的基础上,思科的数字化转型策略在各个产业中持续推进。思科在2016年推出了用于网络数据分析的Tetration AnalyticsTM平台,该平台在业界率先实现了对现有大规模数据中心和云平台上网络流量的实时采集、存储和分析,为思科帮助用户在云时代实现网络运维的升级和自动化提供了全新视角和各种可能。

思科如何助力零售业的数字化转型。2015年，思科对不同行业的数字化价值进行了比较全面的研究和评估，通过客户调研的方法，对16个行业的数字化潜在价值进行评估，同时，也对350个企业的数字化案例进行了分析。思科的研究发现，数字化潜在价值的实现主要通过两条途径：一是通过数字化投资和创新带来全新的价值来源；二是通过利用数字化技术能力，价值在不同的企业和行业中进行转移，即价值从"失败者"流向"成功者"。调查发现：制造业、金融服务、零售、运营商、医疗和石油与天然气在内的六个行业，将在2015年到2024年间，获取数字化潜在价值的71%。尽管未来很美好，这六个行业在2015年所实现的数字化潜在价值均未超过29%，其中零售业仅实现了15%的数字化潜在价值。为了帮助零售商缩小这一差距，思科发布了题为《零售行业数字化价值路线图》的报告。报告指出了零售行业的十大数字化价值来源，并为零售商着手利用数字化优势和取得长期成功提供了路线图。根据其调查，一个拥有200亿美元收入的零售商，如果全面采用数字化战略和步骤，可节省3 300万美元的潜在年度IT成本，生成8.23亿美元的年度息税前利润。零售企业数字化转型的能力构建主要包括三个阶段：一是建设赋能的数字化能力；二是通过数字化能力实现品牌的差异化；三是通过数字化颠覆界定新的商业模式。为此，思科在欧洲、南美和北美地区开设深度讲座，对实体零售商、电子商务、服装制造商、食品服务和其他零售环节的近200位零售业企业高管进行培训。在数字化转型过程中，自筹资金的战略非常重要，它将能够帮助企业生成新的收入来源，同时实现显著的运营/IT节省。这些收益和节省在之后又可以重新投入到新的数字化解决方案中，以推动持续的创新。

零售业数字化的技术服务体系主要包括四个方面：（1）全场 WiFi，室内室外 WiFi 覆盖，自动鉴权和宽带控制；（2）室内定位，包括实时定位和定位精度管理；（3）客流检测，包括实时监测、历史数据统计、到访连接、流量控制；（4）室内导航，包括导航精度管理、立体导航和反向寻车。

以星巴克为例，作为开发自有移动支付应用的先驱，星巴克将支付应用与其客户忠诚度计划联系在一起，从而又向前迈进一步。然后星巴克决定解决新客户的顾虑，即"排队烦恼"。星巴克在其移动支付应用成功的基础上，创建了手机预订和支付（MOP）应用。该应用使客户能够预订饮料并完成付款，无须排队即可在他们选择的商店领取饮品。星巴克表示，移动应用上的购买量现在占总体购买量的 21% 以上，其中近三分之二的支付通过 MOP 完成。此应用的成功为联网（数字）广告创造了新的机会。由于 MOP 与各个店面的库存管理系统相连，因此它可提供一个渠道来提高交叉销售机会从而刺激购买行为，例如，您想为您的拿铁咖啡配上一块松饼吗？

思科如何助力金融业的数字化转型。在思科看来，数字化是对已有各类机构信息化的深化、拓展、连接与再造，其数字化的实践主要体现在五个层面：一是全数字化客户体验：提升客户的满意度、体验感和忠诚度，增加企业的利润收入，为客户提供全渠道无阻的客服顾问沟通，推进基于 360 度客户分析的向上和交叉销售，并进行个性化的忠诚度管理。二是优化业务流程和商业模式，提供全数字化协同办公环境和条件，增加对客户需求的响应速度，使组织内部的运营效率更高。三是全数字化业务运营：实现快速服务交付以缩短创新周期。通过跨云服务商和数据中心的自动化运营，降低基础架构和应用开发投入成本；基于可视化的运营数据，降低运营风险；建立在生产数据实时分析基础上的业务洞察。四是风险及信息安全：满足监管与内控合规要求，确保机构声誉，避免损失，以强健的信息安全能力作为机构可信度的背书。为了实现这些目标，思科已有的硬件网络技术和软件服务，如体验的可视化，远程专家，智能交互中心，移动体验技术，基于位置的分析、物理安全视频系统、平台即服务、混合云、云管理、服务交换平台、物联网、网络监控和追溯、数据可视化、安全信息事件监控，将会起到支撑作用。五是为员工赋能，提升其工作效率和创新能力，吸引并留住优秀人才。根据 Gartner 对 30 家企业 396 位总裁的调研，50% 的总裁认为未来几年公司的变革和转型是由数字化浪潮推动的，因此，对员工的思维、素质和技能提出了更高的要求。

在思科看来，实现数字化仅仅依靠技术还不够，还需要公司重新构思其整体业务运营方式及交付方式，从而通过快速创新和更高的运营效率，为客户和合作伙伴提供新的价值。要取得成功，公司不能简单地将数字化等同于基本自动化。相反，它们需要革新系统和工具，为公司的产品组合和运营模式建立持续的创新周期。

金融界的全数字化创新所能创造的潜在价值巨大，仅零售银行业的全数字化创新就可以在 2015 年至 2017 年间推动产生 4 050 亿美元的潜在价值。然而，在 2015 年，整个金融服务业只把握住了这其中不到三成的商机。严格复杂的监管和网络安全的漏洞固然是减缓增长和阻碍创新的桎梏，再加之敏捷的金融科技颠覆者带来的竞争压力，在三年内，全球前十位零售银行中将有四家被挤出榜单。实现全数字化转型，是金融行业保持竞争优势、赢得市场份额的必经之路。 思科金融业全数字化转型的解决方案包括：全方位的集成系统架构，确保金融客户平滑转型，增强金融机构、代理、客户多方的互动体验。思科在基础架构之上，配合基于 SDN 的策略管理与自动化架构，搭建 PaaS 平台，进行应用生命周期和多云服务商管理，提供 IT 服务订购，并以 Cisco Tetration Analytics 卓越的安全和分析能力，保障云端和数据中心的安全。

思科如何助力数字化城市建设。在思科看来，数字化城市建设重点在如下领域：联网资产（资产跟踪和资产管理），物流（供应链管理、货物跟踪），智慧城市（智能停车场、路灯、废弃物管理等），智能楼宇，公用设施（水、燃气计量），农业（土壤、灌溉管理）。德国汉堡港务局（HPA）是思科的一个长期客户，已经充分实现了 LoRa® 技术的价值。作为其数字化转型战略的一部分，HPA 部署了思科 LoRaWAN™解决方案，并在港口入口处沿着易北河升降桥（Kattwyk bridge）安装了传感器。该桥是率先部署 LoRa® 技术的设施之一，它能够升降，以便让货船通过。传感器使技术维护部门能够准确地预先规划维护和维修工作，从而降低维护成本和缩短停机时间。现在，利用 LoRa® 技术和易北河升降桥的传感器，运营工作得到显著改善。管理者不必再被动等待问题出现，而是在问题出现前前瞻性地解决问题。这将是传感器研究的重要成果之一，该港口将部署更多技术，包括当前已在港务局中心使用的 LoRa® 网关等，以推动实现更智能的运输、维护和物流。

思科如何助力数字化医疗发展。物联网技术为医疗设备定下新定义，随身的医疗装置不需要患者亲自前往医院，便可将身体的基本数据传送给医生，全面打破传统医疗服务的地域限制和传统诊症模式。现时可穿戴医疗技术和分析工具的出现，能实时监测使用者的健康状况，包括量度卡路里消耗量、食物摄取量及睡眠素质等。使用者可以透过这些从设备收集的参数作自我监控，从而更好地关注自身健康，而设备所产生的数据也可用于医疗研究及参考。

2015 年，医疗机构 Cyrcadia Health 设计出一个含有物联网科技传感器的胸罩，名为智能胸罩（iTBra）。此发明可以通过检测乳腺组织的微小温度变化，侦测早期乳癌的征兆，使患者能及早医治、降低潜在风险，比传统的 X 射线技术更有效。此产品的发明确实为医疗领域里的里程碑事件，影响深远。

在美国，有一个名为 VITAS 的临终关怀运动，致力为临终人士提供遥距观察和照料，让他们可以安享晚年，度过人生最后时刻。计划中 11 000 位专业医疗人员遥距照看来自不同地方的临终人士，其中只有两成正在医院或安宁疗护（hospice care）现场，其他均留待家中。思科为此计划设下稳健的数据中心和流动设备，让专业医疗人员可以遥距观察患者的病情变化，整合并分析数据，通过科技紧密连接病人和专业医疗人员。

九、战略转型中领导人的作用

负责公司转型的领导者往往要有坚定的信念。思科领导者的信念在其变革中起着至关重要的作用，其中，10 个关键理念在变革中发挥了重要的作用，并且最终促成了思科转型的实现。

用未来的眼光看未来。它指的是要放眼未来，而不是将看问题的视角拘泥于过去或者当下。通常情况下，人们容易想到的是未来不会发生什么事情，而不是未来会发生什么事情。在这个过程中，思科努力实现思考方式的转型，他们非常关注年轻人的想法和行为，经常邀请年轻人参加高层会议并发表意见，通过年轻人的心声获得对未来的看法。

正视现实。无论人们是否喜欢，他们都需要正视现实。对于公司来说，把事实和数据摆在桌面上进行公开讨论是非常必要的。每个人对于现状的定义和理解可能是不尽相同的，然而敢于面对现实，从不同的视角来看问题，才有可能真正解决问题。如果大家只看到自己希望看到的现实，而非真实的现实，那么企业很难实现持续的发展。

营造人心所向的共同愿景。思科注重营造每个人都愿意接受的共同愿景，至少会遵循二八定律，也就是说，这个愿景能够获得大多数人的支持。在这里，最关键的是要有一个人心所向的共同愿景，把人们都吸引到愿景周围，因为经验告诉我们，当个人的愿景与公司的愿景融为一体时，这个公司就为成功做好了准备。

沟通、沟通、再沟通。一定要沟通、沟通、再沟通，大量研究表明，一个人要重复接受一个信息，才能够真正接受这个信息。所以，公司需要重复自己想要表达的信息，以确保这个信息成为接受者不可或缺的一部分。

构建团队的向心力。假如新上任的 CEO 或者其他高层领导，保持高高在上的姿态，他们就不能与大家很好地融合在一起。在这种情况下，对于领导者的很多想法、做法，员工并不愿意接受和执行。所以，领导者一定要建立自己的团队，确保全部成员都与自己保持一致，跟自己做一样的事情。特别是在变革和转型的时候，总有一些人不太同意变革的做法，员工会看领导者的表现，作为领导者一定要想办法确保团队里的所有人都支持自己。

培养明星员工。通过与员工接触，看一下哪些员工是值得信任和依赖的，哪些人是最重要的，哪些人需要重点培养。领导者一定要非常关照那些对于实现成功很重要的人，不在于以不同的方式去关照他们，而要赋予他们一定的权力和责任，使他们能够传递领导者的愿景和信心。

既要坚持原则，又要灵活机动。原则很重要，而且不能动摇，这是作为领导人的优良品德，在原则性问题上不能妥协。但同时，在有些事情上要保持灵活性，领导人要审时度势、及时调整，要能够灵活适应环境的变化，灵活适应就是不断评估面对的形势及未来的变化，这样才能确保变革和转型的成功，转型的关键就是有能力不断地调整自己。

激情奋力执行。工作中要全力以赴，一旦有了好的团队，就要努力实现目标，不能放弃，以高效的手段去执行计划。思科的经验是，如果有了团队、计划、愿景，就要快速执行。

坚持做正确的事。坚持做正确的事情是非常重要的。在转型时期，作为领导者，可能会感到非常孤独，因为此时的领导者可能是一个最不受欢迎的人物，要想去推动这种转型和变革可能需要孤军奋战。那么，领导者就需要自我提问，确保自己做的是正确的事情，有了这种信仰，就一定要坚持下去。

克服组织转型中的惰性。在快速变革阶段，领导者要判断行业的未来走向，清楚在激烈的产业竞争环境中如何做到差异化，需要了解公司与竞争对手之间的战略愿景的不同之处。在此基础上，领导者才能看到发展竞争优势的重点，看到机会和挑战，从而带领团队快速行动。就像之前介绍过的，思科将抵制变革状态的员工形容为"阻力动物园"中不同的动物：鸵鸟、蜗牛、狗、鼹鼠和老虎。只有了解动物们的内在需求和抵制变革的真正原因，并采取相应的对策，动物园才会更加和谐、更容易接纳变革。但如果发现不了阻力的来源，动物们肯定会不断地制造麻烦。所以，高层领导要多关注、多分析员工抵制变革的原因，努力克服变革的阻力，具体的流程是：（1）对现实进行客观分析，发现企业面临的挑战、问题和不足；（2）勾画可实现的愿景，使员工了解变革的价值在哪里；（3）明确可采取的核心步骤；（4）降低心理成本，降低参与者和合作者所要付出的经济成本和代价，管理好变革的阵痛。

就具体的变革过程来说，思科根据自身的实践将其总结成五个阶段：思考为何要变革（变革意识），如何参与变革（分析变革愿望），知道如何变革（变革过程和知识），实施新技能、采取新行动（变革能力），以及保持变革态势（巩固变革成果）。在这个过程中，任何一个阶段的工作没有做好，变革都将失败，而这些失败主要归因于领导的失败。

作为思科的领导者，在变革和转型中还需要认真考虑以下几个问题：是以渐进式的角度还是以转型式的角度去思考？企业转型的机会在哪？自己的速度是否够快？这是一个动态的世界，一个同台的市场，竞争的优势取决于领导者行动的速度，所以一定要快速地行动。转型领导人的强悍作风有的时候令人恐惧，令人精神紧张，在这里领导者需要真正地从质量、从人的素质的角度来思考。因为自己所做的事情可能并不受欢迎，所以领导者要有勇气和信仰去做正确的事情，尽管有时候会感到非常孤独。有时候领导者需要往后退一步，这样就能重点观察到需要付出什么代价、采用什么奖励及目标是什么，然后集中精力朝目标迈进。总的来说，变革型领导者的特点就是有勇气带领大家专心致志地做正确的事。

十、小结

企业在激烈的竞争中能够存活下来，很重要的能力是进行持续的转型与变革。

持续的转型首先依赖企业核心领导人对行业未来的长远视角和独特认识，这个视角通常是通过企业愿景传递出来的。领导人对企业自身在行业发展中长期定位的认知决定了其是否选择了一个可持续发展的行业，这种认知通常从企业的愿景中体现出来。例如，思科的愿景是互联网改变人们的生活、工作与学习，这个愿景反映了互联网发展的长期深远地位和价值。这个愿景在思科34年的发展历程中保持稳定，没有过时，给企业的发展提供了长远的方向和持续的动力，因此，企业选择一个具有长远发展前景的行业，对其生存发展非常重要。

其次，企业在激烈的竞争中要不断寻找和发现快速成长的市场和技术，不断发现客户的需求变化，特别是关注颠覆性技术的发展趋势，及时调整自身的技术和产品体系，修正市场策略，快速搭上奔向新市场和应用新技术的列车，使企业不断进入新的增长周期，在快速成长性市场中不断创造奇迹。这种转型过程应是企业常态，不能停止，一旦有一招鲜吃遍天的想法，就很容易在新的市场和技术转型期被淘汰出局。这个过程是企业超越自我和自我蜕变的过程，只有转型和变革才能让企业活下来。很多企业难以做到这一点是因为他们始终把眼光放在竞争对手身上，一味地模仿竞争对手，很难成为市场的领导者和创造者。但是思科非常重视研究客户，将客户需求视为引领企业转型的风向标，客户需求所带来的广阔的发展空间，给企业的可持续发展带来不竭的内外部动力。对于成熟的企业，特别是成功企业来说，其对现有模式和路径的依赖使得它们把关注的重点放在企业内部，对外部的变化不够敏感，当新的技术，特别是颠覆性技术出现时，仍执着于旧技术，忽视新技术的未来价值，就会在市场和技术转型期丧失原有的影响力和领导地位。思科通过不断发现新兴市场和新的行业应用进行自身的转型，而当企业的增长速度放缓时，股东又会施压进行变革，企业只能通过再造或瘦身来降低成本、提高利润，转型的过程也是惨烈与痛苦的。

最后，企业转型过程中的内部变革要克服组织的惰性和人的惰性所带来的种种困难。组织惰性来自内部结构和整体流程稳定之后所形成的惯性，企业追求效率时需要稳定，但稳定又会制约应对变化的灵活性。如何在组织的稳定性与灵活性之间保持平衡，是组织动态能力的具体表现，也是变革管理的一个挑战。人的惰性首先来自人的思维，不同层级的人对外部市场的挑战和危机感知不同,其变革的动力就不同,因此,如何通过充分的沟通就变革问题达成共识,是领导人的重要职责。思科把转型变革变成企业文化的一部分,变成企业运营的常态,是对惰性的抗衡。对于高科技企业来说,技术和产品的生命周期越来越短,市场的竞争越来越激烈,行业的领先者如果不能快速变革,就很可能被后来者超越。

第四章

创新体系

一、引言

创新体系强调的是技术和信息在人、企业和机构之间的流动,这是创新过程的关键。在创新过程中,人们将好的想法变成流程、产品和服务,并能够被市场和客户接受。技术创新系统是在特定的制度环境内和基础设施条件下,各类相关人群产生、扩散和利用技术的动态网络。硅谷独特的创新环境主要表现在:以斯坦福大学为核心的创新文化和对创新、创业人才的培养;大量掌握一定新技术的、不怕失败的年轻人(很多是怀揣"美国梦"的新移民)愿意在创新、创业方面做出探索;有丰富的风险投资愿意支持年轻人的创业想法;大量不同专业背景的人员汇集在这一地区并相互交流和组合;大企业和小企业存在一种积极互动的关系,即通过收购和被收购,大企业的活力被激发,小企业创业者获得资金后又孵化出新的小企业。

创新活动在技术转型(technological transitions)期尤为活跃,以技术转型为核心的创新展现了新技术与社会应用相结合的过程,是一个社会变革的过程。在这个过程中,涉及用户的实践、规则和政策的改变,以及产业网络(供应链、价值链和生态系统)、基础设施和文化的变化。因此,技术转型与创新过程是一个社会—技术体系重新配置的过程，在这个过程中，占据主导地位的企业在将新技术应用于变革社会方面发挥了积极的作用。这个过程需要七个要素：

美国创新之地硅谷

（1）企业家精神和活动，其主要作用是将新知识转化成商业机会。

（2）知识发展，企业要不断地对新兴技术进行研究，同时还要学习和了解客户、市场和产业。在这个过程中，企业有很多搜索性学习和边干边学活动，前者反映在通过自主研发、并购及合作伙伴不断将新技术融入市场上，后者则指企业为了将技术体系融入社会中不断寻找最佳的切入点和路径。

（3）知识的交互与扩散。创新系统中非常重要的机制是不同背景的人要有大量的互动机会，在交互的过程中边用边学，通过技术开发者与用户、技术开发者与销售者等的互动产生新的创意和体验。

（4）搜索指南，这部分的活动是指社会各相关利益群体对新技术的需求和期待，特别是政府、客户、合作伙伴和竞争对手。搜索的结果可能是乐观的，也可能是悲观的，企业需要根据有限的资源进行取舍，决定是采用聚焦策略还是组合策略。这两者的平衡很重要，过于聚焦有可能把宝押错方向，过于组合也可能失去重点，并导致资源的浪费。

（5）塑造市场。新兴技术通常很难与现有技术展开竞争，因此，它必须创造出一个细分市场，逐步渗透和扩散。

（6）资源的流动性，主要指资金、人才、信息的流动很方便，障碍少，资源总是可以寻找到其价值最大的地方。

（7）倡导联盟。倡导联盟的概念来自政治学领域，是指新兴政治群体通过与代表不同理念的利益团体竞争，逐渐改变政治体系内的认知和利益格局。新兴技术的出现通常会遇到现有成熟技术体系的顽强抵制，新兴技术企业通常不一定选择直接与之对抗，而是以软技巧和迂回的市场途径形成新的生态系统，进而逐渐替代现有的技术体系。

二、大企业创新的主要障碍

大企业在确立了行业领先地位之后，在推动创新和激发企业活力上通常会有五个障碍：

第一，过度的安全感。大企业往往占据着产业环境中领先的市场地位，拥有较大的市场份额和丰富的资源、高度复杂的组织结构和技术体系，一般情况下小企业很难在短时间内对大企业的竞争地位形成挑战，因而导致大企业创新动力不足。

第二，有足够的现金流，生产不存在问题，没有生存压力也就没有创新动力。对于一个不挣扎在死亡线上的企业来说，稳定是最重要的，创新往往是被放在第二位的问题。而对很多创业型企业来说，其往往只能得到非常有限的风险基金的支持，因此，它们必须拼命地探索和发展，才有可能解决活下来的问题。

第三，大量的时间未用于创新。大企业经过多年的技术积累、管理优化和市场开拓，逐渐积累了一整套的内外部运营管理体系。以往的成功使得它凭借复杂的资源和体系进行运作，对新技术的敏感度降低，对外部竞争或替代性技术所带来的风险熟视无睹。因此，大企业宛若一个巨大的恐龙，在抢先进入市场的竞争大军中往往跑在最后。在实践中，能够异军突起的企业往往是创新速度快的企业，尤其对技术企业来说更是如此。对于大企业的创新来说，如何避免耗时太长来完成创新是关键。导致创新时间损耗的原因有很多：管理层决策迟缓，各个部门扯皮严重，达成共识难度太大等。对于思科来说，做到用18个月来完成从创意到产品销售的全过程，需要在创新流程、组织内部协调、决策支持机制和文化建设方面做出变革和改变。

第四，人员过多。大企业在决定创新项目上马时要经历太多的会议，太多的领导同意，在这个过程中，发表看法的人太多，想插手管理的人太多，但真正干实事的技术人员并不多。思科试图用短小精悍的业务单元负责研发、生产至销售的全过程，一个业务单元聚焦一个新技术，每个业务单元不超过50个人，以提高创新效率。产品研发出来之后进入市场销售环节，在新产品上市之前，创新团队始终保持在50人左右，如果产品销售规模扩大，再增加新的成员。

第五，关注太多。好的有潜力的创新项目在企业内会非常引人关注，大家都想了解情况并参与其中，项目组负责人会不停地被叫出去介绍情况，发表看法。在这种情况下，思科采取几乎封闭式的方法，不回电话，不回电子邮件，甚至连办公地点都相对独立和保密，以确保创新团队可以集中精力专注于研发项目，尽量避免不必要的关注和干扰。

思科还尽可能延长其作为成长型企业的寿命，推迟进入成熟型企业的时间点。硅谷有很多创业型企业和优秀的公司，特别是很多信息技术企业吸引着大量年轻人加盟，同时，很多小企业也在吸引着创新型人才。为了得到优秀的人才，思科除了以薪水、股票以及在家上班等条件吸引优秀的年轻人加盟外，还与知名大学探讨过招募应届毕业生的方法：不仅给高薪，而且邀请博士生在其第三学年时来公司实习。与此同时，思科还就未来的领导力问题举办各种研讨会，会议的参与者通常都是公司内外部的科学家，专家们就行业和技术发展所面临的各种困难问题进行深入的讨论，以吸引有潜质的年轻人参加。

华人科学家曹图强创立的两家公司都被思科公司收购，在第一家自主创业的公司被思科收购后，他曾经想在思科干几年就离开，因为他认为大企业的创新环境不如小企业。但几年后，他获得了钱伯斯内部创新基金的支持，开始第二次创业，在共享思科基础设施和各项资源的同时，他也能享受到小企业的自由、活力和独立性。曹图强第二次创业的项目取得成功后再次被思科收购，到目前为止他已经在思科工作了12年。他在谈到思科的创业和创新环境时讲到，思科虽然是一个大公司，但是，在这里，仍然能够感受到小公司创业的宽松环境和自由度，如随时可以打电话找高层讨论创新概念，公司在规模做大后仍关注产品的最低层开发和技术的最前沿走向，尽量避免官僚体制、繁文缛节和文山会海等大企业病。在曹图强看来，一个成功的企业不仅要居危思危，更要居安思危。柯达和施乐失败的例子说明企业的成功是由市场决定的，失败的企业往往是被市场和消费者淘汰的，因此，一个领先企业永远要把自己作为创业公司来经营和管理，关注客户到底在意哪些问题。为了达到这一目标，企业要设立敏锐的情报雷达系统对环境进行动态监测，及时发现市场的新动向。曹图强还特别谈到思科创新成功的一个重要方法是,在创新的同时不断把新的创新成果转化成标准,占据知识产权价值的高端,并且在创新过程中,把看似矛盾的东西结合起来,整合不同的概念、技术和资源,以确保成熟企业仍然保持高成长性。

三、思科创新体系的三大支柱

思科的创新策略由三大支柱组成:一是自主研发,二是战略联盟与合作伙伴,三是并购。

1. 自主研发

在这三大支柱中,自主研发是创新的核心。2011年,思科对研发的投入占企业销售总收入的13%,为58亿美元。全球有2万多名工程师参与创新工作,自主研发成果将决定企业未来3—5年拥有的核心技术。这个比例源自与其他高科技企业的对标(英特尔是17%,苹果是15%)。硅谷的高科技企业的研发投入一般都占到销售收入的13%—14%,一些小的高科技企业的研发投入比例更大,大企业相对小些,但总金额多。在过去4年时间里,思科在研发上的累计投资为250亿美元,有30个技术实验室从事新技术开发,每年申请的专利达到700项,投资回报从280亿美元增加到360亿美元,投资回报率提高了25%。思科的自主研发集中在扩展和强化已经建立领先地位的核心技术和市场,如路由器、交换语音和无线技术,新兴的协作、视频、数据中心,以及虚拟化和能源应用上。

2. 战略联盟与合作伙伴

思科的战略联盟与合作伙伴是其与外部资源共同组成产业生态系统的重要策略,在发展和维系战略联盟与合作伙伴关系的过程中,思科通过利用自身在产业链中的龙头地位,与其形成利益共同体,形成强有力的市场力量，获得竞争优势（具体内容见第六章）。

3. 并购

创新体系的第三个支柱是并购，并购战略的核心是增加技术体系的差异化，形成技术生态的丰富性。思科的并购是一项战略举措，并不盲目地把做大企业作为核心目标，而是参照整个市场和技术生态系统，寻找能够与思科互补的颠覆性技术，以维系持续的技术领先优势和技术体系的差异化，分散大企业在研发方向上的风险。思科通过并购获取与其技术体系具有互补性价值的企业。在思科这个大平台上，被并购企业的产品定位和发展方向不会发生大的改变，但销售市场和渠道被大大拓宽，其产品不仅卖给小企业，还通过思科的合作伙伴和渠道卖给大企业。并购后的技术会根据市场变化逐渐形成市场规模，新兴技术要3—4年（如网真，高质量视频还没有形成），有些则要10年才能形成市场规模。在并购过程中，思科也会出现失误，但它会反思和分析并购失败原因，避免以后重蹈覆辙。思科在筛选被并购公司时，特别关注文化的相融性，考虑两者的愿景是否匹配，高层是否志同道合，技术是否互补，彼此是否了解，以及文化是否相容。出于文化兼容性的考虑，思科不并购竞争对手。

仅在过去5年，思科便投入超过90亿美元收购30多家公司，新市场的收入占总收入的1/3，新获员工7 000余名，这在IT领域实属难能可贵。它的成功秘诀是不仅将并购看成机遇，更把它视为风险进行管理和控制。即便并购失败了，思科也会充分研究，吸取教训，避免再犯。思科并购的目标公司通常具有以下特点：一是与公司的战略目标一致；二是能帮助公司把握市场转型机会；三是能帮助公司在细分市场中获得数一数二的领导地位；四是与公司拥有共同文化，以便成功融入思科；五是能进一步促进公司与细分市场客户的关系。在并购过程中，如何衡量绩效？市场份额、市场大小、收入或利润增长、投资回报率、利润贡献及人才保留均为重要指标。思科收购高端技术的主要目的是进入相关战略市场,比如统一通信和视频技术,思科收购腾博视频技术公司花了30亿美元,收购的对象通常是市场规模并不大,但预期技术有非常广阔的市场空间的企业。目的是增强企业核心技术的差异化,通过收购获得具有颠覆性的技术和人才。思科还会通过早期收购外部技术或中小企业获取颠覆性技术,通过思科的品牌、资金、渠道优势,将并购的技术与现有技术体系和产品体系整合,从而创造新的技术能力。

有时,有些公司研发出颠覆性技术,思科会选择投资这些公司,让它们以独立实体的方式运作。思科对目标公司的要求是:开创性技术符合思科的技术标准,产品符合思科的业务模式,创新能满足特定客户的需求。思科会根据业务相关性和优先度来决定是否收购。这种收购是两全其美的做法,既能保持初创公司的活力、激情和创造力,又能充分发挥思科作为大公司的规模、管理能力、市场开拓和财务优势,实现人才和智慧的聚合。思科在光纤、计算和数据中心等领域都有采用这种收购方式的先例。

思科通过三大支柱的组合,以实现对新技术的探索、开发和销售,有效应对市场的激烈竞争和挑战(第五章亦有详细论述)。其组合方式主要体现在以下三个方面:

渐进式创新与颠覆式创新的组合。思科的研发创新体系有渐进式创新与颠覆式创新两种,在技术组合中,渐进式创新占80%。渐进式创新关注的是企业已经成熟的技术生态系统,通过互补性的技术组合和卓越运营的商业模式,确保持续性技术的延续性、覆盖性、深入性和组合性。持续性技术和产品是企业形成规模化的市场销量和市场份额的重要保障。

颠覆式创新一般关注出现在早期的新技术,它通常会影响技术发展的方向、替代现有的技术或改变技术应用的领域和市场采纳的方向。思科在技术创新体系中，始终遵循确保渐进式创新和颠覆式创新平衡的策略，确保两者的并存。渐进式创新通过卓越运营体系确保市场价值的最大化，一般占思科技术组合的80%。但如果成熟的技术型企业仅仅专注于持续性技术，忽略、排斥颠覆性技术，就有可能在新的技术转型浪潮中逐渐被边缘化。而掌握正确的颠覆性技术的小型企业在被市场接纳之后，会成长为占据主流地位的企业。因此，思科还高度重视颠覆式创新技术。在自主研发体系中，研制颠覆式技术的部门被称为新兴技术团队。新兴技术团队着眼于研究影响未来的颠覆性技术，通过内部孵化，寻找创新技术空间。这些团队一开始只有几个人，通过创意和点子，为企业寻找有盈利价值的商业模式和市场空间，他们身上具备创造数十亿美元的市场空间的能力。思科允许该团队按照超常规的方式发展，研发小组可以享受超出公司文化、绩效和运行体系等的独特的创新空间。对于思科来说，能够把创意变成市场机会也并不是一件容易的事情，问题并不在于缺乏好的创意，而是创意太多，如何筛选出具有商业价值的创意就成为关键。为此，思科专门研发了一个评估系统，并开发了一个从创意到大规模市场销售的可复制流程，在流程设计和优化中不断过滤、选择、估值和孵化，做到真正把创意变成商业价值。在过去的几年里，思科每年的新产品比例保持在28%左右，这与其创新体系密切相关。

研发经费的配置。在占公司整体销售额16%的研发经费中，经费的配置也反映了技术产品创新的组合，其中：3%用来赌新的技术，特别是高端技术。只需要少数专业人士参与到该项目中，总体项目数大约为15项。75%投资于未来具有广阔市场的技术，特别是未来1—2年有较大市场潜力的20项新兴技术。22%用来加强现在的技术体系，改进现有的产品技术，主要是思科的传统产品，路由器和交换机。从投资领域看，思科研发投资的技术组合主要包括企业协作、视频、虚拟化技术和能源等。

渐进式创新与颠覆式创新的动态平衡。渐进式创新团队与颠覆式创新团队的协调是一个非常重要的问题。思科内部存在负责协调这两种团队的领导机制。协调这两种团队工作的是钱伯斯下面负责运营的管理层。思科的这种协调分为两部分：一是策略性的协调。每年做预算之前，要权衡这两种团队之间的预算分配。二是业务上的协调。两类业务部门经常会进行业务或产品的集成。例如，网讯的会议系统与高端的网真系统之间存在集成，根据用户要求，现在可以一键式启动网讯的会议系统和腾博的网真系统。两种业务部门在产品上经常会进行沟通。通过对这两种业务团队进行合理的统筹规划，思科构建起一种可持续发展的结构，这非常有助于创新的可持续性。

在思科，渐进式创新团队会创造比较丰厚的利润，而颠覆式创新团队一开始带来的利润很低，花费却很高。因此，渐进式创新团队的员工会有不满的情绪，觉得自己创造的利润很多，但是可花费的预算不如颠覆式创新团队。在这种问题上，如何保证两个团队能够互相协调，不受负面情绪的影响非常重要。曾经在思科负责中国研发团队的副总裁袁征所带领的1 000人左右的团队里面，有做常规网络会议产品的人员，也有研发新产品的人员。他同时领导这两类研发团队，并努力保持两者的融合而不是合并。当颠覆式创新业务发展成熟后，会并入常规业务当中。两个创新团队之所以不能合并的原因是，对渐进式创新而言，用户已经开始使用其提供的产品，不需要产品再有颠覆性的创新，否则用户会产生不适应的感觉。例如，思科现在生产的路由器是用命令进行调配的，如果突然开发一个用iPad来控制的路由器，用户会不适应。因此，渐进式创新需要渐进式地推进，以保证用户体验的一致性。相反，探索型业务就需要颠覆式的创新，因为还没有用户使用其产品。

四、如何使创新与商业模式相匹配

企业的创新战略应该与企业的市场定位及商业模式相匹配。企业的商业模式有两种类型：集中大客户模式和大规模小客户模式。集中大客户模式以大客户为核心，针对大客户所面临的各种问题，提供全面、系统、综合、完整的解决方案和一站式服务，政府、大企业或超大型集团或组织一般属于这类客户。这种模式的特点是客户数量不多，解决的问题复杂，组织体系和需求差异性很大。服务这类客户的企业只有具备全面、系统、综合的方法论、人才队伍、解决方案和经验，才能针对各类客户的需求提供定制的专门化解决方案。对于技术型企业来说，则需要具备配套、系列化、可兼容的技术体系、技术能力和产品线，才能帮助客户解决复杂的问题。也就是说，将集中大客户模式作为主要商业模式的企业，其核心能力是要具备比较完整的技术、产品、人才、知识经验、方法论和管理运营体系，才能解决客户复杂的需求和问题（如IBM、SAP和思科）。企业拥有的资源和能力越丰富，差异化能力越强，竞争优势和获取溢价的能力就越强。

大规模小客户模式的市场定位是针对市场上大量个体客户的需求，通过规模化、标准化的生产运营体系和品牌建设，生产服务于本国或全球客户的标准化产品和服务（如海尔、宝洁、苹果等）。这类企业集中定位在广大客户的特定需求上（如家电产品、日用品和电子产品），生产出系统化的、不断更新换代的产品，通过优质的产品、服务和品牌建设形成市场影响力，吸引客户不断购买本企业的系列产品，这类企业的核心竞争力表现在通过技术创新、功能开发和产品设计，通过管理运营体系的创新，以更低的成本和更高的效率,将产品推向市场,并在价格、质量、性能、心理体验等多种价值要素组合中,展现自身的独特性和竞争优势。大规模小客户模式的创新主要集中在三个领域:一是运营体系创新,通过供应链流程管理、端对端的价值链管理体系、企业全流程的信息化建设实现卓越运营和高效率。二是产品创新,企业通过新技术研发,将新技术不断嵌入产品体系中,使产品的功能具有独特性和差异性。三是客户亲密度创新,企业需要不断了解客户需求,通过持久的市场营销和品牌建设,强化客户对企业品牌和产品品牌的认知和黏性,同时不断分解客户需求以发现细分市场,丰富自己的产品线。

集中大客户模式的核心竞争力在于企业发现和解决复杂问题的能力,这种能力来自以下四个方面:

(1)长期的专业知识和行业经验积累。通过自主研发、并购和战略联盟,形成互补性的产品线和系统解决问题的能力,可动态组合的互补性产品线越宽,解决复杂问题的能力越强。

(2)人才队伍、方法论和技术体系的全面性和独特性。

(3)在大客户中的认知度和口碑,企业不断产生创新性思想、洞察力和前瞻性的能力。

(4)整合内外部资源的能力。

为了确保这些能力的可持续性,这类企业的创新重点主要集中在三个方面:

(1)新创意的产生。通过以大客户为核心的社会网络、咨询方法论和沟通体系,实现对客户复杂需求的全面认识,通过发现灯塔客户[1],为他

---

[1] 所谓灯塔客户,是指客户的需求与企业能够提供的技术解决方案相匹配,同时对其他客户又有一定的示范作用。

们提供行之有效的解决方案，在市场和行业内产生示范效应。

（2）技术创新。在理解客户复杂需求的基础上，不断完善解决复杂问题的方法论、技术能力、产品体系和服务体系。

（3）管理和服务创新。通过组织架构和组织内部协作沟通机制的创新，不断优化流程和信息化协作平台，实现以客户为核心的跨部门快速响应机制。

对于思科来说，在战略上，它从两个层面拓展创新空间：一是对客户变化和复杂需求的了解，针对客户需求的变化不断寻找技术和市场转型的机会，为技术创新和新产品的大规模销售寻找方向和时机。二是根据市场转型机会，通过自主研发、并购和战略联盟合作伙伴三个途径，增强、深化、拓展或更新企业的技术体系、产品体系和市场服务体系，高效地满足市场需求。这就是思科非常注重与大客户的沟通和交流、了解他们的现实与潜在需求的原因，也是钱伯斯每年要和世界 500 强企业中的至少 200 位 CEO 通两次电话的重要原因之一。在对客户的潜在或新兴需求有比较全面了解的基础上，思科可以比较清晰地定位自身的技术缺口和未来的发展方向。同时，在组织制度设计上，思科给我们的启示是需要增强跨功能、跨部门和跨产品线的协作与配合能力，根据大客户的需求，快速整合内外部资源，实现市场的战略目标。

五、判断创新项目的价值

思科认为，创新只有当给企业带来经济回报上的优势时才有价值，创新要给思科带来与竞争对手足够大的差异化，并使客户愿意购买思科的产品或服务、愿意支付额外费用。

在创新项目的选择中，思科主要关注两种类型的技术：一是核心技术，这是企业所掌握的拥有自主知识产权的核心技术，是给企业带来持续竞争力的、具有差异性的技术能力，也是企业区别于竞争对手的关键技术和产品体系，通常是客户愿意支付购买的技术或产品。二是外围技术，通常企业拥有的外围技术与竞争对手的差异性不大，虽然无法给企业带来核心竞争优势，但是对核心竞争优势具有辅助和支撑的作用。

创新项目的选择是一个非常困难和复杂的问题，如果在早期项目选择上出现误判，不仅会给企业带来资源投入上的损失，同时还会使企业丧失快速进入市场的宝贵时间。思科的新兴解决方案生态系统部副总裁 Steve Steinhilber 在谈到判断创新项目的价值时，指出企业自身要明确五个问题：

第一，创新项目的潜在市场是否足够大？如果短期看不够大，5—7 年之后是否会有很大的市场？如果是，这也是有投资价值的。

第二，选择新技术和新项目的时机是否恰当？很多企业选择的技术项目很好，但选择研发或推向市场的时机不恰当。如何才能判断选择技术项目的时机是否合适呢？如果市场上还没有人做这个项目，时机可能太早；如果市场上只剩下两家公司在做这个项目，时机已经太晚，因为整个市场已经趋向饱和。最理想的状态是市场上仍然有空间和机会，但只有小公司或地区性公司在做，技术比较分散，尚未体系化，产业的集成度很低，这正是大企业进入该类技术领域的绝好时机。

第三，选择的新技术与企业目前核心业务的相关性是否高？相关性越高，技术整合性越好，技术体系的差异化越大，共用供应链和分享客户的可能性越大，创新项目的价值也就越大。

第四，用新技术冲击市场的机遇在什么地方？与竞争对手已有的产品相比，你的技术差异性在什么地方？思科在冲击市场时所采用的一个重要策略是选择客户，而不是让客户来选择思科。思科通常会选择使用了产品，并认为产品已经解决了现实中紧迫问题的客户，而不是需求水平超出产品能力的客户，即灯塔客户，这样思科可以在解决初级问题的基础上，不断升级产品和服务能力以解决更复杂的问题。这种滚动式的销售策略在思科被称为保龄球策略：先击中容易击中的目标，再逐渐击中难以打中的目标。在市场中，最愿意接受技术解决方案的企业往往是面临很多困难和问题的企业，如果能够帮助企业解决燃眉之急，客户就愿意接受新技术或新产品，满意度也相对要高。只有市场中已经积累了足够多的早期新技术采纳者，才能够进一步推广产品，这时新产品已经不断优化改进和升级，企业就有机会进入下一个销售周期，形成更大的市场规模。在制定销售战略的过程中，思科并不针对那些期待着2.0或3.0版本的高端客户，因为如果只向他们提供1.0版本的产品，期望值更高的他们会非常失望，市场销售就会跌入陷阱中，难以跨越市场鸿沟。

第五，新技术是否能做到持久差异化？这是最重要的问题。如果企业研发出非常好的技术和产品，而所有的竞争对手都在模仿你，你该怎么办？怎样才能做到持久的差异化呢？

全球性企业通常有两个竞争策略：一是形成越来越多的差异化，使其产品与众不同；二是不断整合并集成现有的技术产品，实现系统化和模块化，提高技术的复杂度，防止竞争对手模仿和超越。

在策略选择上，是先走差异化的道路，还是走提高技术体系整合性的道路呢？思科的做法是非常重视对市场、客户和技术发展大背景的认识和理解。其次在技术体系的整合和演化过程中，思科的创新路径是先做差异性技术，创造一个市场，再根据客户和市场的需求，不断研发、增加和组合相关技术，逐步通过越来越综合及全面的解决方案，实现技术和产品体系的差异化。在互联网这个大平台上，思科不断整合高度相关的技术和产品，拓展市场空间。例如，思科一开始以做数据为主，在此基础上加入网络，再加入语音，再加入视频、无线和协作的技术，随着技术应用的拓展，再加入物联网、传感器、计算、能源应用等。在这种认识的引导下，思科研发和并购了整合性技术，进一步增强了公司技术体系的差异化。举例来说，思科做网真的时候，先寻找高质量的单一产品，当产品刚进入市场时，有很多的模仿者，在这种情况下，思科逐渐将手机、网络会议、录音技术整合到一起，从而增强自己的综合实力。也就是说，对于集中大客户模式的企业来说，先拥有核心技术并创造一个市场，再围绕这些核心技术，不断构筑复杂的技术应用体系，是思科创新的重要途径和方法。要做到这一点，需要对整个产业的发展趋势有长远和开阔的见解，并发现产业中尚未解决的问题。

思科创造了一个分析框架来评估新技术和新产品的市场潜力和商业价值，在早期尽可能启发更多的创意，形成对创新领域的全面看法。但是，经过不断的评估，创意中的98%都被剔除，留下真正具有开发价值的想法，通过员工的打造，变成真正可以推向市场的产品，并且在2—3年或更长的时间内，充分实现产品的商业价值。

六、如何提升创新速度

对思科来说，创新的速度非常重要，如何在组织体系上实现速度优势，一直是思科组织变革的核心课题。思科的整体组织结构是职能型的，而不是矩阵式的。为了强化跨部门协作，思科曾尝试通过成立商业理事会和委员会实现跨部门合作，以加快决策速度。商业理事会负责10亿美元的项目决策，商业委员会负责在未来3—5年实现100亿美元的项目决策，具有创新能力的年轻才俊在理事会和委员会中发挥重要的作用。理事会和委员会授权决策后，力求用 45 天的时间将创意变成行动，同时不降低产品质量。这种方式的效果还有待实践的进一步检验，但钱伯斯认为应该耐心地等待它发挥作用。

创新的速度需要有效的内部协同。组织体系的高度分散、多头多方向同时并进会降低创新的效率，对市场响应速度慢已经成为妨碍企业发展的最大障碍，提高创新的效率成为当务之急。随着成熟客户不断要求更高科技含量的产品，新兴市场需要大量本地化的产品，思科在不断寻求一种快速研发新产品和新技术的方法。在全球范围内合理控制研发成本的同时，思科通过加快内部研发和合作研发的速度，使一些好的创意能够快速被识别并产品化，实现在全球价值链上的最大回报。但是，如何才能有效控制全球研发的管理成本？解决这一问题最大的挑战是如何在全球范围内达到协作与协同。

建立全球研发平台。思科为了解决全球分布式研发问题，采用了参数技术公司开发的产品生命周期管理系统（PTC），以实现全球产品同步开发。管理全球的创新流程需要一致性，以支持对创新成果的快速检索和对研发数据的有效管理。在这方面，思科采用分布式研发，主要目的和收益是通过可靠和高效的产品生命周期管理系统，管理和改善全球新产品研发的可视化，通过快速的数据转移，使全球设计中心和远程研发中心的工程师们高效工作；通过应用和优化数据中心的基础设施和广域网的带宽，对关键性的数据设计、应用和基础设施给予全面的安全保密和保护。

利用富媒体促进创新团队交流。在人机互联的商业环境中，创新团队包括拥有适当的技能和经验的各种人员，他们一起寻找最佳方案、解决问题、制定决策。在这样一个创新团队中，通过运用富媒体（rich media）进行有效的协作和相互支持。① 富媒体作为应用工具，目的是用先进的技术实现人与人之间的互动。富媒体可以用来激励人们进行创新。团队可以在24小时内协同运转，并迅速而有效地执行目标和共同工作，这些行为都是跨国界的，不受地域和时间的限制。富媒体环境的重要收益是人际交流的速度大大加快，人与人之间可以分享各种想法，专家和决策者之间的联系也更便捷，获取原型的周期缩短，为了项目实施和交付，各团队之间形成了合作化关系。快速创新允许企业迅速开发并检测新概念，并使创意尽快具有可行性。虽然创新不可避免地蕴含着失败的可能性，但是快速创新的方法允许企业尽早发现错误并进行调整和修改。

七、建立高效的创新流程

新兴技术探索。思科一直非常重视研发，近年来研发的重点随着企业的战略转型向消费者市场转化，新兴技术的商业模式、文化氛围和团队构成不同，需要企业有明星才俊领导。思科特别为新兴技术团队创立了独特的氛围和激励机制，允许他们有更大的空间进行探索和试验。在这一过程中，思科的研发团队要不断地学习，除了与技术有关的内容，还要学习诸如如何建立品牌、如何增加市场的显示度、如何使技术更加智能化等内容。

新技术创新团队的构成。为了提高创新效率，在用人方面也要配置合适的团队，有些人非常适合做研发，有些人则擅长做营销，有些人在提升

---

① 所谓富媒体，是指嵌入在互联网网站或网页上、可以下载并脱机播放的文件，这些文件通常包含动画和视频，如多媒体中的二维和三维动画、影像及声音，技术包括HTML、JavaScript、Interstitial间隙窗口、Microsoft Netshow、RealVideo和RealAudio、Flash等，随着技术的进步，名单可能会进一步加长。

效率方面很有经验，领导人要根据创新流程的需要配置不同特质的人才，就如同赛跑一样，接力棒从一个人手中传递到另一个人手中，每一个人都要把自己的角色扮演到位。成功的创新者需要很好的市场感觉，有时很多非常聪明的博士生很难在新技术创新方面扮演核心角色，是因为他们的很多认识来自过去的知识，对人类面临的新问题没有感知，他们在用智力应对创新带来的挑战，但研发的结果往往不是市场所需要的。创新人才需要有敏感的直觉和对现实世界的感知能力，这样才能关注到市场所需要解决的问题。

通常人们在选择创新团队成员时，非常看重员工的技能和知识背景，但往往忽略了员工的热情、能量和激情，而后者对创新的成功是非常重要的。在选拔人才的过程中，知识背景往往被过度强调，而激情和动力却被忽略。在思科研发团队的领导者看来，技能和知识可以被培养和传授，但热情是教不会的，所以思科希望找到充满热情的人，只有这样的人才能在别人看不见路的地方找到路，在困难的时候保持积极和乐观的精神，在他人想放弃的时候选择执着，正是这种热情在驱动创新项目前进。

创意的选择。对新技术的选择判断要看技术和市场发展的大趋势，而且选择的过程相当艰辛。通常，1 000个创意中有15项新兴技术可以被考虑，但真正产生商业价值的也许只有2项。在选择新技术的过程中，一个重要的参考体系是技术应用的大环境和主流趋势，虽然这种潮流常常像深海潜流，不为一般人所识别。人们通常按照思维惯性来预测未来，但技术的创新和变革已经不是按照线性进行演化，而是以颠覆或替代的方式呈指数爆发性成长，无法预见未来发展大趋势的人往往会错失新技术带来的机遇，这对所有高科技企业来说都是一个挑战。

在新项目开始前剔除旧项目。思科在开始新项目、新产品开发之前，首先会看现有的产品里面,哪些是可以剔除的。这样才能腾出资源做新的产品。IBM 在这方面做得非常好。当 IBM 转向服务时,其 PC 业务已经失去竞争力,因此它选择卖掉 PC 业务,并获得了丰厚的利润。同时,管理需要时时关注产品的生命周期,适时提出一些业务或淘汰一些产品。一旦淘汰了一些业务或产品,公司就有富余的资源进行其他产品或服务的创新,这就回到"探索阶段",创新因此周而复始。

开发快速筛选创意的方法。思科公司在获得内外部的创意之后,为了尽快找到有价值的项目,就要尽快对其进行筛选。为此,思科提出了机遇概念图和内部创投函数图的概念。机遇概念图是指,用可视化的方式展现公司技术和产品的语义网络,通过概念、连线、连接词来展现技术产品体系的内在关联,以及新的创意与原有技术体系的潜在关联。机遇概念图包括协作、视频、数据中心、虚拟化和能源,这些是目前思科认为非常重要的市场机遇。在确定核心领域的基础上,思科创建了内部创投函数图,这个图可以帮助思科集中资源做少数潜力大的项目。

全球采纳创意。为了扩大创意来源,思科在全球范围内通过数千个竞赛项目,在年轻人当中获取创意,对于创意优胜者,提供高达 25 万美元的奖励。在数千个创意的基础上,思科邀请企业内 60 位领导人从不同的视角对这些创意进行评价,群策群力地对创意进行筛选。在选择有开发和应用价值的创意之后,思科组成行动学习小组将创意转化为产品,并提出有针对性的客户解决方案。在此基础上,思科的销售团队试图跨越市场鸿沟,把创意产品转化成具有数亿市场价值的商品。

在思科,对创新项目的选择是由多个领导共同决定的。如果创新失败,领导需要负更大的责任。领导需要对已有的资料进行分析,决定创新项目是否可行。创新失败的原因主要出现在项目选择和判断阶段,在执行过程中出错导致创新失败的情况比较少。因此，在早期决策阶段，协作非常重要。

被"隔离"的创新项目。在思科，总裁掌握着100亿—200亿美元的创新经费，对于员工提出来的好创意，员工要找院士或工程师一起做计划，共同协商新创意能为公司未来带来的好处。如果项目得到专家和工程师们的认可，员工就可以独立组建小组进行研发，这时，该项目团队像是投资公司一样运营。有时，创意团队还会离开思科，在共享思科资源和基础设施的同时享受更多的独立和自由，不受思科文化、激励机制甚至上班时间的制约，与思科保持时间和空间上的隔离。这种时间和空间上的隔离可以让这些创新团队享受更多初创小企业的自由和氛围，不受大企业固定思维和运营模式的干扰。一旦产品研发到了可以进入市场的阶段，公司再将该项目收购回来，有些项目的收购价格是可预知的。如果创意小组在思科内部经过孵化进入大规模制造阶段，经过公司设计的流程，就会被纳入成熟产品生产体系中，成为其中的一部分。思科的技术和产品就是经过这样的孵化、生长、整合与循环，不断增强产品体系的深度和广度，增强整个产品和解决方案的差异性。在技术和产品创新的同时，对管理和运营流程的创新和优化、对销售方式的创新和商业模式的创新也在同步进行。这种组合式创新大大提高了创新的效率和整体的竞争性。

把失败视为创新的孪生兄弟。减少失败的关键是及时发现失败的苗头并做出决断。如果市场和时间证明某项在研项目并不是思科的关键项目，就要当机立断地断臂止血，将人才和资金转移到下一个创新项目。这是一个循环的过程，但是当新技术的研发已经积累到一定程度时，要淘汰正在研发的高新技术是一件非常困难的事情，思科在这方面有时也做得不好。这个过程是非常痛苦的，它意味着必须让一些人离开，可即使如此，这样做对企业来说仍是非常重要的,旧的不去新的不来,旧的走了才会有新的创造。对思科来说,失败是创新的一部分,它是创新过程中不可避免的经历和过程,而不是缺点和错误。很多的成长来自失败,关键是能在失败中获得成长,吃一堑长一智,不让相同的失败重复出现。

重新考虑第一阶段筛掉的点子。思科会经常重新考虑市场规模、时机、与核心产品的关系、破坏性、冲击性等问题,那些被筛掉的点子并不是扔掉了,而是留在书架上,可能目前思科并没有做好准备去研发这些产品,但如果情况有所改变,就会重新考虑这些点子,重新用上述标准来过滤这些点子。

项目执行与管理。根据在思科工作的华人工程师的看法,在项目开发阶段,东西方文化存在差异,思科比较强调协作,协作在决策阶段非常重要,但高层做出决策后,就需要高效地执行,这时协作就不再那么重要了。美国员工常常在项目执行阶段不断提出自己的看法,不断挑战高层的决策,影响项目执行的进度和效率。而在思科中国设在杭州的研发中心,项目团队的执行力非常强,团队成员埋头苦干,效率很高。此外,产品开发成功并启动上市之后,需要时时关注用户对产品的态度和产品的成本效益,一旦发现这个产品不被用户喜欢,效益下降,就要考虑将这个产品取消、剔除。有些团队能将产品做出来,但不知道如何销售自己的产品。创新产品的周期非常短,如果产品不能迅速交付到客户手中并投入使用,产品很快就会失去生命力,竞争对手会在很短的时间内获得新产品的各种信息,因此创新产品的市场化过程要迅速。

八、如何使创新项目与市场成熟度相配合

创新产品与技术投入市场的时间非常重要,创新的投资回报率与市场

的成熟度有密切的关系。思科按照成熟度将市场分为三种类型：成长型市场、成熟型市场和衰退型市场，针对不同成熟度的市场，要选择不同的创新策略。

1. 成长型市场的创新策略

成长型市场的主要特征是：颠覆性技术具有异军突起的机会，新技术处于早期接纳阶段，市场的潜在需求巨大，在较长时期内会保持持续高增长的态势，以新技术为核心的产品和服务有很大的开拓与组合空间。因此，创新者需利用领先优势快速确立自己的核心地位、扩大市场影响力。通过研发、并购及合作伙伴，围绕新技术不断丰富产品和服务组合，增强技术体系和产品线的差异化、复杂化和集中度，构筑竞争壁垒，防止竞争对手快速赶超。

针对成长型市场，思科采取的创新策略主要有三种：

一是颠覆式创新。颠覆式创新是指采用与过去的技术体系和商业模式不同的路径，颠覆或者替代过去的技术和产品。这个过程大多数是以渐进的方式逐渐向市场渗透，新技术和新的商业模式以不引人注目的方式逐渐获得消费者的认可，从而分享在行业中已经确立领导地位企业的市场份额。在早期，颠覆性技术产品与人们已经熟悉的产品理念、消费行为、标准和价值链不一样，往往受到大多数人的质疑或轻视，但正是这类技术引发了新一轮的经济增长浪潮。颠覆式创新需要重塑整个价值链和供应链，需要通过不断地在市场上试错来寻找成功机遇，因此，它的风险很大，代价也很大，探索过程也比较长，真正在市场上获得巨大成功的只是少数企业。

二是应用创新。它是在已有的产品体系中通过组合新的元素，或改变技术和产品元素之间的关系和结构、挖掘已有产品的新用途来开拓新市场。应用创新是在既有技术和产品体系中通过局部优化实现创新,因此,它可以在已经成熟的价值链上进行运作,创新的难度比颠覆式创新要小,但市场空间也有限。

三是平台创新。它是创立一个简化和卓越的产品层来整合其内在复杂、多元、巨大的资源和产品体系,通过内在的技术架构、治理机制和互利机制,将多种技术和资源构成利益共同体,从而形成一个综合的技术或市场生态系统。平台创新有两种类型:第一种是将某一市场空间视为平台,不断叠加组合产品,延伸和扩大在平台上的市场渗透能力。如思科将互联网或电网视为一个平台,通过不断认知这个平台的应用空间和客户需求,研发新的技术和产品体系,并通过产品组合,确保在平台上的竞争优势。第二种是创建一个平台,这个平台既可以是开放性的(如安卓系统),也可以是封闭性的(如苹果系统),平台创建者需要在整个技术生态系统中掌握最核心的、最稀缺的战略资源(如声望、品牌、技术标准和架构),然后,通过构建多种应用,整合各种内部或外部资源形成利益共同体。平台创造者创新的主要是商业模式,而它所创建的商业生态体系在短时间内很难被竞争对手超越。

针对成长型市场,思科奉行五种创新理念和实践,它们分别是:

(1)从产品到系统。这是思科在其安全产品的创新过程中得到的结论。安全是网络的头号难题,市场上充斥着各种互联网安全设备。大多数公司偏向于逐个开发安全产品,逐个解决性能需求,这对基础不够扎实的企业或许是可行的;但对于成熟企业,从产品到系统的演化才是获得可持续竞争优势的关键。思科的定位是:提供集成的系统产品,搭建完整的产品架构,全面解决安全问题。

(2)不迷信技术,关注市场转型的方向。在互联网发展的鼎盛时期,市场的重心开始从路由器转向交换机。思科是路由器市场的领导者，在交换机市场上却没有话语权。思科选择了顺应潮流，立即收购了四家交换机生产商。

（3）客户需求是企业创新的源泉。在思科，客户驱动具有崭新的含义：让市场带你到它想让你去的地方。如果带着服务于市场的想法进入市场，就能找到可信赖的客户，一旦客户提出要求，倾听并跟随它指出的方向，就能找到创新点。思科曾多次举办客户咨询委员会会议来支持各个业务委员会的工作，指派高层管理者参加会议并与每个客户委员会成员进行沟通，列出行动列表，并在下一次会议时公布针对上次会议的结果所采取的行动。通过这种方式，思科赋予"客户驱动"更深层次的含义。

（4）通过收购和合作战略快速进入市场。对思科来说，它需要通过与在战略外围企业之间的合作快速构建市场能力。

（5）实现从产品、系统集成到解决方案的渐进式创新。在实践中，思科发现，一旦用户接入互联网，客户企业就可能丧失对互联网服务的控制能力，如不能阻止客户无止境地使用网络资源，也无法收取合理费用。因此，为解决这个问题，思科特别为服务供应商在网络架构上增加了服务交易层。通过为电信服务供应商提供解决方案，思科帮助它们对用户进行验证，允许它们制定政策并加以实施，而且保证了网络的可靠性。在这个过程中，思科也实现了从出售产品、系统集成到解决方案提供商的转型。

2. 成熟型市场的创新策略

在成熟型市场中，新技术已经占据主导地位，围绕该技术的产品和服务已经趋向饱和。在成熟市场，品类增长的势头逐渐平缓下来，组合技术和组合产品的空间渐渐缩小。针对成熟市场，思科采取的创新策略主要有四种：

一是产品延长线创新。根据客户需求和市场调研,从已有的产品体系中组合出有特色的子品类和应用,一方面满足新的细分客户群的需求,另一方面通过对旧产品的升级改造和替换,延长产品的市场销售周期,进一步深化和拓展成熟市场。

二是增强型创新。重点关注那些有市场延伸可能性的产品,发现它们市场延伸的轨迹,通过创新优化产品组合。对产品的内在核心基础架构的改变越大,创新的程度越深,影响越大;对产品核心基础架构的改变越小,越接近产品外观改良,创新程度越小。

三是营销创新。营销创新的目的在于不断强化客户对产品的认知。在这个过程中,企业非常关注客户(特别是有价值的客户)在购买产品过程中的差异化需求,或者是互动过程中的差异化。这种创新体现在与客户的交互过程中,而不是产品的设计和生产过程中,目的是比竞争对手销售更多的产品。

四是体验式创新。为了让客户了解企业产品,思科采用贴近客户的策略:先让客户体验企业的理念和产品,对其形成良好印象之后成为企业的用户。体验式创新的目的不在于产品功能的差异化,而在于产品或服务的体验。

3. 衰退型市场的创新策略

在衰退型市场中,市场竞争白热化,采取模仿和跟随型策略的企业通常会以低成本优势进入市场,先从低端开始获得市场份额,再不断升级已有的技术体系和产品质量,逐渐进入中高端市场。在同质化的产品供给中,市场的需求逐渐饱和,产品的品类已经得到完整的开发,已有技术和产品剩余的发展空间非常有限,产品体系只能彻底封闭,越来越难找到创新的机会。当新一轮颠覆性技术浪潮出现时,原有的技术体系会遭遇废弃和替代，技术的生命周期走到尽头。在这种环境下，企业仍然要寻找生存空间以实现其产品和技术市场价值的最大化。除了企业的研发不断寻找新的成长型市场外，对于衰退型市场也不能轻言放弃。这时思科采用两种创新策略：

一是价值工程创新。价值工程创新的主要目的是降低成本。企业通过减少已有产品的材料成本与制造成本，在不改变外部属性的前提下，将早期高成本手工集成的定制元件设计替换为低成本的标准化部件，并与已有的子系统集成。使企业能以规模化的方式，用更低的成本满足细分市场的需求，从而与新的市场进入者和模仿者进行竞争。

二是集成创新。集成创新通过将分散的元件集成为一个单一的中心化管理系统，来减少顾客操作复杂产品的维护成本。集成创新在管理体系方面的改善表现在流程创新上，其目的是减少产品生产过程中的浪费，取消生产流程中没有价值的步骤。

思科在成熟型市场中的创新经验是：创新必须在系统架构的集成层面进行，以保证软件的向后兼容性。思科集成创新的焦点是网络操作系统（IOS），总共包含2 400万条代码，思科的产品功能都是由这个软件监控与管理的。随着系统复杂性的提高和技术规模的扩大，无论企业在系统文档化方面下多大工夫，总是存在疏漏，忘记将一些维护人员必须知道的系统特性文档化，这导致其中包含的专业技术扩充得并不好。此外，随着关键员工的退休或离开，他们所掌握的专业技术也随之流失。为了抵消这些事物的动态变化所带来的压力，企业经常让它的团队重新编写整个系统。但这违反了市场不可侵犯的价值主张，即企业新推出的系统版本必须兼容以前的系统版本，否则企业将承受无法弥补的利益损失。思科在20世纪90年代也犯过这样的错误，但它及时回头了，它把主流版本的IOS重新设计为子系统模块，各个模块之间拥有明确的界限和严格的互调通信法则。如果出现漏洞，这种架构会包容它们并且系统地追踪它们。如果企业需要修改某个特定的功能，可以将相应的模块拆卸下来进行重建，完全独立于系统的其他部分，这些都是集成创新的好处。进军新市场时，各类子系统首先在新的环境内被模仿、被修改，以便在新的环境中运行。这个重构过程可以按既定的速度展开，且不影响原有系统的运行，因此系统的核心技术存在较高的弹性，为思科的集成创新带来了新的希望。所有的集成过程都极大地拉开了思科的产品或服务与直接竞争对手之间的差距。尽管这些竞争对手能够在单个产品的性能上超过思科，但它们无法做到思科的价值主张，提供集成的网络结构。

企业的创新战略通常要将成长型市场、成熟型市场和衰退型市场组合起来，既要应对新的成长型市场的新技术挑战，又要通过卓越运营和管理创新实现在成熟型市场和衰退型市场的商业价值最大化，还要具有赋予新技术不断转化为市场能力的创新与卓越运营的动态切换机制。

思科针对成长型市场的创新主要是颠覆式创新，它关注打破现有技术和产品体系的规则和理念，从全新的思维出发去设计和开发产品，颠覆和替代已有的技术和产品。一旦被市场接纳，就会形成全新的市场增长空间。关注目前在产业中尚未得到关注的需求，通常会给市场带来颠覆式变革的机遇。着眼于新市场和新技术应用，颠覆式创新以工程师为核心，探索未知领域，因此具有不确定性、高风险、高投入、高回报、高收益的特征，它代表企业的成长性和增量。针对成熟型市场和衰退型市场的创新是渐进式创新，它以渐进式的、以常规流程为导向的、低风险的、专注于自身已经成熟的核心业务的方式进行优化和改良，通过卓越运营实现市场收益的最大化。

九、小结

思科的创新是一个体系完整的系统工程。它从大的社会背景着眼，先发现未来市场的商机和快速成长的产业在哪里，客户需求在什么地方。把大的方向确定之后，通过快速利用各种外部和内部的渠道、资源同时展开创新活动，并将新技术和新产品与原有的技术和产品体系进行组合性开发，构成差异性的产品体系，再利用战略联盟和合作伙伴的渠道，快速推向市场。为实现从战略洞察到市场销售的高效运营，思科通过打造高协作性组织和高适应性文化，将从领导人战略洞察到市场销售的过程做到最快，这样可以把握市场先机，确保其领先性和高收益。因此，思科的创新体系并不仅仅关注研发和新产品开发，而是将战略转型、创新过程和市场化过程集成在一起，以确保创新的市场价值和商业成功，通过持续的运营管理优化，使创新体系通过基于信息化和高效协作的组织做到无缝对接，这种多能力、多系统的整合是思科的重要竞争优势。

思科通过一系列创新手段激活企业内生动力，避免大企业病和组织惰性，让大企业在充分发挥自身资源优势的同时，尽可能兼具小企业的灵活性和创造性。这些手段包括不断自我反思和意识到大企业失败的种种原因和陷阱，不断提醒自我认知。正如钱伯斯所说，所有成功企业都要有强烈的危机意识和恐惧感，只有这样才能不断地奋力前行。同时，企业通过不断将发现新兴市场作为激活企业的核心力量，让企业一刻都不要停下，正如思科领导层所言，"我们关注的核心是客户和市场，而不仅仅是竞争对手"。在未来市场机遇的激励下，思科通过并购、外部采纳创新、内旋式收购等方式，将与其文化、技术和产品有较强关联度的企业并入自己的体系，特别是将这些中小企业的人才纳入思科，借助中小企业的活力激发自身，打破任何可能使其僵化的格局和惰性。

　　思科的创新体系成功的关键要素之一是将研发体系与管理运营体系高度协同，通过组合在满足成长型市场需求的同时，也满足成熟型市场和衰退型市场的需求，将企业收益最大化。其中，创新一方关注激进式技术和新兴技术，满足未来和潜在快速成长性市场的需求；运营一方通过运营和销售优势，使既有的技术产品销售规模做到最大，给企业带来丰厚的利润。一旦新兴技术快速应用，借助运营管理的能力，思科将新技术与已有技术组合在一起带来新一轮的规模销售。从这个意义上讲，思科的成功并不仅仅关注技术本身的领先性，而且关注技术驱动的市场的成功和客户的成功。在这种思想的驱使下，企业创新的着力点一定是市场，依靠自身的技术和知识追逐市场成功的企业一定具有可持续发展的资源、能力和动力。

第五章

并购战略与并购管理

一、引言

为了提升企业的竞争力,保持可持续发展能力,企业需要新的技术,在快速创新要求更高、复杂性日趋增加的时代,企业一方面要通过内部研发获得竞争优势,另一方面要通过并购和战略联盟来实现这一目标。在并购的过程中,最主要的驱动力是获得有价值的资源,如人力资源、技术资源、市场资源和实物资源等。很多并购未能达到预期目标,主要原因是在实施的过程中出现问题,其中包括:第一,战略错位。对企业自身的需求和整合能力认识不清,并购双方的互补性和并购目的不清晰,导致并购的结果与预期设想不符合。第二,人员使用失当。在并购过程中,如何任用被并购企业的高管和核心人员非常关键,在这个过程中,如何与其建立充分的信任关系、如何设计激励机制、如何使其才能和专业价值得到充分的施展,对并购是否成功至关重要。第三,并购整合。如果并购的是一家大企业或业绩不错的企业,双方的信息系统、能力体系、管理体系和文化的整合就是一件非常困难的事情,信息系统的整合、数据的一致性、管理流程的一致性会产生冲突,管理体系与文化的融合难度更大。第四,技术与能力的转移是并购管理中最困难的活动,特别是在快速并购的过程中,如果没有很好的信任关系，很多有价值人才和隐性知识会流失掉，因此，对被并购企业隐性知识的保留、转移和分享至关重要。

二、思科并购战略的演变

思科的并购是创新体系的一部分，其并购策略是不断发展和演化的。1999年思科开始并购进程。在20世纪90年代，思科主要通过销售渠道推动新技术的市场化，当思科把互联网作为战略投资的重点和平台，开始以路由交换技术为核心进行技术和产品的系列化和差异化时，并购成为进入相邻技术领域的重要战略。2000年到2008年期间，思科发展先进技术、扩展网络业务并进军新市场，试图通过多元化提高思科产品在市场、技术和商业模式方面的综合竞争力。2008年以后，思科的重点调整到高新技术，着力扩展网络的战略相关性，推动重大市场变革，并发展了一系列市场价值超过百亿美元的新业务。同时，思科持续推进核心领域的创新，使关键先进技术的价值增至百亿美元以上，取得了卓越的运营表现。思科还一直进行关联市场领域的创新，通过研发、并购与合作的综合创新体系实现企业的可持续发展。在并购方面，将战略目光和并购对象聚焦在技术型企业，并关注新兴的技术企业如何融入思科已有的技术和产品体系，增强思科差异化的能力。近5年来，思科并购的重点不仅是技术创新型企业，还包括在商业模式上具有较强创新能力的企业，不仅关注适合发达经济体的商业模式，更关心在高增长的新兴市场中具有光明前景的商业模式。

截止到2013年，思科已经完成160项并购。思科2013年做了14项并购，平均每6周有一次并购。在并购案例中，有只有几人的小公司，也有较大的公司，其中最大的并购案是并购亚特兰大科技公司，涉及7 000名员工，并购金额达12亿美元。思科常有300亿美元现金储备专门用来并购企业。在思科看来，最佳并购规模是50—100人的小公司，它们具有一定规模、业绩和客户。100人最好，这些人可以被放到不同的部门。如果并购150人以上的公司则整合难度加大。到2015年为止，思科25%的员工来自被并购企业，15%的总监以上领导层来自被并购企业，人员的留存率是80%。

三、并购的战略目标与价值

思科将并购作为创新体系的三个支柱之一，同时也是实现企业战略的重要途径。作为一个高科技企业，思科认为并购主要可以达到以下三个目标：一是通过并购进入新的技术应用市场；二是能够更好地整合和利用技术，将已有的产品和技术体系深化和拓展，构建可持续差异化的能力；三是投资战略联盟，打造商业生态系统，在市场上确保其领先地位，并占据大的市场份额。

具体来说，并购的目标和价值主要体现在以下四个方面：

一是通过并购增强企业核心能力，降低技术创新风险，确保企业持续领先的地位。 在产业进入低速发展时期，大多数产品的开发和技术创新来自企业内部，企业有足够的时间进行新技术和新产品的研发。但当市场加速发展时，企业仅仅依靠内部的力量很难跟上客户和市场的发展需求，如果竞争对手以更快的速度推出新产品，企业就很难获得市场领先者的地位。在这种情况下，企业需要通过并购快速地从外部获取最新技术，并凭借公司原有的销售体系将其转化为市场价值。在这个过程中，企业对并购对象的选择和判断，对并购对象的整合能力，以及将并购技术和产品市场化的能力，对确保并购的效果具有重要作用。

思科实访录 | 从创新到运营

并购的另一个价值是分散企业在研发方向上的风险，通过外部资源，获得与思科技术体系具有互补价值的企业。思科认为，企业的内部研发（投资于先前的研究项目，进行内部开发研究）有一定的风险性，这种风险主要表现在两个方面：一是先前成熟的技术体系有可能成为企业接纳新技术的障碍，使企业在技术研发上产生盲点，结果被新兴企业的颠覆性技术所取代。二是早期开发的技术经常由于种种原因不能转化为被市场接纳的技术或产品，而企业未能在早期发现研发上的陷阱，结果在方案被认定为不切实际时已经投入了大量资金和时间。相反，小型创业企业往往具有发现新兴技术和细分市场的能力，通常关注被大企业忽略的需求，对新技术非常敏感，对市场的响应速度很快。让小企业去验证某项新技术是否符合市场需要，可以降低大企业选择新技术的风险。在市场验证的过程中，设置一系列测试站，密切跟踪观察小企业设计的产品是否符合客户需求并被市场所接纳，能有效地帮助大企业判断这些小企业的并购价值，排除新技术选择中的部分风险。当市场证明新技术的商业价值时，思科再将其纳入旗下，可以起到降低风险、提高收益的作用；而小企业借助大企业的品牌、资金和销售渠道，形成快速的市场化能力，也是一条成功的捷径。

在思科并购团队的战略视野中，尽量避免并购市场价值有限的先进技术开发企业，而是密切关注具有颠覆性技术开发成果的企业，与此同时，充分利用其内部技术，创造出市场上最好的增量型技术产品。技术或产品成型之后，思科就会并购这家新兴企业，并将它的产品和员工充分整合到思科的运营系统中。

二是通过并购整合资源与服务，确保企业可持续发展。 思科善于利用市场动荡的时机：一方面在成熟领域进一步巩固已有的市场地位，另一方面通过并购整合已有资源，强化企业在技术和产品体系上差异化的能力。在以整合资源与服务为目的的并购中，被并购企业与思科战略业务的一致性是非常重要的指标。例如，对于思科传统的硬件设备行业来说，在评价并购对象时，并购后业务模式的改变程度是关键指标。因为如果被并购的目标公司与思科在文化和战略上相差很远，两家公司差异性很大，那么融合起来的挑战就比较多，难度也较大。因此，被并购企业是否与思科的发展方向和目标一致，战略方向是否一致，商业模式是否互补，高层领导是否有承诺等指标，对并购能否取得成功非常重要。除了上述要素，在做出并购决策时，思科也会考虑市场的发展趋势，因为抓住技术和市场发展阶段的恰当时间点和进入窗口，也是非常重要的。

思科很少并购业务同质化的企业，在选择被并购企业时，能否快速进入新的细分市场也是一个重要考虑因素。举例来说，在进入智能电网市场时，思科已经有了相关产品和合作伙伴，但为了更迅速地进入智能电网市场，思科选择了并购 Arch Rock 公司，从而使进入这一领域的步伐明显提速。

三是通过并购进入新市场或实现企业的快速转型。思科的并购战略不仅仅是获得更多新技术或生产出更多新产品，更重要的是找到一种渠道来根本性地提升自己的市场规模，获取更多的利润。在这种战略指引下，思科不断寻找通过并购进入新市场的机会，目的是将企业已有的能力快速转移到新市场中，不断扩张企业的边界，将企业的疆土拓展到以前较少涉及的领域。2004 年到 2011 年，思科通过并购相继开辟了消费、视频、软件、协作、内容安全、虚拟计算协作等众多市场，并且这些市场的规模如同基础市场一样获得了明显的增长。2003 财年，思科通过 Linksys 公司并购案成功进入消费市场；2010 财年，思科通过并购 Starent 公司进入无线服务市场，通过并购腾博公司成功进入视频和网真市场。思科不断构建新的产品组合，成功实现产业转型。

思科在世界不同地区并购，还帮助它快速缩短了学习曲线，迅速融入一个又一个新兴市场中。近几年，思科在海外的并购所占比例越来越大。为了保持战略平衡，思科将对成熟市场与新兴市场的并购和投资组合起来，目前每年有20亿美元的投资组合用在投资不同的新兴技术和市场上。

四是通过并购获得人才。思科的并购重点有时是企业的核心骨干和员工，或是公司拥有的知识产权，而不仅仅是购买当下的产品和基础设施。思科更关注员工未来的价值，并购的是员工未来创造的第二代或第三代产品。

四、寻求激进式技术与内旋式并购

思科非常担心错过新技术发展机遇，为了寻求颠覆性技术，它非常关注小型创业型企业。尽管思科在研究和考察被并购企业时，会仔细考察其领导团队、文化相容性、技术独特性和潜在商业价值，但为了降低并购过程中的风险和不确定性，思科采纳了内旋式并购方式。所谓内旋式并购，是指思科在评估候选企业时，会寻找与其技术标准相吻合的颠覆性技术，以及适合其商业模式并满足客户具体需求的产品。内旋式并购与传统并购的不同之处是，思科会对该企业进行早期投资，在被投资企业的销售额达到预设客户数量和里程碑时，再出手购买该企业。在这个过程中，为了确保投资回报和降低投资风险，思科在必要时会对企业管理进行监督，派遣重要员工去候选企业提供指导，以确保被投资企业的成功运作。

内旋式并购的优势在于，思科可以与被并购企业近距离分享技术、经验和产品路线图，以协作的方式开发出具有良好集成性的产品，使其在更短的时间内成为思科技术架构的一部分。通过内旋式并购，思科可以将并购价格与产品收入及相关利润联系起来。这种以结果为导向的并购方式避免了在评估企业价值时通常存在的不确定性。思科通过这种途径获得了新技术，增强了企业对市场转型的要求，使原有技术差异化进一步增强，通过小企业带动思科的创造性，增强了企业活力；同时，思科已有的成熟企业规模、品牌、管理体系、市场渠道和资金实力又为小企业和新技术提供了更高的知名度和市场规模，可谓两全其美。

内旋式并购也具有一定弊端：被思科派出的员工在职业生涯上有风险，需要不断调整业务发展的方向，因此，思科必须对他们进行激励。此外，完成内旋式并购的周期比传统并购周期更长。如果思科的目标是获取市场周边领域中的颠覆性技术，上市时间不是首要考虑因素，那么内旋式并购非常有效。但如果上市时间比较紧迫且商业模式基本是全新的，那么思科通常会选择传统的并购方式。

五、并购企业的六项原则

原则一：双方愿景目标的一致性和融合性。

该原则蕴涵了这样一个理念，即被并购的员工是并购交易整体中的一部分，而核心骨干与愿景目标的冲突最终将损害交易的预期价值。对于思科而言，最重要的价值就是智力资产，只有充分了解被并购企业的愿景目标，思科才能做出正确的评估。该原则要求目标企业有清晰的产业和产品前景，并与思科的前景目标互相融合。可相融性被思科视为进行并购的必要条件。

原则二：不做竞争性并购。

思科在并购时不卷入竞争式并购，在进行潜在并购谈判时，会有一个排他性协议,即目标企业只与思科,而不能同时与其他企业进行有关并购案的谈判。有时,银行家或中介商会主动带着项目来思科问询并购意图,但思科较少参与,而是直接去找目标企业。这样做的原因是思科希望能控制整个并购流程,从而最快速地进入目标市场。当思科预见到市场发展趋势时,也会快速做出并购决定,在锁定目标后快速进入。思科并购的一家企业曾经与另外一家企业谈了9个月都悬而未决,但思科从开始到最终决定只花了10天时间。这种排他性的并购使思科更能控制整个流程。

原则三:目标企业的文化与思科相融。

文化和价值观是思科评估潜在并购对象的关键标准之一,在对文化的对标中,思科主要考察价值观、信念和行为。价值观的核心要素有崇尚诚实守信和以客户为中心;在信念层面,具体指对市场有一致的愿景、目标和看法;行为直接受到价值观和信念的影响,要求员工在工作行为上符合规范。在考察并购对象时,会研究目标企业的文化是否与思科文化有兼容性。两个企业的文化不一定要完全一样,关键是大目标要保持一致。思科不会在细节上要求被并购企业做这做那,但是会从文化和宏观的角度追求兼容性和包容性,文化的融合也是一个过程。

原则四:并购要看重长期的盈利。

思科会仔细权衡每一次并购行为,并对并购对相关利益群体(如新员工、客户、股东等)产生的长期战略影响进行评估。如果思科认为某种并购不利于相关利益群体中任何一方的利益,那么尽管该并购在短时期内有盈利前景,思科也会选择放弃。这项原则在实践中主要体现在两个方面:第一,是否能留住员工。思科认为并购的主要目的是获得最有价值的员工,并购的意图不仅是购买现有的产品序列,更是这些员工正在或将要开发的产品。激励手段是为员工提供股票期权,限制手段是签竞业禁止协议，员工被要求签订一份两年不竞争协议，即两年内不能到同行业其他企业就业。第二，是否与客户靠得更近。离客户近的好处是可以快速了解客户需求和变化并做出快速响应，根据客户需求的不同提高定制化的能力；同时，有助于提高服务水平，降低物流成本。

原则五：被并购企业地理上接近重要市场或供应链。

思科系统公司的地理位置临近性标准来自充分整合目标企业的目的。地理位置的远近对目标企业的整合会产生很大的影响。

原则六：不接受对等合并。

在思科看来，最理想的并购目标是少于 100 名员工并有一个将要推向市场的产品的私人企业。并购企业规模的大小会从三个方面影响并购：一是增加并购风险，二是增加并购程序，三是降低整合速度。思科通常并购有好的技术和产品但缺乏全球销售渠道和平台的小企业，或企业已经有较好的产品系列，但缺乏继续做大的资金支持的中型企业，这些企业的资产与思科之间有互补性，通过并购，能够达到双赢或多赢的目标。思科认为，同等规模企业的合并会使员工融合变得复杂，同时两个企业文化的融合将会非常漫长和困难。

2013 年，思科的并购有非常明晰的策略，并购的方向紧紧围绕着企业的核心架构。在核心架构中，有三大业务核心要素及与之对应的服务体系，分别是基础设施（技术服务和高级服务）、平台（平台服务和托管服务）和应用（咨询服务，万物互联交换）。在这三个要素中，以统一平台为核心进行上下拓展，如在基础设施层面拓展四个领域：统一数据中心、核心网络、网络访问（有线和移动）和网络安全（访问控制、情景感知、内容感知和威胁感知）。在应用层面也分为四个领域，分别是第三方和内容开源系统、业务流程与企业应用、物联网解决方案和行业应用、视频与协作。思科的所有并购都是在这个业务架构的指导下展开的,目标清晰,结果可控。

六、并购流程和方法

并购的时机选择。思科根据企业动态成长曲线(见图5-1)确立了两个关键点,一个是投资企业的时机(如内旋式并购),另一个是并购企业的良机。在启动创新与早期采纳期间,是投资的良机,在这个阶段可以推动新技术的成熟与发展;在早期采纳与后期采纳期间,是并购的良机,在这个阶段可以推动市场的成熟与发展。

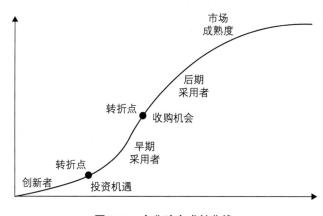

图5-1 企业动态成长曲线

并购的流程。思科每一次并购案的流程不完全一样,这与治理结构相关。并购决策主要由三方面共同做出:董事会、CEO和CFO。通常的流程是,由业务部门组建负责投资的小组,由投资小组与业务部门共同讨论,合作找到投资或并购的点子。此后,投资小组对点子进行优化,然后向CEO汇报。讨论的重点是确保并购建议与公司的总体战略和目标一致。

接下来，CFO 和 COO（首席运营官）参与进来，在决策时要有财务数据做支持，在与 CFO 进行讨论时，有一个大的团队参与，参与者要确保将财务结果的预测落到实处，此时各个部门人员的承诺和责任要非常明确。接下来把并购建议提交给董事会，在董事会的不同委员会中，专门有一个负责投资的委员会对并购计划进行讨论和决策，并向投资小组提出尖锐的问题以发现决策中的盲点。最后由钱伯斯批准。如果一个并购案超过 60 亿美元，就需要获得董事会全体成员的一致通过，如果并购案要衡量 40 项业绩指标，就要启动股东大会程序进行批准，但这种情况比较少见。

为了提高并购的效率，思科将所需流程制度化，确保在并购中的关键要素和资源融入执行过程中的每一步。流程制度化和持续优化的目的是在解决问题之前，就已经明确应该怎么做，而不是在并购过程中再花费大量时间进行沟通、讨论和协商，以大大减少重复性工作。并购流程的几个关键点是负责并购的团队、对并购对象的财务评估、实施并购前的任务、前期任务评价和并购整合流程。

负责并购的团队。思科负责整合一个公司的团队大概有 15 个人，全公司共有 60 多个专职团队负责整合，与并购流程有关的员工共涉及 400—600 人。思科通常同时瞄准 100 家公司，并以每 10 家为一组进行认真研究和谈判，最终并购一家公司，这种 1% 比率的筛选率说明思科在并购上要做大量的工作。

对并购对象的财务评估。并购肯定要考虑投资回报，思科要在财务方面对目标公司进行绩效衡量，判断其未来是否符合公司的增长预期，这个过程中有一系列非常复杂的衡量标准。这些标准随着时间的推移也在不断优化，具体指标包括投资损益表、收益表、资产负债表、市场份额及其他财务目标，从财务上分析对其并购是否符合逻辑和常理。

实施并购前的任务。前期任务首先要明确通过并购能够解决什么问题：是看重并购目标公司的员工，还是其技术和产品？它们的文化和产品能否与思科融合且便于整合？思科要展开的调查项目包括对目标公司的财务、法律资产价值状况的审计，对道德规范、诚信、团队精神、专业特性、客户承诺等问题的深入调查等。

前期任务评价。前期任务评价是由思科系统公司的项目小组对任务完成情况进行评价，小组组长通常由业务拓展部门的负责人担任，小组成员是来自营销、工程及产品制造等方面的代表。各部门的代表负责对与其部门相关的事务进行评估、判断。

并购任务流程。思科完整的整合流程主要有以下四个阶段：

第一阶段：交易预测。这一阶段的主要工作是扫描和发现市场上的商业机会和可并购的企业，并对这些机会和企业进行评估。在此基础上，业务发展部门的团队要和负责并购的业务部门进行接洽、提出要求，如果双方达成一致，需向更高一层的核心团队报告，进行下一步的技术审核。在这一阶段，早期整合团队要参与研究调查并制定整合战略和方案建议，为下一步的实施提供决策支持。

第二阶段：商业案例研究和预审批。这一阶段是并购的关键环节，并购团队要对即将进行的商业案例做进一步评价和分析，在此基础上进行预审批并制定条款说明书。在这一阶段，具体的工作流程包括撰写商业案例、明确该案例的价值，对并购的结果和投资回报率进行分析。同时，还要进行预测性调研，重点研究早期的经营状况，在这些前期情报调研和文件工作完成之后，提出整合意向方案的草稿。在此之后，并购项目进入实质性的实施阶段，要力争获得管理部门、业务部门和职能部门的支持。联合团队召开最终决策前的审批会议，如果该并购项目获得批准，则并购谈判就此展开，要拟定条款说明书、进行实质性的谈判签售。这一阶段所要达到的目标是对被并购企业进行交易前调查，评估其能力，确定整体的整合战略，厘清并购的愿景，为并购成功建立价值驱动模型。

第三阶段：交易执行。这个阶段是并购的实质性运行阶段，首先展开的是尽职调查（包括在技术、财务、法律、运营、关键员工层面的尽职调查），在把整体情况了解清楚之后，进行并购协议的谈判，与关键员工进行确认与协商，针对尽职调查和谈判的具体内容，创建常见问题以备后续考察。在此基础上，并购案进入最终的审批与签字阶段，这时思科已经起草完成了并购协议和公开声明，但在内部，还有一系列的审批流程工作在继续推进，特别是要得到CEO和董事会的批准。在项目最终获得批准之后，还需要有相关的法律文件和财务成交条件和文件的确认，在与被并购企业达成协议之后，思科开始对内对外发布正式声明。在这个阶段，对于被并购企业的运营状况仍然要进行详细调查，以排除不必要的风险。这一阶段达成的核心目标是在对被并购企业进行详细调研分析的基础上，制订整合和业务转型计划，并将计划落实到实践当中。

第四阶段：沟通、整合与评估。在这一阶段，并购实际上进入了整合阶段，思科要在100天之内，确保整合过程平稳安全，具体的内容如新员工入职培训，要让被并购企业的员工有宾至如归的感觉。同时，思科在信息系统和相关基础设施、职能部门中展开高效整合，被并购企业的非核心业务部门会被纳入思科的统一系统之中。被并购企业融入思科，也为思科本身带来新的改变，所以，在这个阶段，思科要对新企业带来的新知识和新经验进行评估，对并购所带来的变革进行有效的管理。在并购的100天之后，进入整合优化阶段，其中包括对产品和平台的整合优化、发布并购报告、进行季度审计、对付款进行处理和监控，如果各项指标都能达到思科预期的目标,即宣告整合完成。

七、并购后的文化融合与业务整合

并购完成后,两个企业的整合工作就开始了。在思科,整合工作是非常强有力的,每个职能部门都有整合专家,无论是财务专家还是人力资源专家。在税务方面,负责整合的有100多人;整合工作还延伸到了技术领域,以确保对并购企业的完整接纳。例如,思科两年前的一项并购共有100多人参与到整合工作当中,虽然他们并不是全职负责整合工作。在整合过程中,思科有一个强有力的框架,由总部统一集中管理,在这个过程中,集中统一管理和战略结构及方法论是非常关键的。

部门整合。思科并购后的第一步是部门整合,通常把人力资源、制造、销售渠道、客户服务及金融财务等职能部门整合进思科的组织结构中,而工程技术、市场部及销售等部门通常被整合进思科负责并购事务的部门。在每一次并购中及并购后,思科的主管部门都会有一个业务部门与被并购企业对接,使其在被思科整合的过程中不会迷失。

文化融合。在并购过程中,文化融合不是一件容易的事情。首先,无论并购多少家企业,思科的核心价值和文化不会发生大的改变。对于被并购企业的企业文化,思科用多种方式来了解和消化其文化特点、文化底蕴和内涵,而不会强行命令对方接受。在思科看来,并购过程中文化的融合取决于彼此之间的互相适应,从而共同满足市场的需求。

当然,这一步要花比较长的时间,要通过采用面对面的"结伴制"与思科实现文化的对接。通过使目标企业的成员与思科团队中同等地位的成员配对结伴的方法,将两方员工团结起来,并定期举行情况介绍会。如此,目标企业的员工从那些早期被并购的员工那里可以及时获取对关注问题的解答。

思科作为全球企业，其文化的一个核心是推崇全球化文化的融合，既有母公司的核心价值观和行为准则，又适当注重各地区的本土文化特色，比如思科中国、思科挪威办公室的特色和工作方式与圣何塞思科总部都有所不同，沟通方式也不一样，但这并不意味着它们独立于思科文化之外。

在整合初期，思科要对目标企业员工之间的交流进行管理。建立整合工作团队，从10—15个职能部门中选派主要的内部机构员工形成该团队。此团队充当思科与目标企业员工交流的中介，控制交流的内容。在整合过程中，还有几个问题至关重要：

（1）处理股票期权问题。让员工关注长远收益，将期权行使期从4年延长到5年，并每年分配期权。

（2）明确被并购员工的安置去向。思科努力为被并购企业的骨干成员安排重要职务，以激励管理层留下来继续工作，但对于不愿意留下的管理者也不强求。在被并购企业的员工大会上，将明确被并购的员工及其职位。为了让被并购企业的员工快速融入思科，思科用各种方式对被并购员工的加入表示欢迎。在宣告并购的时候，被并购员工会获得一个思科的杯子，杯子上写着"欢迎加入团队"。在最初的员工宣告大会上，他们会获得有关思科和以后工作的相关资料。

（3）排除不确定性。作为并购案的一部分，思科会明确它想留哪些员工，不想留哪些员工。这样使员工知道他们的工作是否得到保障，排除了员工对未来的不确定性。比如在对Cerent公司进行并购时，有一项协议，即在没有CEO同意的情况下，思科不可以解雇该公司的职员，也不可以对他们的工作进行大幅度调整。

（4）快速行动。思科系统公司通常是在并购定案公告发布的数小时之内，就会开始进入被并购企业，并开始进行同化吸收过程，目的在于尽快整合被并购的员工。对于小企业的并购，思科将花90天左右的时间完成整合；对大企业的整合，思科将花费12个月来完成。

（5）通过信息系统实现融合。思科注重使用网络技术进行交流，以促进其并购整合的顺利进行。思科的员工可以访问思科系统公司网站下的员工信息链接，从中可查阅到大多数所需要了解的思科内部运作情况。经理信息系统（EIS）为主管经理提供实时的销售信息，例如订单、票据清单等。被并购企业的主管们会被安排进行思科信息平台的操作培训。思科系统公司的信息系统部门会对目标企业和思科的信息基础设施进行调整，使它们达到互相适应的状态，并为被并购的员工提供培训，克服信息系统转换上的障碍。思科还让新员工熟悉将网真作为面对面交流的工具，使思科与被并购企业迅速建立联系，增强文化共识。网真会议和WebOffice可以大大提高会议协作沟通能力，方便整合团队的数据共享。

产品整合。产品整合方案是将被并购企业所有产品转换成思科产品的过程，思科采用了一套整合方法，努力把并购产品转换到思科标准化的制造系统中，使其快速成为思科产品体系的一部分，具体措施包括：

（1）产品号码思科化。所有被并购企业的产品都获得一个以思科为基础的制造资源规划（MRP）数据库产品号码，并要求在90天的时间表内完成此项工作。这一变化的意义在于：首先，销售人员和客户可以使用产品号码来订购目标企业的产品；其次，使沟通步骤变得简单，因为号码就反映了MRP系统中有关产品的信息；最后，从客户角度看，他们是在直接与思科做生意，使思科为客户提供终端到终端统一解决方案的目标得到实现。

（2）产品转移。在并购案开始的30天内，思科制造整合团队将初步确定哪些产品要完全转移到思科内进行制造，哪些产品由被并购企业员工制造。在做这一决策时，思科考虑的因素有：产品是否很容易被淘汰，思科是不是亟须通过并购得到该项技术，产品的制造复杂程度，以及技术是否容易被转移。

（3）供应商的思科化。思科内部有一个专门的小组，与当前或潜在供应商一起工作，并对供应商进行评估。该小组还要对被并购企业的所有卖主进行评估。任何被并购企业的卖主都要按照一套相同的验收标准接受评估。

（4）将被并购产品思科化。思科系统公司在并购目标企业90天内，就会为并购的产品决定一个外购程序，这是制造组合过程的一个重要部分。

（5）将成品测试思科化。思科开发了自己的制造产品自动测试系统，该系统不但是思科管理标准化系统控制体系，而且在制造外包时用来测试远程生产的产品是否达到质量标准，以及是否满足客户的特定需求，是管理虚拟工厂的重要手段和方法。

（6）质量监控思科化。思科系统公司采用自己的各种过程化质量监控程序，它们依据的是自动检测系统的检测结果，在并购之后，被并购企业原先的过程化质量监控程序要进行修改以适应思科系统公司的方法。

（7）按思科的方式去做预测。被并购企业要向其附属的思科企业一级市场营销小组提供有关被并购产品的预测。思科的这个市场营销小组给新员工提供反馈信息，最终达成一致同意的预测。最终达成的预测数字将被思科制造资源规划所采纳，并随后确定生产要求。思科的预测方法在并购的30天内被并购企业采用。

八、并购成功的关键要素

清晰的战略目标。思科并购团队花时间最多的部分就是确保战略是非常清楚的:为什么并购这家公司?预期的目标是什么?怎样才能更好地进入市场?并购之后如何提升思科的战略优势?如何实现双方的优势互补?这些都是在并购前需要分析清楚的问题。

高效的整合流程。思科的并购整合流程共分为八个大步骤,它们分别是:机会评估,商业案例、评估与分析,预审批及条款单,尽职调查,最终审批、签订合同,宣布收购结束,整合稳定化,整合优化。这八个大步骤下又细分了具体任务和活动(见图5-2)。思科根据以往的并购经验将并购过程流程化,实际上开发出了一整套高效的并购方法论。在此方法论的指导下,并购过程中可能遇到的问题和风险尽可能地得到了规避,参与的员工可以尽快了解工作流程,从而大大提高并购的工作效率。

关注双方业务的一致性。被并购企业与思科已有业务的一致性和战略一致性对并购是否成功非常重要,但有时双方的业务很难达到完全的一致,对方在商业模式上也有独特性。在这种情况下,双方领导层的承诺和商业模式的调整与互补就非常重要。例如,思科传统上是硬件和外包公司,销售主要靠渠道,而不做直接客户,在并购过程中,如果对方直接面对终端客户,在彼此的衔接上就非常困难,难以找到把新模式融入进来的方法和途径,也没法在财务方面做出进一步的承诺。如果是这种并购,对思科的挑战性就很大。除了商业模式的差异外,组织架构的不同也会带来整合的困难。例如,思科期望将相关职能部门直接融合,但在整合的过程中,分工程度的不同、业务的重叠都需要思科做出渐进式的调整。这里的关键原则是要抓住对方的核心价值。核心价值主要体现在三个方面:一

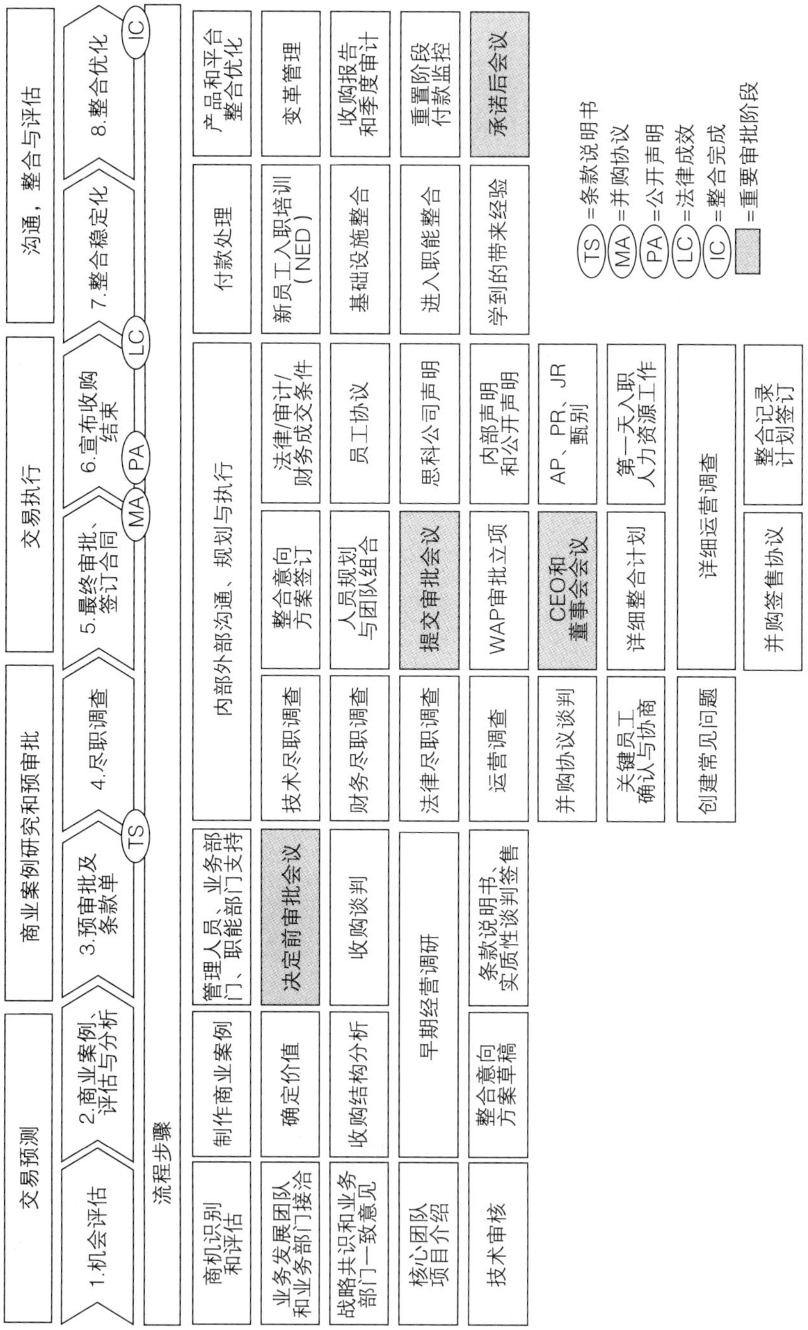

图 5-2　思科的并购整合流程

是财务状况的考虑；二是战略考虑；三是吸引人才和鼓舞士气，让人们感觉并购是非常值得期待的事情。有时候留下来的人才数量甚至能说明并购案是否成功。在核心价值的牵引下，并购过程的差异性问题都会得到妥善解决。

尽职调查。在并购公布之前，思科会做一个深入的尽职调查，调查主要集中在战略层面。在公开宣布并购案之后，会做第二次尽职调查。第二次尽职调查将集中在战术和执行层面，思科试图发现被并购企业高管以前没有回答的问题，如这个企业到底是怎么运营的，团队如何构成，商业模式是什么，如何将其团队与思科整合起来等具体问题。

蓝图规划。蓝图规划是以流程的形态展示出来的，它反映出两个企业整合之后到底是个什么样子。在蓝图规划阶段，思科会和目标企业进行全盘讨论，其中涉及非常多的细节，如某个产品是否纳入思科的定价系统，定价的结构如何，如何将目标企业的产品纳入思科的产品家族，等等，总之是一个非常细致的过程。蓝图不仅要展示并购的预期结果、时间表和计划的具体执行方案，还要对并购操作具有重要的指导意义。在制定蓝图规划的过程中，投资负责人要将大约80%的时间用在和业务部门的沟通上，确保他们了解所有的战略细节，并且确保整合流程中双方都满意，这样才能确保并购项目的成功。

将整合作为并购工作的一部分。思科的并购整合工作有一套复杂的流程，这套流程一共有62个步骤，并购案始于机会评估，因此，在机会评估时，就已经开始考虑后续的整合问题。思科的并购案有70%的成功率，之所以这么高，关键是一开始并购团队就清晰地知道怎样才能让业务取得成功，因此，在开始进入并购流程之前，目标就已经非常明确了。思科的另外一个经验是高度重视整合，将整合与并购视为一个整体，整合的过程各个部门密切配合、高度协作。在整合的过程中，文化融合是难度最大的，无论并购多少家企业，思科可以做到文化和核心价值不变。在观察被并购企业时，思科会从多个层面了解和考察对方的文化及特点。对方的文化底蕴和内涵在并购前期的准备过程中就尽量被消化理解。如果双方文化有差异，通过讨论协商进行融合，必要时也要妥协和相互适应，以达到共同目标。如果发现对方的文化确实无法成功地与思科文化融合，则会考虑放弃并购。有些跨国公司并购时不管对方愿不愿意，采取鲨鱼式的并购模式，这不是思科的策略。在做海外并购时，考虑到全球化战略的重要性，思科会仔细思考如何吸取被并购企业文化的特色，建立一个共同的文化基准，这样才能团结起来，共同制胜。

与外部咨询公司高效合作。思科在挑选外部咨询公司方面非常严格，也较少采用这种方式，只有在特别缺人手的情况下才考虑聘请外部公司，一般情况下会让承包商参与进来，因为它们成本低、效率高。即使是聘请外部咨询公司，也一定要采用思科的方法论和流程。思科较多采用德勤的咨询服务。在费用方面，德勤属于中档。思科选择德勤，并非思科自身缺乏与并购有关的能力，主要是需要借助对方的人力资源。思科会为咨询公司设定绩效目标，绩效目标应与公司的出价相吻合，同时，在引入咨询公司时，其文化和行为准则也要参照思科的体系，遵循思科的文化和价值观做事情。

国际并购更要关注吸引高端人才。在海外并购案中，思科非常关注保持和吸引被并购企业原来的团队，特别是远离美国总部的高管人员。尽管与对方的沟通有时需要翻译，但思科的并购团队仍然要确保有与对方业务部门中层管理人员沟通交流的机会，以了解他们对并购案的感觉和预期。思科认为只有把这批人留下来，这家企业被并购后才能正常地运转起来。与此同时，思科还会把自己的人才嵌入被并购企业的领导团队中，使其能将思科的文化带进去。在这个过程中，思科并不是派空降兵进去，让其凌驾于对方之上，而是将思科的管理者融入对方的管理团队中，这样这支队伍才能更好地融入思科总部的关系网。这是并购中最难的一点，即如何融入大公司的人际网络中。在并购案完成之后，思科会重新装修其办公室，把思科的标识、横幅、形象品牌全部放在新办公室里，让被并购企业在物理和心理上都感觉到已经融入思科。在这样的环境中，他们会产生一种认同感，而不是被边缘化的陌生感。

总而言之，思科整合成功的要素主要是：

（1）整合团队，包括专门的有经验的整合专家、与整合对象高度相关领域的专业人员、针对整合对象的后备外部资源。

（2）尽早投入准备，明晰预期目标，根据结果进行规划。

（3）关注客户、合作方和员工的感受，推动价值交易。

（4）利用信息技术协助交易流程的整合。

（5）整合最优秀的员工，做好变革管理。

九、思科并购的整合案例[①]

（一）案例一：Starent 公司

Starent 公司成立于 2000 年，并在 2007 年上市。公司总部位于马萨诸塞州图克斯伯里，全球职员总数约为 1 000 人。到 2008 年 12 月 31 日，该公司报告实现营收 2.541 亿美元，比上年增长 74%。[②]

[①] 资料来源：思科培训班内部资料。
[②] http://tech.163.com/09/1013/21/5LHLN4VF000915BE.html.

思科的整合流程包括交易前景分析、商业案例和前期审批、交易执行和沟通、整合与评估四个阶段,在这四个阶段中又分为八个步骤,具体内容如下:

机会分析。这是并购的第一步,对可能被并购的公司进行评估,按照上述思科的并购原则和发展规划判定公司是否满足思科并购的条件。比如,公司的前景目标与思科的前景目标是否一致,并购该公司是否能带来短期和长期的盈利,目标公司的高层是否配合职位的调整等。如果这些条件有一条不满足,思科就不会轻易进行并购。思科宣布并购Starent后,整合即进入第二个阶段。

商业案例、价值评估和分析。在这个阶段需要完成的工作包括:商业案例研发、价值评估测定、并购架构分析、早期操作发现及拟定整合计划。

在本次并购案例中,思科总结出,在早期针对整合的管理层会议上,应该着重考虑两点内容:明确共同的价值观,以及进行产品、市场进入和业务前景的匹配调整。

前期评估和时间表安排。在这个阶段,思科召开第一次并购项目预审批会议(pre-approval),并购整合过程也到达第一个审批里程碑。除此之外,在这个阶段还需要进行并购谈判,完成条款清单和独家协议(no-shop),以及继上一阶段拟定整合计划草稿。

在Starent案例中,思科整合团队总结出,在尽职调查阶段,需要根据并购的核心交易战略和价值驱动要素分析尽职调查对象,并对调查中的整合影响因素进行初步评估,在财务模型中有所体现。

尽职调查。该阶段要进行的事宜包括技术尽职调查、财务和法律的尽职调查、业务的尽职调查;并且就并购协议进行谈判;对关键员工(如原公司的 CEO）进行身份确定和谈判；最后，制作常见问题的解答。

在 Starent 案例中，思科总结，要对被并购方员工的雇佣契约尽早做出决策，评估未来实施时可能遇到的障碍并寻求解决办法。随着工作协议一步步达成，障碍会逐渐减少。

最终批准与签约。这一阶段是一个关键的决策阶段，思科通过前四个阶段的工作，在这一阶段将最终敲定并购意向和并购整合的细节条款。在这个阶段中，要召开最后的审批会议，敲定最后意向的整合计划，启动 VAP 审批，并向 CEO 和董事会做简报，将整合计划和运营体系细化，最终签订协议。

思科总结的关键要点：一是统一规范交流工具，以应对下一步的公司关闭；二是整合拨款，使得并购整合能够迅速地进行；三是使用集成的方法，将 Starent 的领导层买入公司。

宣布并购进入关闭阶段。从这一阶段开始，对 Starent 的并购正式进入整合的阶段。该阶段需要公司员工与思科签署协议，并向 Starent 公司内部和公众发布通知，宣布公司进入关闭阶段，并进行详细的功能评估，结束整合记录计划。

在 Starent 案例中，思科总结，在这一阶段要注意整合团队中人员的关系建立，并将重点集中在稳定那些受并购影响的员工（包括思科和目标公司）。在该阶段刚开始时，到目标公司进行实地考察，并确保内部和外部消息的统一。

整合稳定化阶段（1—100 天）。整合的第一天里，目标公司要完成法律上的关闭。思科需要做到改变目标管理和交流方式，使销售和渠道做好准备，并开始启用员工。Starent 项目中，思科在整合的第一天非常重视活动和交流必须同步进行，管理方式的改变也必须是显著的。

整合的 1—100 天中，思科要完成并购的支付程序，对新员工进行培训，整合组织架构，进入市场整合。在 Starent 项目中，思科会使用公共事件来造势，比如世界移动通信大会。利用跨公司的销售来调动整合过程中的公司气氛。思科在该阶段开始着手将目标公司的运营转化为思科的运作模型和预期行为，并根据业务的期望，重新确定新员工的定位框架。思科利用管理框架来克服整合过程中的困难。

整合优化阶段（100 天之后）。这一阶段是整合的优化阶段，在这个阶段中，首要的任务是进行整合平台的优化，完成并购报告和季度审查。在 Starent 并购项目中，思科注重保持整合的动力，并根据需要调整计划，但始终关注长期目标。思科非常注重员工的状况，确保所有的员工在并购整合后，百分之百地进入工作状态。同时，思科注重对整合进行季度审核。最终，在最后一个阶段将目标公司导入公司的主流业务。

（二）案例二：腾博

腾博并购案很好地展现了思科是如何将并购作为企业战略的。当思科考察协作市场时，发现这是个具有很大潜力的市场：其市场价值达到了 340 亿美元，而且还在快速增长。之前，思科已经凭借网真技术进入了这一市场，但是它在这个市场中并不能独立完成整个产品的提供过程。于是思科意识到，通过并购可以更快地完成产品组合的建设，从而独立完成协作产品的提供。

当时，腾博是全球第二大视频会议设备制造商。思科拥有良好的品牌、牢固的客户关系和顺畅的销售渠道，并且拥有权威的互联网解决方案。而腾博掌握先进的视频会议直播技术，因而两者在技术上具有融合的可能性，在产品组合上能够起到互补的作用。此外，思科相信腾博带来的渠道和消费者能够有效促进思科在视频市场的发展。同时，思科和腾博都拥有"以人为本"的共同愿景和相似的核心文化价值观。这些都为成功的整合打下了良好的基础。因而思科最终选定了腾博。

2009年10月，思科宣布出价34亿美元并购腾博。长期以来，思科在并购方面取得了显赫的业绩。截至2010年8月，思科已经完成了140多项并购。其中，腾博是思科截至当时最大的一笔跨国并购。鉴于这笔并购的复杂性及思科和腾博遍布全球的公司规模，腾博并购案曾面临如下的挑战：一是管理谈判事宜，二是整合计划的制订，三是整合并进行管理。

为克服并购中的困难，思科与腾博的高层多次召开视频会议，针对交易和聘用条款进行谈判；时刻与银行保持联络，明确双方的财务合同；同时启动了整合计划，确保每位腾博员工都有新的工作，因为并购并不是要造成任何人的财产危机，而是要使两个企业都有所进步。

并购成功与否还取决于整合，整合是否成功取决于管理团队的态度。因为整合战略开展顺利，2010年4月，思科正式完成了对腾博的并购。在达成交易的30天里，思科共举办了40多场"破冰"活动，使1 000多名思科和腾博员工建立了联系。

腾博融入思科后，思科在各方面给予了全方位的支持，尤其是在共同的技术研发上，其后不久思科推出了消费者版思科"网真"（TelePresence）视频会议系统，创造了全球知名的音视频会议网络直播解决方案，此高端品牌的市场价值已达340亿美元，而且还在快速增长。

其他事实也证明思科对腾博的并购相当成功：超过97%的员工留任；因业务合并，市场份额得以继续增长；超过1 200家合作伙伴受邀加入新的"网真"视频授权技术提供商计划；在经历如此巨大变革期间，销售团队仍保持昂扬的斗志，第一季度的订单额增长了30%以上，且第二季度势头不减。

体验网真会议

这次并购主要使思科在以下三个方面受益：第一，创造市场机会，增加公司财富；第二，加速产品与技术创新；第三，提供合作的机会。虽然思科并购腾博耗资约 34 亿美元，但从长期发展的角度来看，因为思科及时捕捉到了互联网和视频市场的变化，并购腾博给思科带来了更巨大的利润。现在，思科认为正是因为这一并购使得公司成为首屈一指的视频和协作产品提供商。

十、小结

并购反映了企业快速有效地整合外部资源的能力，如何将并购资源纳入企业原有体系协同创造新的价值，是企业动态演化能力的一部分。思科的并购成为其动态演化、战略转型、创新发展和技术体系差异性的重要部分。并购是将外部知识内部化的过程，外部人才、技术、知识和能力如何与企业已有体系有效融合，协同共创由各自实现的新价值，决定了并购是否成功。思科之所以选择将并购作为创新体系的一部分，关键在于，在一个高度竞争和快速发展的环境中，领先企业有可能忽视一些具有未来潜在价值的新技术和新市场，特别是可能带来激进式创新的技术。同时，领先企业在规模做大之后，研发的速度、灵活性和敏锐性有可能不如小企业，从而丧失技术和市场转型的良机。但是，大企业所具有的覆盖全球市场的销售渠道、品牌和资金，恰恰是小企业将研发成果转化成市场价值所迫切需要的资源。在这种背景下，大企业与小企业的优势和资源互补，可以使双方在激烈的市场竞争中相得益彰。

并购是企业战略和创新体系中的一部分。对快速发展的高科技企业来说，成功的并购是企业演化和转型成功的重要起点。思科的成功主要得益于它在并购领域中所培养的专业化人才、一整套完整的流程和方法论，以及通过不断总结和提炼经验教训所积累的知识体系。将并购过程中遇到的各种潜在的风险和问题进行有效分析和管理，从项目扫描、尽职调查，到并购的过程控制和管理，每个细节和步骤都尽量保证被并购企业的人才、技术、体系与思科都能实现快速有效的对接和融合。思科在选择被并购企业时所制定的基本原则，帮助它筛选聚焦那些未来真正能和其走在一起的企业。同时，思科对被并购企业人才和技术的重视，反映出它更看重被并购企业的未来价值和发展。

并购的核心目标是增强产品体系的差异化能力。一些企业通过并购，在短时间内可能把规模做得很大，但如何做强是需要更加深入研究的问题。思科在选择被并购企业时，以自身已有的技术和产品体系为核心，选择那些能够与已有的技术和产品体系建立深度关联、增强自身技术和产品体系的差异化、有丰富技术和产品生态的企业。这种技术和产品体系的差异化给思科未来的发展带来了独特的竞争优势和溢价能力，同时也提高了技术赶超的壁垒，满足了市场对于新的产品组合的需要，特别是为其从产品为主导的企业向服务为主导的企业提供了全面解决方案和转型的基础。也就是说，思科通过不断并购，快速获得新的技术能力，转型进入新的市场，扩大和组合更全面的技术体系，从而能够提供更加综合的解决方案。在这一演化过程中，通过并购实现人才、技术、产品和市场能力的优化重组，摆脱了行业领先企业思维固化、技术体系老化、组织僵化和发展停滞的大企业病的困扰，通过注入中小企业的活力不断地把企业带到新的发展空间。

第六章

战略联盟与合作伙伴关系管理

一、引言

战略联盟指的是一个或多个组织之间通过资源整合所建立的,各参与方可以持续创造高价值的关系。企业之间之所以要形成战略联盟关系,首先是由于产品和技术的生命周期越来越短,市场给予企业的机会窗口时间有限,这就要求企业必须快速占领全球市场,当企业内在资源不够的时候,可以通过战略联盟获取外部资源从而取得成功。其次,企业期望在市场上取得较大的份额并实现规模经济,这样才能参与竞争并获得较好的投资回报,但企业难以获得在整个价值链中所必需的资源和能力,因此,为了扩大价值链在产业生态中的地位和影响力,与拥有其他资源和能力的企业形成联盟关系是一个好的选择。最后,客户期望值越来越高,个性化程度也越来越高,无论是企业级客户还是消费者,都希望有更为集成化的综合解决方案和一站式服务来满足需求,这种压力也促使企业通过战略联盟提供有竞争力的产品和服务。

战略联盟的各方要共享资产、技术和资源,着眼于发展战略性的长期、稳定的关系。通常情况下,战略联盟有五种类型:合资企业、投资性联盟、销售性联盟、区域联盟和解决方案联盟。

战略联盟关系通常具有四个特征:一是各参与方之间存在重大的商业影响和可持续的价值。重大是指战略联盟对所有利益相关方具有战略价值;可持续是指在长达数年的时间里大家都能获得令人满意的利润率。二是各参与方较强的组织承诺。这种承诺必须从 CEO 开始进行自上而下的传递,高层管理团队成员在战略联盟关系中有明确的主人翁意识和责任感。三是战略联盟各方都有人才、资金或知识产权的投入。四是战略的一致性和协调性。各参与方有共同的目标,虽然各方的文化有所不同,但必须建立相互信任的关系和对话机制。

合作伙伴是与供应商和经销商建立的一种合作伙伴关系,其类型包括运营性的(短期的)、战术层面的(中期的)和战略层面的(长期的)伙伴关系。两种或更多的伙伴实体创建一种协同性解决方案进行联合销售(joint selling)、基于准确的竞争情报分享的再销售、基于价值链整合营销等,双方都降低共用成本,利用新的途径达到提升竞争优势的目的。

战略联盟与合作伙伴的不同在于,战略联盟是在双方认可对方价值的基础上形成的长期稳定的战略关系,而合作伙伴则是根据市场和客户需要所形成的互利互惠的特别项目或销售体系。

二、战略联盟的价值定位

战略联盟是思科战略的一个重要组成部分。思科通过建立联盟关系,打造了以思科为核心的产业平台与行业标准。战略联盟盟友与思科的关系就像婚姻一样,思科会给予很高的承诺,同时会保证与其盟友每三四个月都能够碰面,希望双方的关系可以更紧密,而不仅仅限于财务方面的交流。

思科之所以寻找战略联盟,首先是因为公司早期领导人考虑到,思科在整个行业的影响力远不及微软或英特尔，因此它需要盟友。其次，思科不可能并购所有的辅助性和潜在的替代技术，那些偏离公司核心技术太远的技术是公司管理人员不愿意并购的。最后，战略联盟将直接有益于思科公司的市场营销，能够帮助思科在全球范围内建立顺畅的销售渠道，带来更大的市场机会。

在以下四种情况下，思科会选择战略联盟与合作伙伴：

第一，从提供解决方案来看，思科通过与合作伙伴协作，可以为客户提供更好的解决方案和相应的配套服务。由思科打造一个很好的业务流程和商业计划，合作伙伴来提供补充性的硬件和软件，这样双方可以发现更多商机，增加新的收入来源、扩大交易的规模。这一价值链是由思科和合作伙伴共同完成的，合作伙伴为思科提供补充性技术和专业知识来弥补思科自身的不足，思科再结合自身的技术能力与合作伙伴的市场能力，形成共享的价值链。靠思科自己，难以独立完成价值链上的所有工作。

举个思科在机械领域的例子：思科之前在此领域没有任何经验，而其合作伙伴在机器人手臂等机械制造领域优势明显。不过合作伙伴以前使用的是专用的网络平台，通过与思科的协作，其原有的专用网络平台转变为开放的网络平台，从而使其产品更加通用，而思科也因此进入新的市场，打开新的商机。

第二，从创新角度来看，思科在创新方面有自主研发、外部并购与合作开发这三种模式。对于像思科这样的大企业来说，要进行内部创新是非常困难的，因此在有新技术出现的时候，思科会采用并购战略，比如在云计算方面思科就并购了很多企业。在一些情况下，思科不拥有核心技术，但目标企业规模大，思科无法完成并购或并购成本太高，这时思科就会采用合作开发的方式进行创新。比如自2007年起，思科就一直在研发统一计算平台，在这个研发过程中，思科从硬件、产品到软件和软硬件打包都会和外部公司（如英特尔、VMware、甲骨文和微软等）进行合作研发。

第三，从市场的角度来看，通过合作伙伴，思科可以绕开并购，快速进入壁垒高的市场。对于企业来说，新进入一个市场成本非常高，但是思科认为可以通过在临近市场寻求合作伙伴进入这样的市场。比如，苹果、REIM、HTC、三星等手机厂商所在的市场并非是思科要进入的市场，但是这些语音接入设备和网络又是相关的，而基于IP的网络是思科的强项，因此思科与它们合作进入语音接入设备领域的网络市场。

同时，这样的合作伙伴关系还可以刺激双方对现在和未来的产品需求，因为不同的公司思考的角度不同，这种密切的合作伙伴关系能让双方以多维的角度去思考，碰撞出一些火花，想出一些新点子，从而共同扩大市场。

第四，从财务和销售渠道角度来说，这种合作伙伴关系能够增加思科的收入。思科的合作伙伴创造并提升了对现存和将要生成的产品的需求，思科本身有80%的利润都是通过合作伙伴获得的；同时，14%的思科产品由公司直接销售，剩余的86%都是由合作伙伴预订。战略联盟和合作伙伴给思科创造的价值体现在：拓展了销售和服务渠道、软硬件上的支持；通过在技术上的相互支持聚合新技术；快速抓住新市场；通过合作伙伴实现产业转型和演变。

思科尽力维持与合作伙伴长期、战略性的关系，但是有时也会遇到与合作伙伴存在利益冲突的情况，这时有些企业可能就会决定不与思科合作。但是对于思科来说，仍然需要和合作伙伴保持良好的关系，因为每个合作伙伴都对思科有非常重要的战略意义，随着市场的发展，以后双方可能还会有更多的合作机会。当然，为了避免合作伙伴单方面退出带来的损失,思科在行动之前都会列出6—8个相互独立的行动方案,以确保最后能够成功。

三、思科战略联盟的演化

基于拓展市场营销的伙伴关系。20世纪90年代,思科寻找市场营销和服务关系的伙伴与互补产品制造商组成联盟关系。这类企业主要包括日本电子行业、互联网和无线通信领域的主要企业(如NEC、日立、富士通和软银等)及IBM(思科主要的合作伙伴之一,1992年起开始销售思科的设备,同时将思科的产品与自己的产品结合起来,最终IBM放弃了制造自己的网络设备,成为销售大部分思科设备的中间商)。

基于产品制造的伙伴关系。思科与集线器制造商实现联盟的目标是让集线器生产商的产品与思科生产的路由器结合起来,其中最重要的公司是惠普。惠普一直是思科很重要的合作伙伴,早期是集线器,后期是ATM与局域网产品方面。

基于技术推广的伙伴关系。在交换技术市场寻找伙伴,思科采取的策略是以最低的成本将IOS软件广泛地给用户使用,以推动IOS软件成为一种行业标准。在早期,思科将IOS软件许可给Cascade和其他20家公司,帮助这些公司实现电话交换机上的路由功能。而后思科与MCI合作,大力发展无线电通信服务和制造业务;与NEC合作,发展ATM交换机技术;与Nortel联盟,进入以太局域网交换技术领域。

20世纪90年代后期,微软、英特尔和思科三大巨头结成网络多媒体链接联盟关系。钱伯斯原本不愿参加这个由潜在竞争者组成的联盟,但是当时微软和英特尔开始利用各自的软硬件产品进入低端的网络产品市场,因此思科在发展过程中不可避免地要与竞争者进行一些合作。然而,正如钱伯斯所料想的，冲突很快出现：三家公司的部分核心软件在功能上都有一定程度的重复，并且思科与英特尔在硬件网络产品方面有直接竞争。虽然思科与微软在多媒体安全及网络目录服务等领域进行了合作，但因为英特尔在结盟启动一年后就退出了联盟，联盟最终还是解体了。

基于客户整体解决方案的伙伴关系。思科与剑桥技术合伙公司、安永和毕马威等（毕马威帮助思科建立了内部互联网系统）咨询公司合作，为客户提供如何建立基于互联网的信息系统的咨询服务，建立了互联网商业解决方案团体。比如，为实现网络解决方案的增值，与AT&T结成联盟；为实现基于网络的大型企业应用，与PeopleSoft结盟。

可以看到在这个过程中，思科从制造单个产品逐渐过渡到集成技术和提供业务解决方案。在这个进化过程中，思科对于合作伙伴的要求和依赖程度也越来越高，合作伙伴提供的附加价值也越来越大。在这个过程中，合作伙伴可以不断提升盈利能力（思科也会确保这一点），因此，思科的市场之路才会越来越宽。

在2008财年，思科有超过80%的收入来自合作伙伴，这意味着合作伙伴为思科创造了将近320亿美元的收入。思科在全球雇用的销售人员超过15 000名，如果将其55 000家渠道合作伙伴的销售人员也包括在内的话，这个数字会增加到282 000名，几乎是思科自己销售人员数量的20倍。

四、合作伙伴的主要类型

思科的合作伙伴共有五种类型：补足品制造商，服务提供商（如AT&T，BT，Orange），系统和技术公司（如苹果公司，IBM等），咨询公司（如凯捷咨询，ACS，CSC等），战略咨询公司（如McKinsey & Company等）。公司的外围部分，对于思科业务的非核心部分，通过外包给合作伙伴，实现对市场变化的快速响应。

思科的销售合作伙伴非常重要,产品销售中80%的收入都是通过网络和分布在一百多个国家的渠道进行销售。思科的销售渠道主要包括直销(14%),服务提供商渠道(17%),经销商和二级经销商(15%),增值转销商、系统集成商(54%)。总之,思科86%的订单经由合作伙伴获得。企业在不同的发展阶段有不同的合作伙伴,在成熟阶段,合作伙伴会更多。

- 直销通路:主要是指设在各地的分公司,面向大型企业用户销售新产品。

- 一层式合作伙伴:指系统整合厂商,与思科有直接契约关系,销售思科推出的成熟产品。

- 两层式合作伙伴:指经销商和转销商。转销商向经销商购买思科产品,然后销售给客户,主要也是成熟产品,面向中小型企业用户。

思科的销售渠道随着企业的发展呈现明显的变化:最初主要依靠直销通路;20世纪90年代早期开始与一层式合作伙伴展开合作,以扩大销售渠道;随着网络设备产业的竞争日趋激烈,从1996年开始增加两层式合作伙伴,并将产品销售对象从全球前1 000强的公司扩展到前4 000强,且将产品销售触角延伸至中小企业用户。

在产品销售的渠道选择上,思科原先的做法是,新推出的产品采用直销方式来销售,大型路由器由一层式合作伙伴销售,较成熟且价格较低的产品由两层式合作伙伴销售。这种做法的问题是:不同时间销售的不同产品,如果不同销售渠道上存在价格差,便会对高价渠道产生冲击。为避免渠道冲突,思科在渠道间隔区分上不再采取产品差异化的做法,而是以客户规模为划分标准,同时采用差异性的折扣结构、认证制度来区分经销商。

思科在进入一个新的大市场之前会考虑寻找合作伙伴,因为合作伙伴可以使思科进入该市场所需花费的成本大大减少。在选择新市场的合作伙伴时,思科会优先关注潜在合作伙伴的市场份额和区域优势,但是也不完全依照已经拥有的市场份额来选择合作伙伴。比如,思科和苹果公司在手机领域合作之初,苹果公司在手机市场上的占优份额为零,但是思科看到了其产品的独特之处,因此最后决定选择与苹果公司进行合作。

五、销售合作伙伴评价机制的演变

给销售量大的合作伙伴提供较大的折扣是思科零售和配销过程中的老传统,这种方式使一些最大的合作伙伴使用它们的数量折扣购买大量的思科设备,在当时思科的 55 000 家合作伙伴中,最大的 10 家合作伙伴占到了思科全部业务的 10% 以上。但是这种方式带来的后果是,思科的合作伙伴倾向于通过走量的方式迅速销售设备,而不在意客户的售前和售后需求。这种做法与思科给客户以最大关注的价值观相冲突,因此在这种情形下,思科需要不时地介入以确保客户获得了其所需的价值。

到 2001 年,思科开始反思这种数量政策,认为数量并非思科划分合作伙伴的正确标准,思科理想的合作伙伴应该能够为客户真正提供价值,也就是说合作伙伴需具备为客户解决最大技术难题的能力,对垂直细分市场拥有独到见解,对客户关注,甚至还要雇用一定数量的经过认证的、受过特殊培训的员工。虽然这样的转变可能意味着思科往日的大型同盟公司要接受和以往不同的合作条款,从根本上改变游戏规则,但是思科决定必须这样做。思科只有打造一个鼓励正确价值观的竞争舞台,合作伙伴才能够将重点从争夺利润转移到为客户提供利益上来。

因此,思科需要重新确定如何回报"最佳合作伙伴",不再是通过以往的数量折扣,而是通过绩效回报。思科制订计划奖励那些为客户设计完整的"端到端"解决方案的公司,以及帮助思科赢得大客户或在新的垂直市场中站稳脚跟的公司。通过重新确立对合作伙伴的评价和激励模式,思科使合作伙伴能够与自己站在一起,为客户价值最大化而服务。

六、合作方的利益处理

思科的策略是以价值链为核心,通过共同的价值创新各取所长。在这一过程中,思科非常强调彼此之间的信任关系,通过共同治理框架、共同愿景、建设性对话机制和行为约束准则维系合作关系,作为战略合作,承诺彼此之间合作关系至少持续3—5年。一旦一方损坏另一方利益,合作关系就将结束。

思科可能会遇到与合作伙伴利益诉求差异比较大的情况,这个时候在合作之前思科会与合作伙伴一起列出需求清单,说明哪些是思科想要通过合作获得的,哪些是合作伙伴想要获得的,这样才能保证最后双方都可以达成目标。

在合作方利润分配的问题上,思科首先明确在与合作伙伴谈判之前,哪些利润可以放弃,并就此在公司内部达成共识。同时,合作的目标是共同把市场份额这张饼做大,只要新的市场份额可持续增长,思科在利润上可多做让步。在谈判过程中双方对此问题要不断沟通,如果对方认为利润分配不平等,那么合作关系就很容易被破坏。

有时,合作伙伴也会担心思科的进入会影响自身在市场中的地位,思科对此问题的解决办法是,在合作之前制定一个清单,了解对方想要什么,同时明确提出思科是如何打算的,以及思科能为合作伙伴提供怎样的价值。比如,思科有非常强的销售渠道,思科在交换机、路由器市场上占有非常大的份额,其他很多公司没有这样的技术或基础能让它们的产品进入这一市场。但思科仍然和这类企业在这一领域进行合作并让其获益,这样做的原因在于,思科希望利用自身的技术和市场优势为对方带来更多价值,希望和这些企业维系长期的合作关系。

总的来说,思科成功发展合作伙伴关系的要素是:

合作方式的变化要与市场和企业战略的变化保持一致。在个性化产品生成、技术专门化、集成技术、商务解决方案等各个环节,合作伙伴的发展要与思科的发展保持一致。因此,思科要寻找符合其商业模式的合作伙伴。当思科想要融入不同行业时,可以通过合作伙伴来实现产业转型和演变。

合作各方以价值链为核心,发挥各自的独特优势。思科与合作伙伴的合作关系以价值链为核心,当涉及核心新业务时,如果思科自己不能做,就会购买;而对于不是思科核心业务的部分,如果思科不擅长做,就会采取结盟策略。当时,思科已完成160家公司的并购,且有3万个合作伙伴。思科会依据行业情况进行并购与结盟策略的变化调整,并购是全盘控制,如果不需要强控制,思科就会与对方成为合作伙伴。

建立全面的信任关系。思科与其合作伙伴建立了无间的信任关系,而实现这点最主要的因素是两者如何合作创造价值。需要明确各自企业的目标是什么,并将之变成约束行为的准则,如果有一方窃取了对方的技术,那么彼此之间的关系很快就会结束。此外,思科与合作伙伴会共同进行员工培训,分享彼此的愿景,真正做到开诚布公;再建立良好的个人关系,使个人之间有深入的信任关系;之后,彼此有一个共同的治理框架,并设立建设性的对话机制。

为提高竞争优势建立联盟。思科认为战略联盟是一种策略,承诺彼此之间的合作关系至少持续 3—5 年（如果合作时间太短，便只是策略联盟，虽然可以获利，但是最终难以建立信任关系）。

与合作伙伴间的利润分配。与合作伙伴之间的利润分配问题也是思科所着重考虑的。思科在与合作伙伴谈判之前，先明确自身可以放弃哪些利润，在企业内部就此先达成共识。此时总裁的意见很重要，思科与合作伙伴会共同把市场份额这张饼做大，思科认为，只要新的市场份额可以持续增长，在利润层面就可以有更多让步。在谈判过程中需要不断沟通，因为一旦对方认为利润分配不平等，关系很容易被破坏。

战略联盟的成功因素及评估。思科认为，战略联盟成功的关键因素有五点：达成一致协议，理解行业定位，分配合理利润，管理模式清晰，以及量化绩效考评。同时采取下述指标来评估合作是否成功：信任、业务模式、行业评价、价值链所属地方需求、核心和外围能力建设、可扩展和可重复商业模式的优化、对人员培训的有效性等。

从以上可以看出，在思科与合作伙伴的合作中，"共赢新商道"是不变的主题，在社会不断发展、用户需求不断变化的今天，以共赢原则求得变通，才能最终为合作伙伴、终端用户和思科铺就共同成功的发展之路。

七、合作伙伴生态系统的建设

思科在进入市场的方式上会创造出一种架构，把所有的合作伙伴都囊括在里面，这样的框架也会为思科提供一个路线图，通过这个渠道路线图思科可以进行合作伙伴的角色分配。

思科增加合作伙伴的方式是分阶段的。很多合作伙伴并不一定是在这个环节中的最佳合作伙伴，但是思科会按照这种分阶段的方式来逐渐增加合作伙伴。

思科与合作伙伴的合作一定会取得每一个合作伙伴的承诺，这样思科就会给市场提供差异化的产品，并且创造出一定的市场高度，从而人们就愿意用思科的这些产品。

思科与合作伙伴的协作是前所未有的，思科将来自各个不同公司的CEO聚集在一起，共同创造一个10亿级别的应用。思科已经把合作伙伴提高到新的层次，与合作伙伴共同创造出一种竞争优势，推动产品的发展，创造出解决方案，并且这些解决方案正是客户们所寻找的。

思科并没有一个服务产品，但是却带来了10亿的需求，这让思科与合作伙伴都充满了热情去发展这一产品。思科还设计出一种合资结构，确保合作伙伴与思科的高度一致。合资结构能宣告思科对生态系统中的其他伙伴的承诺，同时还限制服务参与者之间的产品重叠情况，对客户做出更好的承诺，以及得出整合发展的持续性方法。

同时，思科还会创造出一种新的商业模式，让产品以一种前所未有的方式提供给其客户。比如在管理服务领域，思科与许多大型公司建立合作伙伴关系，这些大型公司提供全球服务，这样思科的产品就能与其组合在一起销售。

八、合作伙伴对思科价值链的影响

合作伙伴从三个方面影响着思科的价值链：一是拓展了思科的销售和服务渠道（拓展地理区域、提供集成化解决方案、垂直经验）；二是思科与合作伙伴在软件和硬件上相互支持；三是思科与合作伙伴在技术提供上相互支持。思科的上百个技术合作伙伴贡献技术专长，从而使得思科和合作伙伴能够聚合出新技术，并与思科技术形成互补。另外，在有些情形下，并购成本过高，而通过合作伙伴，思科便可以绕开并购从而快速进入壁垒高的市场。同时，思科的合作伙伴创造并提升了对现存和将要生成产品的需求（思科产品的14%是本公司直接销售，剩余的86%都是由合作伙伴预订的：54%通过一级经销商预订，15%通过二级经销商解决中小企业的需求，17%经过服务提供商）。

合作伙伴对于思科如此重要，思科也会采取一套措施确保合作关系能够成功。思科会在五个方面与合作伙伴进行确认：第一，收入标准。不管是思科本身的销售还是合作伙伴的销售，有时候双方的目标是扩大市场份额，而不是将利润作为核心考核目标。第二，合作关系不止专注于一个计划，而是与合作伙伴的一系列计划，循序渐进，这样才能确保成功。第三，项目由客户给思科做认可。第四，不同的商业模型如何协调。第五，合作双方的高管会建立一些标准，在每次回顾时就按照这些标准来打分。思科在不断的实践中总结出这五点需要确认的内容，如果做到这五点，往往合作就会有很高的成功率。而且这些细节都会在双方的合作合同中进行确认，从而给合作关系提供坚实的后盾。

九、小结

在高动态性的市场环境中，产业结构和格局经常发生变化，一个企业单打独斗，很难与强大的对手展开竞争。从内部能力看，每个企业都有自己独特的竞争优势，但是，如果难以在所有方面都具有领先的竞争优势，就需要通过战略联盟与合作伙伴一起构建产业生态系统，寻求共同发展的空间，这对企业来说，就是通过资源互补形成相对稳定和安全的生存发展环境，同时，给竞争对手带来进入的壁垒和障碍。

战略联盟与合作伙伴的关系管理是企业获取资源能力的重要组成部分。思科以其技术工程能力著称，但是，技术型企业的市场能力同样重要，技术发展速度如此之快，如果不能把技术产品快速市场化，就有可能在较短的时间内丧失市场机遇。因此，思科将80%的市场能力外包，通过合作伙伴，思科可以绕开并购，快速进入壁垒高的市场，或者通过合作伙伴，接触到自身无法接触到的客户，或者降低进入一个新市场的成本和风险。

寻求共赢是确保合作伙伴长期关系的基础。思科与合作伙伴有密切的相互依赖关系，形成了一套选择、管理和评价合作伙伴的方法，以确保关系的稳定和可靠。在这个过程中，思科以价值链为分析框架，合作伙伴在价值链上有各自的独特性，彼此之间有互补和依赖关系，相互需要是长期合作的基础。同时，共同治理框架、共享愿景、沟通对话机制、制定共同的行为准则，对合作伙伴之间建立信任关系也非常重要。要想维持稳定可靠的关系，收益的合理分配作为核心利益的重要组成部分也至关重要，思科以共同把饼做大为目标，明晰哪些利润是可以谈判的，确保合作关系对各方都有价值。

第七章

建立高适应性的企业文化

一、引言

文化由共同价值、理解、假设及目标构成，文化有很强的传承性，由前一代人传递下来，受当代人影响并传给后人由其继承。社会文化的差异存在于国家或地区之间，组织文化的差异存在于不同的组织、公司、机构或团体之间。组织文化反映了组织成员的期望、行为规范和共同目标。组织文化受国家文化价值的影响并随之改变，也会受到社会文化的影响。文化对管理有很强的影响，有人认为，文化的影响在个人层面的显著性要高于在组织层面，这是一种同化的结果。同化指个人的管理方式不断向其他个体的管理方式靠近。当我们试图将自己的价值观体系强加到其他社会时，文化对管理方式的影响将非常显著。世界上许多人理解他人，以及与他人交流的方式总是基于自己的文化背景，这种倾向被称为"自我认可准则"。全球领导力与组织行为有效性（Global Leadership and Organizational Behavior Effectiveness，GLOBE）项目研究团队将近年关于文化维度的研究进行了归纳，定义了九种文化维度。这九种文化维度能够有效区分不同的社会文化特征，并具有重要的管理意义，它们分别是：自信度、未来导向、业绩导向、人性导向、性别差异、规避不确定性、权力范围、集体主义与个人主义、群体主义。Hofstede 教授的著名研究提出了衡量文化特征的四个价值维度：权力范围、不确定性规避、个人主义倾向、"刚毅化"的价值观。权力范围指在某一社会中人们对于权力不平等分配的可接受程度；不确定性规避指人们能够接受的环境不确定性的程度；个人主义倾向指人们考虑个人、小团体利益与社会广泛利益的程度；"刚毅化"的价值观是一种基于传统观点的、自信、物质主义及缺乏对他人关注的观念在社会中占据主流的价值形态。

在思科看来，企业文化是领导人不在现场时的行为准则，文化的形成由领导人的人生阅历铸就，是最高领导人个人行为的投射，体现了领导人的行为方式和价值观。领导人在价值观和行为准则上的差异，铸就了企业文化的差异性。比如，甲骨文公司的企业文化是鲨鱼文化，而思科则注重和强调团队精神。

二、文化体系中的核心价值观

思科的企业文化中有 12 项核心价值观：客户成功，高素质团队，授权，延伸目标，市场转型，团队合作，开放式沟通，没有技术崇拜，信任、公平、正直，文化，乐在其中，节俭。钱伯斯多次在报告中强调，领导人需要与员工建立信任关系，要尊重他人，领导人出现失误后一定要找机会做自我批评。思科的平等文化体现在公司的日常事务当中，例如领导人和员工拥有一样大的办公室、一样的停车位；关于出差交通费用的报销，公司仅支付普通舱的费用，头等舱费用需要自己支付等。思科亚太区的一位总裁曾谈及自己舍弃原来公司良好的条件而选择思科时就特别提到，自己的办公室与钱伯斯的一样大，这一现象也说明了思科的平等文化的影响力。

与钱伯斯现场交流

客户成功。钱伯斯说："思科没有技术崇拜，倾听客户是最重要的，让客户引导企业的战略发展，客户可能比思科知道得更多。"他非常重视客户的建议和抱怨，把自己 55% 的时间用于与客户打交道，每天要与其 15 个关键客户保持电话联系，发现问题后及时处理。在上任的头 10 年内，他联系过的客户数量高达 1 万名，参加过 200 余次大规模的会面。[①] 实际上，思科历届领导人都把客户的需求和利益放在最高的战略地位，并将其视为思科企业文化中最重要的使命和首要价值观。思科相信只有帮助客户成功，企业才能成功。思科从 180 亿美元发展到 530 亿美元，一直按照客户的需求寻找成长空间。1993 年，使用思科路由器的波音公司告诉思科，它们将从 Crescendo 公司订购转换器，停止购买思科的路由器，因为思科当时没有这个产品。为了满足客户的这个需求，思科收购了 Crescendo 公司，后来这个产品成为思科最成功的业务之一。又如，思科在为保险公司

---

① 杨光，杨欣. 思科凭什么超越微软之网络文化篇 [J]. 中外管理，2000，(7).

提供技术产品时，客户曾抱怨软件安装太复杂，希望思科成为顾问；在客户需求的驱使下，思科购买了相关的软件公司。2001年，客户抱怨服务器产品质量不太好，这对思科震动很大。钱伯斯表示，公司要改变自己的文化，为客户改善产品质量。思科的文化是通过倾听客户的声音，将一个个客户需求、一个个产品逐渐整合到整个系统中。

为了使公司上下对客户的重要性达成共识，思科将客户满意度和员工奖金直接挂钩：如果客户满意度得分很高，那么员工将收获一份可观的奖金；但如果得分较低，那么公司会毫不留情地从员工奖金中扣除一大部分。

思科采用两个措施来提升客户满意度：一是开放论坛，二是案例库。开放论坛的职能是帮助客户解决复杂的技术问题。论坛在回答客户问题时分如下几个步骤：首先是对问题进行解析，得出关键词之后在"客户在线服务问题与答案库"中搜索答案；在搜索结束之后，系统会根据以往的经验提供系列解决方案，并根据与关键词的匹配程度按照权重给客户提供答案。如果搜索结束后，系统不能返回相关答案或答案不能满足客户要求，客户可以换一种方式重新表达问题，或通过单击"Send to Forum"按钮将问题发送给思科的专业人员。如果他们还不能提出令客户满意的答案，系统就会在思科技术服务中心的案例库中新建一个以客户命名的案例，并由资深客户服务专家负责解答。这些专家见多识广、经验丰富，他们可以当场解答问题或者进行适当试验后再回答，抑或请其他部门协助解决。在客户将问题提交至开放论坛的同时，公司会给客户发电子邮件提示他们阅读相关答案；在客户接受答案之后，这个问题及其答案会被添加到客户在线服务系统的数据库中，以后其他客户再出现类似问题就可以通过检索数据库的方式来解决。[①]

[①] 陈支农.一网深情为顾客——思科公司服务文化的内涵[J].中外企业文化，2005,（6）.

以客户为核心的文化还体现在对经销商的激励机制上。传统的激励机制是根据经销商销售的数量，而不是根据其为客户创造的价值来决定提成，这种激励机制无法鼓励经销商为客户提供更多的增值服务，创造更多的新知识。为了解决这一问题，思科减少了以"量"来决定提成的做法，鼓励经销商通过改善服务品质和增加附加值来帮助客户取得成功。

高素质团队。钱伯斯认为："一支强大的、高素质的员工团队将帮助思科始终保持业界的领导地位，并使思科成为世界上最佳的工作场所。"一个企业成功的根本因素在于高素质员工的共同努力和贡献。为了打造高素质团队，首先要对新进员工严格把关，然后要求所有员工坚持遵守组织利益高于个人利益的原则。领导力不能局限在一部分人的圈子里，组织应该尽力培养未来的领导者。这种个人领导力能赋予员工发展的空间，使企业吸引高素质的候选人。一旦发现适合的机会，企业将重点培养、起用高潜质的员工，使其发展成为适应未来变革的领导者。当然，企业也会毫不犹豫地解聘不适合的人，例如，缺乏团队合作精神的高级管理人员，不管拥有多么卓越的才华，都会被要求离开。

授权。很多企业通常由最高层掌握多数决策权，在思科，不同业务部门管理人员都有一定的企业家意识，享有一定决策权。钱伯斯不仅让其他管理人员承担大量责任，而且让思科员工有机会感受到他们真的是在做一些与众不同的工作。优秀人才通过得到授权，得到领导的高度重视并且拥有了施展才华的空间，这会极大地激励他们的创造性、敬业度和进取精神。在这样一个体系下，各部门的高级管理层紧密结合，形成一个有凝聚力的整体，为实现公司的战略目标而共同努力。

延伸目标。延伸目标指的是鼓励员工做到别人认为不可能做到的事情，不断突破自身极限。钱伯斯希望员工能为实现目标尽可能地寻找解决办法，拓展和超越自身能力，这能有效激励员工为实现目标采用与众不同的新方法，刺激工作团队不断进步，达到更高的专业水平。但是钱伯斯并没有要求所有员工必须达到这样的目标，只是要求大家尽力去做；因为即使最终没有达到延伸目标，员工的积极性也被调动了起来，他们的努力程度明显提高，从而推动公司绩效不断攀升。

市场转型。互联网是高速变化的行业之一，产品和服务更新的速度日新月异。思科意识到，互联网经济是前所未有的新产业和新环境，没有前例，也没有相似的模式可作参照。因此，公司必须不断迎接挑战、拥抱变化、推进转型。钱伯斯上任后，思科进行了七次大的转型，这些转型成功的基础是敏锐的市场观察和有效的决断能力。思科的长期目标是成为历史上最强大和最有影响力的公司，因此公司在朝目标前进的过程中，能够经受各种各样的变化所带来的挑战，抓住市场转型的机遇，掌握市场发展的趋势。钱伯斯说，思科在这34年中成功转型的关键是"能倾听客户的心声并且拥有一种健康的偏执狂心态，这是使我们实现业绩增长的关键原因"。

团队合作。思科高层认识到单个人的力量是有限的，在当今社会，只有依靠团队精神和通力合作才能取得成功。面对社会分工的日益细化、技术和管理的日益复杂化，个人的力量和智慧显得微不足道，即使是天才，也需要他人的协助。但是，这种合作必须以相关各方都能获益为基础。团队合作是思科员工完成任务的主要方式，公司根据客户满意度对员工进行奖励，这是鼓励团队合作精神的一种体现。因为奖金是基于客户满意度而设定的，任何一个员工都会注意提高客户满意度。另外，思科还设立了CAP奖，用来嘉奖完成杰出任务的个人或团队。一个做出杰出贡献的思科员工，可以由其他员工、客户或供应商提名，在得到经理审核同意后，于48小时内就可得到这项荣誉及现金奖励。

开放式沟通。开放的沟通渠道是保持所有人团结一心的有效方法。钱伯斯希望和他接触的每个人都能直截了当地告诉他思科的现状和问题。他常常会问:"我们怎样才能做得更好?"为了及时把握公司的变动情况,他会定期出现在员工面前,与员工进行坦率交谈,鼓励他们提出各种与工作有关的问题。因此,员工拥有很多机会,将他们发现的机遇或遇到的问题报告给老板。此外,钱伯斯每周与公司副总裁共进午餐,进行一对一的沟通。不仅公司内部有着良好的开放式沟通氛围,而且这种习惯也体现在公司与客户的关系之中,它直接影响着公司预测市场转型的能力。

没有技术崇拜。在思科成功的因素中,技术是很重要的一点,但是技术不能成为企业的主宰,因为这样容易看不到市场的变化、偏离市场。这一原则的确定不仅与钱伯斯本身是销售而非技术人才的出身有关,而且也是因为他曾目睹王安公司对技术的狂热追求而导致的败局。他曾说:"我们还拥有一种在技术上保持不可知态度的文化,无论我们怎么想或者市场怎么说,我们要创造和提供客户所需要的任何东西。"

信任、公平、正直。信任是给员工机会去创造企业的价值和利益,这是企业文化中每个员工都认同的一种观念和制度。好的企业文化能最大限度地调动员工的能量和责任感。① 公平体现在公司内外所有场合,比如在公司内部,钱伯斯的办公室与任何一位分析师一样大;在与客户交往的过程中,员工也应时刻保持着平等和尊重的态度。正直指的是在财务方面采用诚实和保守的策略,真正做到一清二楚,不能出现违反职业道德的问题。

文化。思科的文化核心是对环境和竞争挑战的高适应性,按照钱伯斯

---

① 沈晓黎. 思科企业文化是高速列车的动力[J]. 物资流通研究, 2000, (7).

的看法，思科的竞争优势之一是有一个接受变革的企业文化。在过去三十多年的时间里，思科的技术和产品体系从路由器、交换机、数据包、移动、虚拟化、视频、智能电网、互联网行业向万物互联转型。在这个过程中，思科随着技术的发展不断改变自身，经历五代竞争对手，绝不停下自我创新的脚步。

思科的首席文化官 Ricci 先生在总结思科的核心能力时提出了三个要素：流程、文化和技术。在竞争激烈的行业中如何既保持小企业的灵活性，又具备大企业的规模优势，在文化上具有兼容性？在思科看来，文化是从人的行为中反映出来的，真实的文化是领导人不在时员工的自觉行为。文化决定了组织的运行效率和运行结果，决定了组织的适应性。很多大企业变革的速度慢主要是由于：人们不清楚自己要为哪些决策负责、所有决策都不是最终的决策、决策时难以获得有用的信息、不能准确客观地评价团队员工的工作质量。为了解决这些问题，思科在自上而下的领导体系中，要求上级非常明确地对下属说明：（1）团队由谁负责制定决策；（2）决策是如何制定出来的；（3）词语清晰，避免含糊不清；（4）创建共同语言体系；（5）快速并整体达成共识。在自下而上的沟通中，上司要让下属明晰自身的决策风格。思科根据领导人的思考方式和沟通方式，将决策风格划分为四种类型：概念型（喜欢想法和创意）和分析型（喜欢事实和数据）；演绎型（从答案和结论出发）和归纳型（关注分析过程）。在沟通方式上有外向型（听取大家的意见）和内向型（独立思考）；线性讲述者（按部就班）和非线性讲述者（注重讲述过程）。思科通过将决策人和决策过程的透明化、决策中的话语体系的一致化、在行动之前让员工清晰地理解公司的战略、实施的细节和成功的里程碑，通过提升组织的沟通效率，来确保思科的高适应性。

乐在其中。 从繁重的工作中发现乐趣,学会享受,爱上工作,享受生活。

节俭。 思科一直强调节俭的美德,并且从上到下身体力行。钱伯斯会多花半小时将车停在长期停车场,而不是就近的临时停车位,为的是公司在报销停车费时,可以省下一天两块钱的费用。思科的每位员工在月初查看邮件时,都会收到系统自动生成的一封信,上面写道:"您上个月的电话费是××,您目前在公司的排名是××。"它提示员工应该节约电话费了,在这样的邮件下面通常有个链接,告诉员工应该如何减少电话费。思科所有的电脑都来自同一个品牌,因为集中采购有助于降低单个产品的成本,而且使用同一个标准配置来完成电脑的安装,节约了维修的成本。为了节约纸张,公司规定打印纸要用双面打印。员工出差的时候,从上到下的标准都是经济舱,如果要升舱,需要自己掏钱。[1]

也许思科的全员期权方案能在一定程度上解释员工视公司为家的现象。在思科,全员享有期权,40%的期权在普通员工手中,一个普通员工只要工作满12个月,就能获得平均3万美元的股权收益。公司成本越低,员工的收益就越高,所以每个人自然愿意发挥主动性,为公司节省下分毫,杜绝任何浪费。

三、建立创新性文化

文化在创新方面的作用最为重要。企业的文化很难用语言去描述,但却时时刻刻指导着员工的行为。思科非常重视创新文化的建设,例如,在研发团队,每个季度有一个"创新日"。在这一天内,员工不用做日常

---

[1] 思科(Cisco)评论 http://www.fenzhi.com/gsr3277.html 2011-3-31。

的工作,而是回到办公室思考自己对产品有什么好的想法,流程有什么问题,或进行市场调研,等等。曾经的一个创新日中,中国团队和美国团队一共提出了500多个想法。然后,思科从这500多个想法里面评选出了10个最好的想法,并将其融入平时的工作中,而提出这10个最好想法的员工会得到奖励。

创新文化的形成并不是一蹴而就,而是逐步培养起来的。这里面涉及几个要素:一是流程和结构。有些公司的创新就是昙花一现,只有一两次,不可持续,因为它们缺乏一个合理的流程和结构,而这一点对大企业尤为重要。二是明确自身的核心技术和竞争力。在创新之前需要明确企业的核心竞争力、核心技术是什么。比如,让思科开辟一个业务来做电动汽车是不可行的,因为这不是思科的核心技术,不能利用思科最有优势的网络。在创新过程中,如果不明确自己的核心技术、核心竞争力是什么,就会盲目创新。三是对创新结果的评估。创新涉及资金、人员的投入,企业需要时时评估这个创新项目有没有达到用户的需求。用户需求会随时间变化而变化,因此评估也要持续进行。很多企业在创新时,一旦有了想法,就埋头去做,但很有可能在产品做出来之后,市场的需求就变了,创新就以失败告终,因此评估需要一直跟踪市场和客户。四是对创新行为的奖励和表彰。思科中国团队在奖励和表彰方面做得更好,中国的表彰分为精神上的和物质上的奖励。由于文化的关系,美国团队在精神奖励方面做得不太好,只提供现金、股票等物质奖励。一般来说,思科不会对创新探索采取惩罚来进行打压,在创新失败时,感受到压力的是高层,因为这说明高层决策失误。

四、用文化塑造持久竞争力

文化与其他要素的和谐与配合。企业可持续的竞争优势并非只由文化这个单一的要素构成，在思科看来，可持续的竞争优势主要来自三个支柱：技术、流程和文化。文化只有在与企业战略流程和技术相配合的情况下，才能给企业带来持久竞争优势，同时使企业文化的价值最大化。

企业文化的和谐会让员工有家的感觉，他们会更具有敬业精神，愿意为企业付出更多时间和精力，更愿意接受富有挑战性的工作。就像父母和子女的关系一样，受人尊敬的父母会创造一个和谐的家庭环境和氛围，子女也愿意为父母和家庭付出更多，做更多的事情而毫无怨言。

信息技术应用与文化的融合。思科本身是一个高科技企业，很多技术应用是先从思科内部开始的，企业使用之后发现很有价值，再将其变成产品向客户推荐。在这个过程中，思科力求实现技术与文化的融合，并通过两者的结合来创造企业的竞争力。以下是思科将信息技术用于对销售人员进行培养的例子。

对高科技企业的工程技术人员和销售人员来说，最重要的能力是及早发现周围环境和客户的变化，弄清楚应该向客户推销什么样的产品。思科不断地对销售人员进行培训，更新他们在技术和产品方面的知识。一开始，员工想到用技术手段来完成对销售人员的及时培训，于是他们尝试将新技术和新产品的培训信息刻在光盘中发给每个销售人员，让他们回家用一个小时左右的时间进行学习。结果发现，这种做法并不奏效，销售人员的业绩都降低了，分析其中的原因是技术的应用与企业文化没有很好地融合在一起。这里面的问题是：第一，销售人员并不需要了解技术方面的所有细节，他们只需要了解自己要卖的产品信息就可以了；第二，销售人员回家之后，要陪伴家里人，人也很疲劳，很难抽出整整一个小时去专心学习。考虑到上述两个因素之后，思科将培训课程转换为互联网视频课件，根据销售人员的不同需求对课程进行定制，他们只需要上网7—8分钟就可以快速了解新技术和新产品的核心内容。实践证明，新方法提高了思科销售人员的工作效率和学习速度。

从这个事例中思科体会到，对于高科技企业的管理，一定要把技术应用的方法与公司的文化融合起来，企业管理层只有在深刻理解技术应用与文化之间的关系之后，才能创造性地应用技术解决管理问题，才能实现与竞争对手的差异化，并在市场竞争中取得成功。

五、通过文化塑造高适应性企业

思科作为一个全球性企业，在世界各国要适应不同的社会、政治、经济和文化环境，环境的动态变化和复杂性要求企业具有很好的适应性和学习能力。企业适应性主要表现在能够根据消费群体和市场的变化迅速调整自己的决策和行动，进而抓住市场发展的新机遇。企业并不是固守已有的战略，而是通过对外部环境和市场的快速学习，调整自己的商业目标和策略。对信息技术企业来说，高适应性更加重要。适应性差的企业通常会表现出三个主要特征：第一，企业效率低下，组织冗余，浪费严重。第二，企业经常做出错误的决策。由于自上而下、自下而上、平行部门及跨地区的信息交流不畅，存在大量信息孤岛，使制定决策的人没能及时掌握准确和必要的信息，从而做出错误或者延误的判断，未能及时优化企业的决策和运营体系，企业的行动和资源配置出现问题。第三，执行力不强或行动延迟。由于企业未能达成共识，信息传播不及时，流程和运营体系的设计出现瓶颈，导致企业行动迟缓、反应慢。

在思科首席文化官 Ricci 先生看来，要打造高适应性的企业文化并不是一件容易的事情，比如宝洁公司的佳洁士在美国的牙膏市场份额一直是第一位的，高露洁花了45年才找到打败佳洁士的战略。而信息技术的发展速度非常快，在激烈的竞争中，技术型企业不可能有这么长的时间去打败对手。企业必须学会在短跑中超越，这就对文化提出了更高的要求。

企业通常会寻找一两个战略来增强企业的适应性，思科采用的一个战略就是追求卓越运营，扩大销售规模，把产品的销售渠道覆盖到全球，建立一个全球品牌。在这种情形下，有些大企业可能会选择其他的战略，比如增强创新，分散决策机制，把重点放在创新速度和创新成果的市场化效率上，这类企业需要更加年轻并富有动力和激情的员工。卓越运营和创新哪一个对企业更有效？一些研究结果表明，卓越运营的企业通常会在长期内超越创新型企业。

诚然，同时采取两个战略的企业更有可能成功，但大多数企业为什么不得不在创新和卓越运营中选择其一，而不是双轮并举呢？这是因为这两种战略背后的企业文化是不相同的，卓越运营的大企业通常具有规模和效率优势，但对路径的依赖和对效率的追求可能使它们缺乏灵活性和快速反应能力，而这恰恰是小企业所具备的优势。因此，对于思科来说，要在高科技行业进行快速竞争，就需要发展和建立小企业所具备的灵活性和快速反应能力，为了达到这个目标，思科需要经历文化的创新和转型。

六、建立高适应性企业文化的五个杠杆

在2000年之前，思科的内部竞争非常激烈，不同的团队相互竞争以赢得更多客户，有时不同的团队用同样的产品以不同的价格卖给不同的人，提供不同的服务。这样的内部竞争不仅浪费很多资源，也迫使思科把重点

放在解决内部纠纷而不是关注客户满意度上。在这种情况下，钱伯斯决定改变思科的文化，从关注内部竞争的文化转变为共享目标的文化——文化的转型能让企业各方面团结起来，围绕同一个目的和使命工作。

在经历了几次组织变革和战略转型之后，思科也经历了文化变革和创新之路，努力实现从竞争性文化向共同目标文化的转型。内部竞争性文化在决策、领导力、资源配置和责任层面的特征是企业透明度低，员工被动参与，以事业部为单位纵向调整，以及孤军奋战。而共同目标文化的核心是企业透明度较高，提供真实、可靠的信息，通过组合管理和群策群力增强执行力，以及跨部门协作。在文化转型和创新的过程中，领导人发挥着关键作用，要通过资源配置、绩效考核和责任安排实现文化转型的目标。

文化转型是一件非常困难的事情，因此，思科首先要明确哪些杠杆可以有效地推动文化转型。根据思科的经验，建立高适应性企业，有五个杠杆对文化转型是至关重要的：透明的决策过程、创建组织的共同语言、领导层真诚可信、横向配置企业资源、建立明晰的问责制。

透明的决策过程。第一个杠杆是设计合理的决策制定过程，这个过程的关键是将不公开的决策过程变成透明的。透明的决策过程确保企业在三个方面比竞争对手行动迅速：一是企业内部人员明确决策是怎样做出来的，大家不会花时间在私底下猜测和传播流言蜚语，提高了组织沟通的效率；二是透明的决策过程让团队所有成员明晰自己的位置和责任，大家有了共享的问责制体制，可以提高执行的效率；三是透明的决策过程充分考虑各方面意见，对行动中可能遇到的问题和障碍有了预设的方案和思路，也会增加企业行动的效率。如果这三个条件同时具备，团队就会更有适应性、弹性和灵活性，不会把大量好奇心用来推测决策过程和猜测决策成员的看法，因为这样会有很多不真实的信息和想法在组织中弥漫，以上几个过程都会放缓速度，因此，决策必须要透明。

创建组织的共同语言。第二个杠杆是创建组织的统一语言。在决策过程中可能出现的另一个问题是，人们之间的误解往往是源于对一些概念和问题的理解不一致，使得企业达成共识的难度加大。作为一个全球性企业，如果大家不能清晰地描述出总部的核心战略，就更不可能快速灵活地执行这一战略。为了解决这个问题，思科的做法是创造一个共同的词汇表和框架，规范大家对重要概念的理解和做决策的过程。例如，每个团队在报告时，都采用愿景、战略、执行、测量这个统一模板，在统一的词汇表和框架内根据各自专业进行表达，这种统一的表述体系对确保决策过程的一致性起到了规范的作用。通过了解企业的原则、规则程序和词汇，团队决策和达成共识的效率可以大大提高。

领导层真诚可信。第三个杠杆是领导层要有明确的价值观，领导人可能会是消极或者积极的，其中消极的做法是当面一套背后一套，不能真实地表达自己。思科认为，领导必须要展示两种特质：一是言行一致，具体表现就是说到做到，它是创造出人与人之间真诚信任关系的重要因素；二是企业内部产生不同意见时，对事、对观点但不对人。当领导与员工持有不同意见时，员工会担心因为与领导的观点不同而产生个人恩怨，只有明确大家只是就不同观点各抒己见，人们才会畅所欲言。

横向配置企业资源。文化转型的第四个杠杆是明确企业资源配置的原则，很多企业以利润为中心来组织考核和业绩评估，例如跨越不同业务、产品、地区和客户，这种方式强调垂直整合，重视在孤岛层面进行投资和发展。思科则从横向角度进行企业投资和资源布局，这样一来，企业的支出会形成多种投资组合方式。比如，思科每年的研发费用为60亿美元左右，其中70%进入核心产品的开发，20%进入延伸产品和创新产品的开发，10%用于网络安全产品的创新。思科对此非常透明，它从横向去看待业务未来的方向，而不仅仅是考虑今天或明天的利润。思科要确保它的投资是对未来的投资，通过横向组合对未来发展做出整体布局，从而为公司创造可持续的优势。

建立明晰的问责制。最后一个杠杆是问责制，要让员工相信有足够的激励机制及对决策后果的问责制。在有些企业中，内部责任是各自担当的，彼此之间类似于孤岛，部分企业在孤岛内部还有自己的激励机制来强化孤岛，这进一步弱化了企业团队之间和部门之间的协作机制。思科认为，责任制应该是整体性的，在制度设计时应该以整体利益最优为出发点，并且从决策开始之时就要明确问责制。

七、促使文化落地的原则

领导向团队介绍自己的决策风格。领导要明确告诉团队成员自己做决策所偏好的风格，以及决策是如何做出来的。不同的领导可能有不同的决策方式，有些偏好概念型，需要他人提供想法和思路，比如钱伯斯就是参照他人的想法来做决策。还有一些领导是分析型的，他们做决策依据的是数据和事实，因此，决策支持团队需要准备好大量数据和资料。假如团队成员不清楚领导怎么做决策，获取信息和进行分析的方法是什么，决策的步伐就会变慢。另外，高层还要让团队成员清楚决策的过程、程序和原则，这样一来，团队成员在参与决策过程或向领导汇报时，会根据领导的决策风格和方式进行相应的调整，选择有效的沟通和配合方式，以确保决策渠道的通畅性和效率。

对成功有透明的衡量标准。促使文化落地的第二点是衡量成功的标准必须透明化。思科内部有6个流程标准，分别对应增长、盈利能力/效率、上市时间/创新、客户体验、合作伙伴体验和员工体验等大指标。在这些大指标下面，还有29个关键绩效指标（KPI），在思科工作的任何人，无论在哪个部分、负责哪个业务部门的工作，都可以通过这6个大指标和29个关键绩效指标衡量自己的工作。通过公开这些指标，公司向员工清晰地展现了团队成功应该达到的标准，员工们清楚了成功的定义之后，他们就有了奋斗的目标，就会更加积极地参与工作，同时了解通过自己的努力可以获得的成长和回报。

建立共同目标文化。如果企业有共同的目标和文化，企业的发展速度、适应性和灵活性就可以得到提升。而在企业内部唯一能够创造这个环境的人就是最高领导，其他人无法办到，企业内部往往都是上行下效的。企业领导的才能定义了企业的文化，并且他们是推动企业文化最重要的人物。

八、小结

企业一把手对文化塑造起着关键作用。在思科看来，文化的建立基于领导人成功和失败的经历，领导人在目睹企业兴亡的历程之后，深刻体会到一个企业要可持续发展，必须具备哪些重要品格。钱伯斯本人正是在经历了王安公司破产的惨痛经历之后，意识到技术企业不能仅仅以技术为本，而一定要以客户为本，追寻客户的需求，拓展企业的发展方向。客户而不是技术的引领，一定会给企业以生存的机会和空间，因此，思科以客户需求为导向的行为准则和激励机制，深深嵌入企业各层级的思维和行为中，成为员工自觉遵循的一项铁律。同时，企业领导人在面对压力和失败时能够带领企业走出困境，创造奇迹，在质疑中发展，在压力和抗拒中推

第七章　建立高适应性的企业文化

动转型，坚守企业愿景与战略，耐心执着，坚忍不拔，积极进取，对塑造企业的文化基因至关重要。

思科建立高适应性文化是要明确企业与外部环境互动的基本原则和方法。对于高科技企业来说，市场转型和技术创新对企业响应市场变化的速度提出了越来越高的要求。高适应性企业要密切关注市场环境中各个利益相关要素、产品和市场结构、政治经济关系、人的行为和技术功能的变化，建立一种灵活、高效、学习和持续变革型的组织来响应各种变化。为了打造高适应性组织，思科着力提高决策体系和沟通过程的透明度，也就是说，核心是解决人的问题。透明的决策过程可以让员工避免各种猜疑和道听途说，让各种意见有机会得到充分表达。而共同语言尽量避免基本概念的界定出现偏差，降低沟通的效率。领导人要向员工交代自己的决策风格，言行一致，直言不讳，都会减少沟通中不必要的误解和麻烦，提高上下级达成共识的效率，从而提高组织的执行力和对外部环境的响应速度。

当今世界信息技术的发展速度已经超越了业务的发展速度，如果将技术变革与业务变革结合起来，就会带来商业模式和管理上的创新。对企业的挑战是，我们将以什么样的速度实现新技术与业务的变革与融合，在多大程度上实现新技术与业务的融合。通常情况下，人们对自己所不熟知的技术和业务会产生距离感和恐惧感，对新技术的第一反应可能是质疑、排斥甚至拒绝，越是传统、主流、成功的企业，对新技术带来的机会越不重视；而边缘、年轻、挣扎的企业，则有可能把新技术视为新的商机。因此，对于老企业和领先企业来说，如何让技术所带来的变革和创新发生得更快一些，需要文化建设来助推这一过程。为了加速高适应性文化的建设，企业需要对外部的变化充满好奇心、开放性和探索精神，让有探索精神、敢冒风险、尝试新事物的人得到机会；对前瞻性的技术进行系统持续的投资和支持，通过适度组合投资降低技术和市场风险；通过集思广益，整合内外部信息和资源，得到新的思路和方法，使成熟的企业仍然保持创业企业的心态也是文化建设中的重要内容。

第八章

公司治理与风险管理

一、引言

公司治理是指公司的指导和控制系统,它通过公司不同利益群体的权利和责任治理结构与协调机制,来平衡内部相关利益者(董事会、投资方、执行层和员工等)和外部相关利益者(股东、债权人、贸易债权人、供应商、客户和社区等)的关系。公司治理制定了企业决策的原则和程序,指导企业为了达成目标,如何平衡社会、法律、市场和环境等多种因素的关系;同时,公司治理也是监控企业行动、政策和决策的机制。近年来,由于一些大企业出现了财务造假、诚信危机等问题,公司治理更加关注合规经营的问题,各国政府也相继出台很多法律法规,对企业高层的治理行为提出更高的要求。根据卡德伯利报告(Cadbury Report,1992)、经合组织公司治理原则(OECD,1998,2004)和萨班斯法案(Sarbanes-Oxley Act,2002),公司治理原则主要包括股东的权利和公平待遇、其他利益相关者的权益、董事会的作用和职责、诚实守信和道德行为、信息披露和透明度五个方面。

企业的风险管理体系是指为了达到企业的发展目标所制定的评估及管理风险、抓住机会的方法与流程,同时,该体系也是内部管控、萨班斯法案与战略规划的集成概念,通过对风险和机遇预见,提前制定预案,确保企业的安全发展。在国内外有多种企业风险管控框架,每一种都展示企业识别、分析、响应、监控内外部风险和机遇的方法与途径,同时制定风险响应战略,包括风险规避、风险降低、可选择行动、风险共担和风险接纳等。一般来说,企业要应对的风险主要包括突发风险、财务风险、运营风险、道德风险和战略风险。风险监控是内部控制活动的一部分,包括管理委员会的分析报告评价、了解风险响应战略的执行情况和目标达成情况。风险管理的流程包括风险产生的背景分析、风险识别、风险的分析和量化、集成性风险发生的可能性评估(风险之间的相关效应、组合效应和连锁效应)、风险评估和风险优先度排序、风险处理和风险利用、风险监控和应对评价。

二、公司治理结构及风控体系

思科的目标是使思科具备业内一流的治理、风险管理与控制机制,建立效率高、效果好、合乎道德准则的治理、风险管理与控制流程,以优化股东的价值。思科从五个方面着手改善其风险管理和控制能力:不断改善公司的运营能力,确保培养自己的人员,加强受托责任,推动风险管理的认知,以及促进道德文化。在每一个维度下面都有执行战略和对执行情况的评价标准。

从公司治理政策上来说,思科明确了各个管控部门的职责:(1)董事会制定清晰明确的治理政策;(2)董事会委员会章程明确设定了各项职责;(3)制定了明确的商业行为准则,由道德规范办公室监督,每年由员工进行确认;(4)设立道德规范办公室热线、审计委员会电子邮件域名和审计委员会信箱,以便匿名投诉;(5)道德准则适用于CEO和财务部门所有成员，包括首席财务官和首席会计官；（6）实行内部审计，以便监控财务流程和内部管控，并直接向董事会审计委员会报告；（7）由 CEO 和 CFO 签署美国证券交易委员会认证书；（8）针对薪酬、股权、股票交易制定具体的准则和规范。

作为一个全球性企业，思科在一百多个国家有业务，而且是不断扩大的离岸业务，市场环境、竞争环境和社会政治法律的监管越来越复杂，同时，还要保证在一百多个国家高效顺畅地运营。作为一个高科技企业，思科每年要进行 6—10 个收购，与此同时，还要持续地关注创新、投资创新，风险管控和审计对企业的健康发展至关重要。审计和风险管控好像是给高速行驶的赛车装了一个刹车，安装刹车的目的并不是让赛车停车，而是为了让它开得更快更安全。如果企业有了正确的、行之有效的流程进行治理，并进行风险管控，就可以规避很多不必要的风险和陷阱，充分利用各种商业机会。

董事会。思科的董事会由董事长、独立董事和 12 位成员构成。董事长及 CEO 是钱伯斯，12 位成员中，80% 的成员都具有独立身份。独立董事的选取要经过提名委员会或咨询公司的独立调查。提名独立董事时考虑他们能把不同的背景和知识带到公司，名单确定后提交给股东会批准。现有董事会成员包括斯坦福大学校长 Hennessy 博士和雅虎前 CEO Bartz 先生。董事会成员是因为受到尊敬才受邀加入的，因此是一种社会荣誉，要为企业的大政方针承担职责。董事会每年召开 5 次会议，多数到场才能开会。核心议题是对企业的总体把控，为重大决策把关并控制风险，以确保企业投资成功。

委员会制度。董事会下设 5 个委员会：审计委员会（审计委员会成员没有薪酬，必须独立）、薪酬和发展委员会、提名与管理委员会（上述三个委员会成员都有独立身份)、收购委员会和财务委员会。思科设立道德规范办公室,该办公室成员由员工选举产生。道德规范办公室和审计委员会的各种联系方式是公开的,以方便员工监督和匿名投诉。道德规范办公室制定的道德准则适用于企业的所有人。内部审计的工作是监控财务流程,直接向董事会提交审计报告。

公司治理与风险控制部门。思科的公司治理与风险控制部门下设三个部门:审计部门、风险管理控制部门和道德调查部门。思科的公司治理与风险控制部门与财务部门处于并行关系,两个部门共有一百多人,直接向财务委员会和审计委员会汇报。这些部门直接由思科的风险管理副总裁 Phil Roush 先生管理。审计和风险管控是全球性团队,总共有 50 多个成员:在总部圣何塞有 22 人,北卡三角科技园有 8 人,欧洲 8 人,印度 8 人,中国 5 人。审计的核心能力主要体现在会计工作流程、流程/控制评估、IT 系统(架构和基础设施)和业务知识等方面。该团队直接向财务总监和审计委员会报告,在组织架构中用虚线表示这种关系。公司治理与风险控制部门需要和业务部门密切合作,对公司 120 项风险类型进行评估,每一个风险都与相关的业务部门共同协商定义并共同制定风险评估的标准,安永和德勤两家公司也帮助思科确定与其相适用的风险模型。在制定过程中要考虑风险可能发生在什么地方,由谁负责决策和管理。比如,总裁钱伯斯先生面临的风险是由哪个团队负责,汇率风险由哪个财务小组负责管理,欧债危机由哪个部门负责与财务部门进行沟通,评估管理是否越权,等等。

为了确保公司风控部门的独立性,风控部门可以直接向董事会汇报。在一些重大问题(如收购、投资和入股)上主要由股东会决定。在定期召开的董事会上,也会讨论相关的重大问题,当然,钱伯斯先生有一定的决策权。对于重大决策，公司有非常明确的界定，在公司策略中也有非常严格的管理章程规定决策权限，对此思科有非常慎重的制度设计。华尔街上有一些股票交易员就是因为越权进行了未经授权的交易，致使客户大量亏损，这方面的经验教训非常惨痛。

公司治理与风险控制部门的负责人几乎每个月都要和审计委员会打交道，在这个过程中，公司治理与风险控制部门既要保持一定的独立性，又要为公司的利益着想，因此，边界是相对模糊的。财务部和审计委员会负责对公司治理与风险控制部门的工作进行考核。公司治理与风险控制部门对公司的作用是踩刹车，在这里，踩刹车具体指的是针对企业流程设置管控关卡，让企业不能全程快速乱跑，而是要经过一个评估流程，使用一定标准进行自我衡量，这样才能既控制风险，又抓住商机。思科有3万名工程师，流程设计既要对工程师的工作进行有效管理，又不能让工程师觉得被戴上手铐和受到限制。公司治理与风险控制部门的核心作用不是给企业戴上手铐，而是帮助企业有效利用各种机会。

公司治理与风险控制部门的核心职责是发现问题，每年将审计报告提交给首席财务官及与之相关的所有高层。在每年召开6次的审计委员会会议上，部门负责人会将审计过程中发现的重大问题报告给委员会，如果审计没有出重大问题，则对审计结果进行总结。审计委员会在开会时会批准某项计划，认可该部门的工作。对于审计委员会没有批准的项目，风控部门会不断提供新的信息，以确保所有小的变化都及时得到通报。

公司治理与风险控制部门在服务业务部门时，通常扮演咨询者的角色。因为风险主要出现在业务部门，风控部门会提供风险防范的咨询，如并购活动，从整体的角度考察并购一体化过程中的风险，以及并购交易的历史记录和过程记录。

公司治理与风险控制部门与其他业务部门的监控责任不同，工程部门要负责解决工程方面的风险，供应链部门负责解决供应链方面的风险，每个职能部门都要对自己的风险承担责任，公司治理与风险控制部门的职责是要协调其他部门有效地应对处理风险。财务部门的职责是负责审查每一笔交易的细节，小金额的交易会自动审批，大金额的交易需要特别审批。在这个过程中，财务部门负责总的财务方面的风险控制；而公司治理与风险控制部门要确保在此过程中有一定的衡量标准，评估到位，明确衡量获利大小的指标。

风控部门也参与对研发风险的监控，但团队专家的职责并不是告知研发部门创新方向是什么、产品如何研发，而是审计研发团队的流程，考察他们是否为新的技术革命做好准备，产品组合与管理怎样，是否对产品和市场进行了认真分析，由谁来负责，等等。总之，风控部门负责审计研发流程中的风险，而不是审计他们的决定。

三、如何管理面向全球市场的风险

当企业运营集中在一个地理区域时，风险管理还比较容易，但当企业在全球市场运营时，各地的相互依存度很高，企业的生产制造、客户服务及后台服务分别分布在不同的国家和地区（如生产制造基地在中国，客户服务在印度，后台服务可能是在巴西）时，管理的复杂程度就大大增加了。同时，新兴市场国家的政治、经济和社会状况大不相同。全球性企业在世界各个区域运营就必须保证信息的流通非常迅速，一个地区发生的事情，在几秒钟之内就可以告知总部，各地区之间还要有非常好的信息共享机制，特别是企业的供应链管理系统需要有快速的风险应对机制，因为全球任何一个地方的业务中断都可能影响整体的运营，如泰国的洪灾、日本的海啸等，风险管理和应对机制会直接影响企业全球供应链的效率。

作为一个全球性企业，思科在世界各国发展其业务时不可避免地要经历各种风险。在进入某个国家之前，思科要做一个全面评估，看看首要风险是什么，然后请董事会两个高级管理者对风险评估进行反馈，在此基础上确保有人能够处理这类风险，具体负责风险管理的人要制订行动计划，确保行动计划都是透明的。在进入不同国家时还可能经历各种政治风险，对于政治风险，公司有两个团队进行管理：一个是国别团队，另一个是公司团队。在进入一个国家前，思科还会对政府和货币等领域潜在的风险进行调查评估，然后和负责这个国家业务的高层团队一起讨论，分析风险是在法律监管领域，还是在员工政策上。营销部门有专门的团队关注竞争风险，工程部门的人主要关注产品转型的风险。公司一级的风控部门的核心职责是确保部门之间可以很好地协调，该部门通过一个分析矩阵观察市场份额、产品比较、价格比较和客户反馈。如果竞争对手有重大变化，所有数据将被集中起来提交给钱伯斯，风控部门要确保提交的数据是没过滤的、精确并真实的，问题的展示要尽可能清晰透明，而不能让情况变得复杂。

对世界各国分支机构的风险管理工作还特别关注合规问题，思科总部和各国合规治理委员会的负责人有密切的配合，该负责人要对当地开发运营商的合规要求与风险有所了解，因为谁都不愿意面对当地的司法系统，如果有人进了监狱或出了问题，就要知道它是不是有问责权，明确谁要承担责任。在明确了问责制之后，人们就知道自己需要在哪些方面承担责任，同时还要确保企业的透明度，每个团队都有一个矩阵，还要设立提高风险防范意识的培训项目。思科的全球合规治理框架见图 8-1。

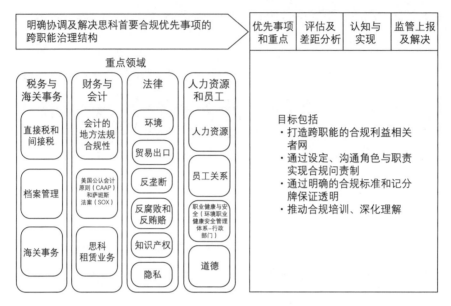

图 8-1 思科的全球合规治理框架

四、风险管理的框架与流程

有些企业应对风险好像是飞扑防守,当危机出现时立即做出应对。思科的做法与此不同,思科的董事会直接为风控部门提供支持,该部门需要报告公司各职能部门面临的潜在风险是什么并进行评审。另外,还有一个风险与持续性运营理事会,这个理事会包括思科的八个副总,其职能是让思科各部门能齐心协力地解决各自面临的不同风险。思科还设有风险审评工作组、风险评估和行动方案等机制进行风险管理。

风险管理有一整套完整的流程模式。首先,思科要识别、评估风险,对风险划分优先级,分析风险和能力。其次,就最重要的风险及其治理达成共识,制订行动计划并设定衡量标准,然后将风险分析融合到战略和审计规划流程中,并衡量、监控和报告进展情况。最后,这样一个封闭式的流程又回到了风险的识别评估阶段,具体见图8-2。

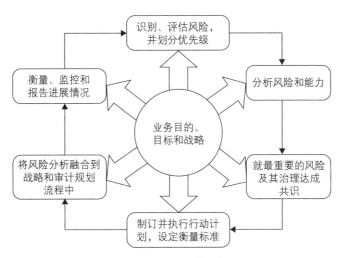

图 8-2 思科风险管理框架

思科的风险管理过程紧紧围绕企业的目标和战略,在将企业战略与风险监控结合在一起的过程中,各级高层管理者都要考虑三个问题:一是如何把风险降到最低限度,以保护企业业务的有效发展。在这个过程中,企业高管要回答的问题包括对面临的风险进行分析和评估,如何确保业务的连续性。二是如何优化风险管理和应对能力。在这个过程中,高管要回答如何做到对业务风险的有效监控,如何应对风险,对风险的承受度是怎样的,这里要区分可控风险和不可控风险。三是如何积极地面对和承担风险,而不是消极应对。在这个过程中,高层管理者要明确如何严谨地制定决策,有效地把握应对风险的时机,积极进行业务和技术创新。

风险管理使得思科能够审视风险,发现变革的催化剂;还可以通过计划和资源的一致性,进行合理配置,管控风险,同时通过客观的评估,评价管理效能,推动风险行动。思科不仅可以对企业整体做风险评估,也可以对收购项目、各经营单位和大型活动做风险评估。

五、如何进行内部业务流程审计

思科的公司治理与风险控制部门要对所有的业务流程进行审计,并按照风险大小进行排序,在审计过程中,该部门会考察负责业务决策的人和部门是否遵守交易流程,交易制度是否与企业的战略和政策保持一致。审计工作也要考察组织架构,如从组织架构看,具体的决策人员是否被授予了决策权。这个部门还要负责供应链、人力资源甚至职业操守等职能部门和业务的审计,考察其在企业中的运营是否合法及流程是否具有合理性、可靠性和效率。

通常很多企业的业务部门担心审计监管会影响企业业务的效率和收益,思科的公司治理与风险控制部门会尽量从业务部门的需求角度进行考虑并预先进行沟通,让对方明晰整个审计过程需要多长时间;同时,还会指派临时雇员进行数据调研来评估所需要的时间,通常情况下不会浪费业务人员的时间。该部门日常审计的项目很多,很多业务和职能部门也欢迎审计工作,因为他们觉得这种审计能够帮助业务流程增值,通过发现潜在的风险来确保业务的安全进行,同时不断地优化和控制其流程。

六、利用信息化工具量化风险

风险评估是一个非常重要和复杂的工作,通常风险有很多层,有时做企业一级的风险评估,有时在收购案时做风险评估,有时是在重大事件和活动中做风险评估。比如,在奥运会时,赞助商会评估支持奥运会对企业品牌和运营的影响。

思科利用信息化工具全面展现风险评估和风险应对的量化指标和相互

关系，借助的工具叫企业风险管理控制面板，以图表和罗盘的方式展现企业的风险记录表和风险图，如图 8-3 所示。在风险记录表中，有风险数据单一数据源（SSOT）存储库；在对各个数据进行综合分析的基础上，管理系统展现了一幅呈现所有风险、加剧风险的因素、风险的严重程度、降低风险的计划及其相关关系的综合视图，帮助管理层动态监控和综合评估企业所面临的风险，以及综合评价风险管理现状。

图 8-3　风险记录表和风险图

思科根据企业风险管理控制面板发现面临的首要风险在哪里。思科会大概界定出 120 个风险。对于 120 个风险中的每一个风险都有一个独立的图来展示，风险到底是什么，使用的衡量方法是什么，谁必须对此担当风险责任，已经做了哪些事情，通过这样的办法详细地记载风险的管控过程。对于一个大企业来说，有时没办法让所有高管都了解 120 个风险到底在哪，但是可以把这个责任分解出去，从 120 个风险里识别 20—30 个风险呈交董事会重点关注是非常重要的，这些风险会对企业产生重大影响，董事会必须经常定期讨论。

思科还有一个风险管理成熟度模型（见表 8-1），这个模型定义了一个企业管理风险的能力，将企业风险管理压力由弱到强分为四个级别。思科通过对照这个模型，可以看到自身的风险管理水平。

表8-1 风险管理成熟度模型

活动	即兴(1)	形成中(2)	明确定义(3)	管理型(4)
定义	缺乏流程；无正式文件或正式文件有限	已(正在)定义流程，已备好重要领域的文件	流程已定义、实施并进行跟踪；已备好所有领域的文件	定期审核并更新流程；已备好所有领域的文件并接受监控
评估	缺乏流程；无正式文件或正式文件有限；未定义角色与职责	已(正在)定义流程和报告，已备好重要领域的文件；已理解资源和能力要求	流程和报告已定义、实施并照办；已备好所有领域的文件；资源和能力已定义并已投入资金	定期审核并更新流程和报告；已备好所有领域的文件并接受监控；资源和能力已就绪并且正在运用
回应/缓解	缺乏流程；无正式文件或正式文件有限；未定义角色与职责	已(正在)定义风险行动计划；已理解资源和能力要求；没有针对行动计划状态进行定期报告	正在实施风险行动计划；投入资金已确定，资源已到位；会针对行动计划状态进行适当定期报告	定期审核并更新流程和报告；已备好所有领域的文件并接受监控；资源和能力已就绪并正在运用
测试/验证	缺乏测试/验证流程；无正式文件或正式文件有限；未定义角色与职责	已(正在)定义测试/验证角色与职责；已确定测试/验证报告频率	已定义并实施测试/验证角色与职责；必要的资金已到位；已实施正式的结果响应流程	定期审核并更新流程和报告；已备好所有领域的文件并接受监控；资源和能力已就绪并且正在运用；对结果的回应有效
监控/改进	缺乏正式的风险监控和改进流程；无正式文件或正式文件有限；未定义角色与职责	已(正在)定义正式的风险监控和改进流程；已理解资源和能力要求；没有进行定期报告	已实施监控和改进流程；资源和能力已定义并已投入资金；已具备适当的指标并进行了相应报告	定期审核并更新流程和报告；已备好所有领域的文件并接受监控；资源和能力已就绪并且正在运用；已报告措施并已实施

风险管理成熟模型中最低级的阶段是即兴级，表示企业没有对风险管理有足够的认识，遇到风险时企业会"即兴"处理一下。在该等级下，企业对于风险管理没有正式的文件或者只有有限的文件帮助其进行风险管理，对于企业中各部门和负责人在风险管理中的角色和职责也没有进行定

义。当企业向稍高的第二级别"形成中"进化时，企业对于风险管理流程已经有了定义，并且风险管理相关的重要文件已经存在，能够理解应对风险对于企业的资源和能力的要求，但是该阶段并没有将企业的风险管理流程制度化，没有不断地从企业每次的风险管理中进行学习。企业风险管理的第三级别是"明确定义"级，该阶段企业对于风险管理的流程有明确的定义，在企业遇到风险的时候按照已有流程采取行动，同时企业对于应对风险所需要的资源和能力都已经有了明确定义并有所了解，因此在应对风险的时候企业能够提前准备好资金和其他资源按照风险行动计划来实施。企业风险管理的最高级别是"管理型"级别。在这个阶段，企业对风险管理已经制度化，会对企业的风险定期审核并更新，应对风险所需要的文件和信息都非常完备并且接受监控。企业会时刻针对风险准备好需要的资源和能力，并且能够及时地运用这些资源去化解风险。

七、内外部审计的流程

思科将公司治理与风险管控视为一个整体，并将对两者的关注融合在一起。思科同时进行内部审计和外部审计。内部审计主要是为了履行受托人的职责，确保内部审计和风险管控的流程有效，培养审计和风险管控的人员。内部审计直接向董事会汇报。高效的审计流程非常重要，每一项审计都有一个外请的审计员，外请的审计员要对思科的情况和做法比较了解。

内部审计的核心目标就是要确保所有流程都有监控，并且向审计委员会汇报。每个季度 CEO 都要对行为准则进行签准，CEO 和 CFO 要签署美国证券交易委员会要求的认证书，同时，还要制定公司的薪酬、股权股票交易准则和规范。

当 Roush 先生回答中国国企高管提出的如果审计发现 CEO 有问题该怎么办时,他回答说:"我的责任是跟审计员一起提出这个问题,然后向董事会汇报,这是一个非常困难也富有挑战性的工作。"这个问题并不一定涉及法律问题,它可能属于道德问题,在思科,在道德和法律问题面前是没有灰色地带的,每个人都是平等的。

外部审计主要是为了完成财务报告。思科的外部审计聘请的是普华永道,他们会看思科的财务报告,对财务报表的公允性给出意见,以及为投资者提供独立观点。他们要保持自己的独立看法和思想,这对思科来说很有价值。

在对外部信息进行审计时要进行风险评估,得出最大的十个风险,以及各个风险的系数、概率、严重性(包括美元的影响),还有管理风险。接着再请审计委员会和董事会一起研究,判断是否存在管理风险缺口,在哪个方面的风险更大。负责对风险管理进行回应的人会提到几个特别的风险以寻求特别关注,这时候风控部门就要设计出相应的特别的风险管理计划。

通过审计团队得到的结果是,审计委员会会给各部门打出及格或不及格的分数,为了避免不及格,风控部门一定要发现问题并解决问题,每年的年度计划都要经过审计委员会的批准。

思科的审计工作是全球进行的,思科有一些国别的风险审计,比如中国、印度、俄罗斯,委员会负责人要亲自去,以确保思科审计工作的质量。每一年公司都有一个年度审计计划,计划分三个阶段(见图 8-4):第一个阶段在每年的 2—3 月份,思科会确定要面谈的主要管理人员,计划面谈并主动收集其他建议。这样做的目的主要是获得信息,包括财务信息,当前的趋势和行业趋势,对比以前的结构并发现变化。然后去跟 75 个公司的管理层人员进行会晤，将获得的信息进行整合和分析。第二个阶段在每年的3—4月份，整合访谈面谈结果并进行分析判断。第三个阶段在每年的4—5月份，审核并验证来自所有来源的结果并列出计划概要。

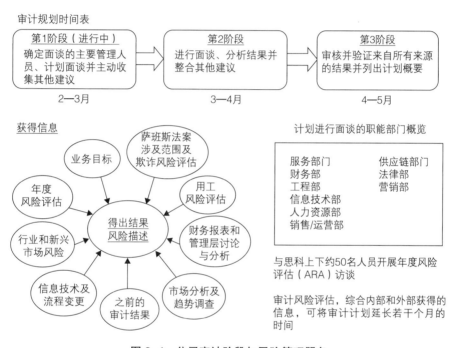

图8-4 公司审计阶段与风险管理服务

思科在做审计工作时，审计的具体内容包括与财务部、法律部就萨班斯法案的涉及范围及欺诈风险和财务报表进行访谈，与人力资源部就用工风险进行评估和访谈，与管理层就并购问题进行访谈，与信息部就信息技术和流程变更问题进行访谈，与各个部门就行业和新兴市场风险、年度风险评估和业务目标进行访谈。

在分析报告中，思科还会就风险和应对风险的管理效率之间的差距进行评价。思科首先会找出最重要的几个风险，然后对其进行对比分析。这些风险的大小是根据其可能导致的后果的严重程度来衡量的，管理效率用1—10的评分来表示。风险的主要类型包括数据安全、知识产权侵权和假冒伪劣产品、业务模式和组合、战略实施、竞争对手、收购整合、资源分配/协调、业务中断、招聘及留住人才、法规等方面。用图表的方式进行对比，以发现上述风险与企业应对管理效率之间的差距有多大。通过判断这些差距，思科会找到其面临的风险与对应的管理能力和效率方面有多大的缺口，这时可以设计特别的计划以提高管控能力，对于企业高层特别关注的风险，审计部门也会格外地关注。

八、对合规和企业声誉的管理

合规问题涉及当地的法律法规。从公司总部的角度出发，思科要定义所有职能部门的角色与职责，通过更好的协调来满足合规性要求。在国别层面上，地区经理和当地开发运营人员对合规要求与风险有所了解。如果某个国家或某一个人出现了问题，思科会有很清晰的问责制，从而明确到底谁对此负有责任，以避免官司纠纷。思科在统一跨职能部门的合规、制定合规相关难题的上报程序上有所努力，从而优化在流程上对合规性的管理。

全球合规监管委员会是一个跨职能部门的监管机构，它实现、协调并支持思科与合规有关的优先事项。该委员会有八个重点关注的领域：税务与海关税务、财务与会计、法律、人力资源和员工、优先事项和重点、评估差距分析、认知与实现、监管上报及解决。这个委员会旨在建立并实施可持续全球合规监管架构，协助对重大的跨部门风险进行评估及解决，在全球各个地方根据对合规的要求明确职责，沟通到位，从而促使责任更好地落实；另外，通过合规的指标及呈现方式，确保报告的可读性及透明度，对于每个团队都有一个矩阵。这个委员会还有增强意识教育的项目，推动合规培训，深化理解。

思科成立了一个全球合规治理委员会来保证以一致的方式在世界各国都做到合规，该委员会会派人去那些可能出现问题的地方并以非常有效的方式来做监管。在这个过程中，委员会成员关注的核心问题是决策者是否拥有决策的权力。

在声誉管理方面，在美国，年度企业声誉指数（reputation quotient）的调查是衡量一个企业在消费者心目中的地位和形象的重要测度指标，其中最有名的测度公司是 Harris 交互公司。测度的指标一共有 6 项：（1）情感吸引力，给消费者带来良好的感觉、信任和尊敬；（2）产品和服务，包括产品品质、创新性、物有所值和耐久性；（3）工作环境，包括优秀的员工、公平的待遇和良好的工作场所；（4）财务状况，优于竞争对手的业绩、投资风险低、良好的盈利记录和未来增长前景；（5）愿景与领导力，卓越的领导人、市场机遇和对未来有明晰的认识；（6）对环境承担责任，对相关社区承担责任，等等。该指数根据销售收入选择排名在前 100 位的企业，根据 8 000 名受众的调查对其进行排序，然后对 2 万人进行调查，选择每个人熟知的 6 个企业，在此基础上，针对 6 项大指标和 20 项小指标进行调查。在判定企业社会价值的过程中，10 年前企业的有形资产占企业声誉的 90%，但现在无形资产占到企业声誉的 80%。思科的企业社会责任部门有 100 名全职员工、100 名合同工负责此项工作。钱伯斯的前发言人负责此项工作，每年的社会责任预算为 2.95 亿美元，在 90 亿美元的纯利润中，社会责任部门的开支占到 3%。社会责任部门的工作是对企业相关利益者的诉求进行分析，将其意见反馈到企业，与相关利益者进行对话，同时，在社会责任层面对标竞争对手。思科社会责任部门的工作与各个职能部门密切配合，紧密联系，如发展绿色供应链，关注温室气体排放、清洁能源，让设备降温，提高能源使用率，在购买清洁能源的地方建立数据中心等。重视企业社会责任的目的是确保企业的商业价值和股票价值，保持企业的可持续发展，在经济不好时使企业的价值不受太大的影响。思科意识到每一个员工都是企业的形象大使，其每年的社会责任报告与企业财务报告同时发布。

在思科，每年所有员工都必须签字同意企业的行为和道德准则，同意遵循各项规范，这成为进入思科工作的门槛之一。思科对员工的道德培训也采用视频、指南、动画等方式，在新员工第一天来上班时就可以看到，以提醒大家道德问题的重要性。

钱伯斯向企业高管和所有员工传递的信息是：道德对于思科来说是非常重要的，道德是其企业文化和政策制定的基石，是做任何决策时都要考量的关键要素。员工可以通过六种途径表达对道德问题的关切或举报：热线电话（可用150种不同的语言拨打，全天候服务）、电子邮件、传真等。思科有专门的团队采用专门的工具建立管理系统，对每个案件进行记录，每个季度汇总报告，其内部团队负责对所有举报进行调查，风险审计部门还与人力资源部门和法律部门密切配合开展调查。对于发现的关键问题，会根据问题的严重程度分别向钱伯斯、财务官或区域销售总裁进行报告。

九、小结

很多企业的衰亡不是被竞争对手超越，而是死在了自己的手里。在高度竞争的环境中，成功的企业通常是最少犯大错的，在转型发展时期，做出了正确的选择和决策；企业领导人的地位越高，其决策对企业的影响越大，一旦犯错给企业造成的损失也越大，因此，必须通过建立完善的公司治理、风险管控、道德约束、社会责任和声誉管理等一系列监管与审核机制，确保企业的健康发展。这个系统可能因此要投入资源，也可能放缓企业的发展速度，但从结果来看，它对避免企业出现重大损失、确保企业的安全与平稳起到了重要作用。

从思科的案例看，其风险管控已经形成了系统化、数据化和制度化的管理体系，在风险识别和分析系统中，对企业面临的120个潜在风险进行全面感知、预警、测量和评估，并对风险管理的责任人和预案都有应对机制，从早期发现到快速响应，使企业能够规避可能遇到的风险，保证企业整体发展的安全性。在对120个风险进行全面掌控的基础上，董事会重点关注对企业长期和整体发展有重大影响的20—30项风险，避免决策层遭遇"想不到"或大吃一惊的情况发生。从这个意义上讲，风险管控需要直面真相、直面问题和挑战，不掩饰、不回避的文化氛围和制度环境，这样才能将风险遏制在萌芽状态，使企业健康发展。

风险管控宜早不宜迟，迟了风险就转化为危机，导致企业资源浪费、声誉受损。风险管控并不仅仅是审计部门、风控部门的事情，而是企业全员的责任。当然，每个人的管控层面和责任大小不同，但每个人都需要有所担当。风控部门在方法论和框架体系上给予支持，只有当企业的每个角落都有一双警惕的眼睛的时候，风险才有可能被遏制在萌芽状态。尤其是基层风险，一线员工往往最先直面风险，如果企业没有快速预警和响应机制，则基层风险上报到高层管理者那里时风险早已形成了巨大的漏洞。

第九章

信息化与价值链管理

一、引言

企业信息化是自20世纪五六十年代以来,企业利用计算机技术实现业务流程变革的过程,其中涉及了计算机网络硬件、软件,以及人们搜集、过滤、加工处理、创造和传播数据的活动。企业信息化将计算机技术与企业战略、业务模式和业务流程进行了融合,实现了企业供应链和价值链的高效率、低成本、快速响应和客户导向等运营创新,对提高企业基于数据的决策能力做出了重要贡献。企业有效地推进信息化的过程涉及了信息化战略的制定、信息系统的管理、信息技术的开发和信息化组织建设,还涉及人的观念、技能、行为、文化的改变,因此是组织的变革过程,很多企业为此设立了首席信息官的管理岗位,与首席财务官、首席运营官和首席技术官一起,成为企业领导团队的核心成员。随着经济全球化的进程越来越快,企业信息化建设要与全球供应链管理相融合,通过信息技术的手段,实现针对客户需求的快速响应和服务能力,使整个供应链系统成本达到最小化,把供货商、制造商、仓库、配送中心和渠道商等有效地组织在一起,来进行产品制造、转运、分销及销售。

第九章 信息化与价值链管理

企业价值链是一个战略分析工具，美国战略管理学家 Michael E. Porter（1985）第一次提出价值链分析的方法并将其纳入企业战略规划。价值链框架将大规模互联的企业组合成价值系统，包括供应商、核心企业、销售渠道和客户等所有相关利益者。价值链是一种高层次的物流模式，由原材料作为投入资产开始，直至原料通过不同过程售给顾客为止，其中所有价值增值活动都是价值链的组成部分。价值链的范畴从核心企业内部向前延伸到了供应商，向后延伸到了分销商、服务商和客户。这也形成了价值链中的作业之间、企业内部各部门之间、企业和客户之间、企业和供应商之间的各种关联，使价值链中的作业之间、核心企业内部部门之间、核心企业与节点企业之间以及节点企业之间存在相互依赖关系，进而影响价值链的业绩。因此，协调、管理和控制价值链中节点企业之间的相互依赖关系，提高价值链中各节点企业的作业效率和绩效非常重要。价值链重点强调各流程、各部门的链接层面（link level），强调跨流程、跨部门、跨系统的协作和协同，通过各流程链接方式的优化和创新，提高产品或服务生成过程中的总价值，降低不必要的成本。信息系统和信息技术通过与价值链和供应链的整合，起到了固化、优化、提高透明度和创造新价值的作用，如处于龙头地位的厂商要求供应商聚集在组装企业或离消费者最近的地方供货，通过信息共享实现上下游企业的并行运作，跨过传统中间环节实现商业模式的创新，等等，都是运营管理中管理变革的重要内容。近年来，随着市场的不确定性和波动性越来越大，更多的客户提出了更快、更敏捷、更高效和更优质的要求，价值链和供应链领域面临着需求链管理的挑战，客户驱动的价值链、需求驱动的供应链等新概念和新系统应运而生，要求企业最大限度地减少库存，降低供应链上不必要的浪费，把牛鞭效应①降到最低。同时，企业要开发基于大数据挖掘和分析的营销能力，将互联网作为销售平台，提高企业对客户需求的快速感知、直接响应，以及优化客户体验。

供应链从产品和服务提供商的角度出发，进行流程设计、构建和思考，卓越运营重点表现在供应链的优化、重组和再造上。供应链与客户价值链的主要区别在于，供应链以流程管理为核心，通过不断整合优化，为企业提供生产和服务的最佳路径、最优架构和最优资源配置。客户价值链则从客户的角度考虑，代表客户做正确的事情，在提供产品和服务的过程中，企业的主要责任是优化客户体验。思科的客户价值链强调将企业的设计和生产体系融入或嵌入客户的生产体系，为客户提供端到端的服务和体验。

思科在全球32个国家或地区拥有约60 000名员工、96个分支机构和9个职能部门，一共拥有1 000多家供应商，大约有2.5万—3万人为思科工作。此外，思科的产品体系中有2.5万个组件和2.5万个产品标识，拥有全球化的生产和物流基础架构，其中包括5个制造商合作伙伴、5个主要原始设计制造商、30多个制造基地、4个物流合作伙伴和17个物流基地。②思科的供应链部门要和1 000多个供应商打交道，出于专注战略的考虑，思科将其95%的支出花在了少数供应商中，即每年120亿美元左右。但是在整个价值链中，思科确保其利润率在十多年的时间里保持在64%—66%之间，这说明了其在价值链中的龙头地位和核心优势地位。

---

① 牛鞭效应（bullwhip effect）是指在供应链的各环节中，信息的不对称与动态性导致客户需求被依次放大的现象。具体来说，指供应链上各环节的企业只根据相邻下级企业的需求信息进行计划和生产，需求信息的不真实性会沿着供应链逆流而上，产生逐级放大的现象，导致需求信息被放大扭曲，加重供应商的供应过剩和库存风险，扰乱生产商的计划安排与营销管理秩序，导致生产、供应、营销的混乱。

② 资料来源：思科培训班内部资料。

作为一个分支庞大、产品种类繁多的全球性企业，思科如何高效地服务客户？如何实现与供应商、制造商和合作伙伴的协同与无缝衔接运营？如何将产品和服务在最短的时间内、以最快和最便捷的方式传递给客户？这些是企业建立卓越运营体系的关键和核心竞争力。

在思科看来，通过识别价值链内的所有参与者和合作伙伴，用信息架构将所有要素整合起来以集成的方式分享信息和想法，对开发创新型商业模式和维护与相关利益者的关系来说都十分重要。在这个过程中，信息系统帮助企业实现跨部门、跨企业和跨区域的协作，而这种架构和网络是支撑企业在全球实现有效运营的关键。以信息化系统为支撑的创新型商业模式，有助于企业快速了解市场的变化、集成企业的内部资源并接近客户和合作伙伴。

二、管理全球客户价值链

对于思科来说，其全球价值链的设计原则主要包括三点：第一，应对市场的波动性，在动荡的环境中对变化做出快速的响应。第二，整合全球供应需求。在全球价值链的规划中，思科要做好统一的预测和规划，不仅要预测销售，还要预测各个业务单元及客户需求，从而在全球范围内整合销售、业务部门和财务部门的信息。第三，建立多维全球部门，支持企业增长。为了实现增长，思科要从全球视角来分析、解决问题，这里包括纵向和横向两个视角：纵向视角是指从地区维度设计运营体系，横向视角则是进行运营流程的整体布局。2011年，思科将在全球布局的地区压缩为美洲、亚洲和欧洲，从而使其能在两个维度进行集成，将全球运营体系与本地化有效地结合起来。

思科在战略规划和研发体系设计中，就已经开始考虑内化客户价值，提升客户价值在其决策优先度中的位置。为此，思科专设了客户价值链管理（customer value chain management，CVCM）团队，该部门从联合规划、产品质量、交付、本土化、订单管理等各方面提供设计和服务，其范畴超越了传统的供应链管理，通过设计端到端的整合方式为客户提供从订单到交付的一条龙服务，从而帮助客户提升其竞争优势。客户价值链管理团队始终奉行以客户为尊的原则，力图提供世界上最好的价值链，为客户带来无与伦比的体验。

由于思科的客户价值链比较长，为了维持整个系统的有效运转，统一的运营体系和信息系统就非常关键。此外，价值链还涉及虚拟工厂、网络化的虚拟供应链，目的是实现企业间的无缝融合并确保运营的一致性，进而使其价值链具有不断延伸和可复制的能力。

三、以客户为中心的价值链管理模式

思科的客户价值链有五种模式，每种模式实际上都代表了商业上的挑战与机会。

（1）混合生产模式。思科采用全球化生产框架，其所产成品的制造有95%是外包出去的。[①]一方面，公司本身要做好，同时要与合作伙伴展开良好的协作；另一方面，要整合兼容各方混合的生产模式，价值链的构成非常复杂。

（2）一站式网络服务。思科拥有广泛的产品范围，能够向客户提供一体化、一站式的网络服务。

（3）按单定制产品。思科的生产模式是首先接收客户订单，将订单进行分解；然后将相应的供货信息反馈给供应商和合作伙伴，再生产出客户

---

① 高礼彦. 用电子商务变革业务[EB/OL]. （2009-09-16）[2011-1]. http://www.nfdaily.cn/special/2009sp/ecommerce/content/2009-09/16/content_5805528.htm.

所需要的产品，最终交付给客户。思科的产品几乎没有存货，产品生产按需进行。

（4）广纳客户。思科欢迎各种类型、性质的客户，并为客户提供定制化的服务。从中小型企业到世界500强的跨国公司，从商业企业到政府部门，从服务业到制造业，思科的客户种类非常丰富。

（5）收购整合。思科通过收购有潜力的企业，将这些企业的价值整合到自己的价值链下，实现高速的价值增长。

图9-1的第一行是客户价值链交付的过程，第二行是相应的业务支持，比如，产品运营支持创新过程，而需求管理与规划则支持规划过程等，以此类推，所有的业务支持又都属于全球业务运营的范畴。如果各个部门都集成起来，形成一条龙，那么企业就会变得更加强大。在一条龙企业中，每个人的工作成果都需要对他人负责，部门之间息息相关，大家共同构建了一个成功的价值链体系，这种运作模式与以前是完全不同的。

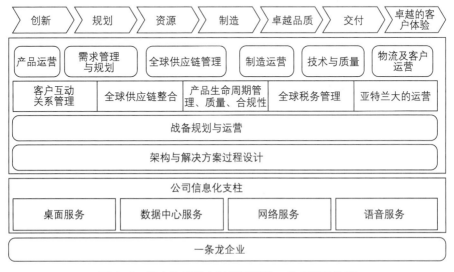

图9-1 客户价值链交付端到端的一条龙服务体系

作为一条龙企业，如何对其进行自下而上的解读，思科形成了将客户服务、架构、战略规划、全球供应链、运营和价值链整合在一起的综合解决方案。从图 9-1 自上而下地看，思科的价值链涵盖了端到端的从创新、规划、资源、制造、卓越品质、交付和卓越的客户体验的全过程。支撑这一价值链的信息系统应用涵盖六个方面：产品运营、需求管理与规划、全球供应链管理、制造运营、技术与质量以及物流及客户运营。思科的制造是外包的，因此，需要开发信息系统对制造过程进行监管，以确保产品的质量。在信息系统的支撑下，思科搭建了无缝连接的全球运营体系，包括客户互动关系管理，全球供应链整合，产品生命周期管理、质量、合规性，全球税务管理和在亚特兰大的运营。全球运营体系确保思科具有将战略规划和战略执行过程透明化、数据化的管控能力，通过这些数据，思科可以准确地把握当前和未来三个月的业绩。做到这一点，需要有企业级和供应链级的架构设计和解决方案过程设计。信息系统除了支持业务活动和供应链、价值链管理外，还对员工的协同工作环境提供了强有力的支持，具体内容包括桌面服务、数据中心服务、网络服务和语音服务，这些服务使思科的全球员工能够在一个平台上工作、交流、学习和协作，大大提高了工作效率。

思科的经验表明，以客户为核心的价值链管理对公司的发展起到了非常重要的作用，主要表现为提高质量体验及提升公司利润。思科的销售收入从 40 亿美元增加到 400 亿美元，整整翻了 10 倍，其中，全球端对端的价值链功不可没。实际上，这正是思科卓越运营体系的核心竞争优势，对于思科快速推进新业务模式和开拓市场来说具有重要的战略价值。

四、价值链管理的转型

2001年，在网络泡沫破灭之后，思科开始思考什么对于公司进一步的发展最重要，公司的志向目标是什么，客户价值链管理究竟能给公司带来怎样的能力和发展。在这一过程中，思科的供应链和价值链管理经历了几次转型。

以外包为核心的价值链管理。在20世纪90年代，因为公司发展速度过快，生产能力跟不上，思科很自然地采用了外包的方式来提高制造规模和水平。之后，思科提出的"外包"理念逐渐在整个行业里得到跟进和普及。

以虚拟价值链为核心的价值链管理。2005年之前，思科的"外包"生产模式仅仅是"虚拟工厂"乃至"虚拟供应链"，2005年之后，思科意识到这种想法必须要改变。思科有很多出色的员工，他们已经在公司工作了很多年，但是公司无法更好地从他们的经验中获益，同时，员工自身也无法进入一个更高的层面发展。因此，思科开始着力于转变，首先是向"扩展和深化卓越生产制造"转变，接着是向"扩展供应链"转变，近年来是向"客户价值链管理"转变。在这个过程中，思科要做的是让原来的领导和员工到新的工作岗位上去，这当然是有风险的，因为在企业变革时，人们往往受制于"肌肉记忆"。所谓"肌肉记忆"，就是指人们的行为惯性，人们太习惯于传统的行为方式。因此，思科需要通过变革和轮岗的方式来打破"肌肉记忆"，所有人都要在一个新的学习模式下改变自己的思维方式和行为方式。

从以运营为核心转向以客户为核心的管理。2006年以后，随着市场竞争加剧，客户对定制服务、快速交付和高质量服务的要求越来越高，他们的需求时刻笼罩着思科，思科每天都需要逐一满足客户的这些需求。在这种环境下，思科全球价值链追求的是客户价值链一条龙的服务体验，具体过程包括创新、规划、资源、制造、卓越品质、交付、卓越的客户体验等多个环节。一条龙的过程对应了思科具体的业务运营，依次是产品运营、需求管理与规划、全球供应链管理、制造运营、技术与质量、物流及客户运营。思科希望通过其客户价值链管理，按上述"一条龙"的过程对其业务运营进行整合，以实现端对端的用户体验。

一条龙价值链的核心特征是从客户出发，将衡量标准从以运营为核心转变为以客户为核心，并且从关注成本、质量、交付和速度转变为关注客户意见、卓越运营、财务效率、员工和组织发展。其转变特征如表9-1所示。

表9-1 从以运营为核心到以客户为核心的供应链管理

项目	以运营为核心	以客户为核心
关注核心	成本、质量、交付和速度	客户意见、卓越运营、财务效率、员工发展、组织发展
过程管理	按时按量交付高质量产品/控制成本	产品完美投放市场
结构管理	准时发货	发货准确无误
周期管理	严守交付周期	全程跟踪从下单到结款的整个周期
绩效指标	有限的客户反馈	重视实际客户满意度指标

在价值链实现了以客户为核心的转变之后，思科实际上获得了更多权利去履行更多的责任，并拓展了传统制造管理的概念。以前思科认为，制造就是生产零部件并将之组配为成品，但现在思科认为，负责制造的供应商需要更多地参与产品、流程和供应链的设计过程，甚至参与思科的规划过程，同时帮助公司的分销伙伴更好地盈利。思科的变革凭借的是明确的

目标、谨慎的计划、组织中的落实及贯彻到每一个人的行动——为了提升客户体验,每一个环节都要承担更多的责任。

五、如何管理价值链的复杂性

自 2008 年金融危机以来,全球市场的波动性进一步增加,思科价值链管理的重点开始转向如何应对环境的复杂性。以前,好的供应链意味着有很好的富余量保护(margin protection)和客户满意度;在日益复杂的全球环境下,新的价值链要成为"企业增长和客户体验的主要推动力量",企业在不确定的动态环境下必须随需应变。外部环境的动态性和因素复杂性主要表现在以下几方面:

一是不断扩展的增长机会。全球化对企业价值链的影响体现在如何在不同国家、不同环境中都能得到有效运转。思科要考察、管理和评估各地潜在的和现实的制造工厂,并对拥有不同预期的客户体验进行管理,这也直接关系到思科在各地市场的竞争力。

二是竞争环境中日益增加的复杂性。客户的多样性及产品的多样性决定了思科需要经常调整运营的方式,从而解决复杂的问题。

三是价值链中日益加剧的波动性和风险。在过去几年中,思科投入大量资金来提高价值链应对风险的能力。如在 2011 年日本大地震中,正是由于过去着力提高应对风险的能力,思科才能很快地将多种技术整合起来,获知整体情报并了解受影响的供应商,从而快速对供应商进行调整,做出及时响应。

四是全球经济的不稳定性。在世界范围内,每天的头条新闻都会聚焦一些突发事件,这些事件会影响世界金融市场和企业的运营。因而,思科的价值链管理需要开发出动态应变的能力,即根据经济形势的变化迅速做出反应，思科通过投资支持市场研究、竞争情报和基于数据挖掘的商务智能来做到这一点。

在世界政治经济环境不断发生变化的背景下，思科已经从过去单一核心的业务模式转型为多供应链模式。所谓单一核心，是指思科有一个核心技术和产品；而多供应链模式则是将各种产品线组合起来，提供更为快速灵活、高度关注客户体验的管理体系，将思科的高度整合性呈现给客户。

在绩效衡量方面，思科从过去关注成本、追求丰厚的毛利，发展到现在的优化利润组合。现在思科需要综合考虑如果在某一个领域利润增长了10%，其他领域将会受到什么影响。在过去，其交付周期主要关注未完成的订单，如今则关注对客户需求的快速响应，目的是尽可能地拉近思科与客户的距离。此外，供应链管理的重点从关注局部灵活，发展为关注整体的灵活度和敏捷性。地域选择的重点也从原来关注低制造成本，变成不仅关注低成本，同时关注地区市场是否有进一步开发的空间，对于有思科合作伙伴或与政府有非常密切的关系的地区予以重点考虑。

思科将价值链与供应链融为一体，组成高效的供应链管理团队。在供应链部门，有六个团队协同作战，分别是：

（1）与工程团队合作的产品运营团队，两者携手负责产品创新、新品开发等，以确保工程团队使用的技术满足公司质量标准和规模标准。

（2）全球规划和执行团队，主要是销售和运营团队。

（3）负责供应的全球供应商管理团队，其主要任务是挑选专业的供应商，把握与供应商合作的时机，并寻找进行下一阶段技术开发的最佳时机。

（4）负责制造的全球制造运营团队，主要是寻找核心的生产制造商伙伴并促进合作，进行简单的测试工作。

（5）保障卓越质量的技术团队，主要负责检测生产制造过程的质量和产品的质量，测试下一代产品进入市场的最佳时间。

（6）负责交付的全球制造和运营团队，主要负责物流运输。

此外，思科还成立了一个全球业务运营部，相当于供应链的神经中枢，负责审核财务支出，根据不同职能设置流程，同时也经营可持续性、风险管理、收购、融合等项目。全球业务运营部是跨部门职能的，遵循中央集中式的管理模式。实际上，思科的职能团队呈现出高度矩阵式的状况，正是这样的职能团队在过去五六年中代表公司面对全球的业务和供应商。

为了更好地应对价值链复杂性的挑战，思科主要从以下六个方面制定应对策略：

第一，应对管理的波动性。思科需要更加敏捷与灵活的供应链，在战略层面，首先是产品的灵活性，利用通用平台和可复用组件模式最大限度地减少特殊组件；其次是网络的灵活性，细分公司供应链、整合分布于全球的合作伙伴与制造基地。思科需要在不增加成本且不影响客户体验的情况下，在动荡的环境中对变化做出快速响应。

第二，优化全球价值链规划。在全球价值链规划中，思科要做统一的预测及规划，除了预测销售，还要预测各个业务单元及客户需求。思科要整合供应需求并达到平衡，需要把销售部门、业务部门和财务部门的信息整合起来。

第三，建立多维全球部门，支持公司增长。为了实现增长，思科要从全球视角来分析和解决问题，其中，纵向视角是从地区维度来设计运营体系，横向视角则是对运营流程进行整体布局。地区维度可以列出北美、拉丁美洲、欧洲、中东和非洲及亚太地区。2011年，为了降低组织冗余度，减少不必要的成本和提高整体效率,思科将其全球布局压缩为美洲、亚洲和欧洲三大板块。虽然从横向和纵向两个维度推动公司的全球整合不是一件容易的事情,但思科清晰地意识到实现各地区运营团队的本地化对于高效运营来说是必不可少的条件。

第四,从单一价值链转移到多个同步价值链。如今思科形成了多个价值链模式,包括"按订单配置""快速按订单配置""快速根据库存生产"等多种类型。价值链管理将持续地成为公司投资的重点。

第五,简化工作方式。思科通过大量的流程再造来简化业务流程,鼓励员工提供有关工作流程简化的建议,选取五个最重要的部分执行;同时完善各职能部门,特别是财务部门的流程优化管理;优化供应链服务体系,将供应链中的 IT 系统标准化;最终通过组织结构调整来减少冗余。

第六,人员本地化。2010 年,思科采取人员本地化的策略,强调放权给地区高管,让当地管理层具有更多决策权力。思科不再把团队集中在圣何塞,而是让他们在圣何塞接受 3—6 个月的培训,以思科的业务流程为重点,再将他们外派出去。

六、信息化建设与价值链管理的融合

在思科的商业模式中,客户价值链部门与信息部门是共生关系,但客户价值链部门承担主要职责,目的是确保公司能够实时地进行产品设计和研发,一旦公司在业务上出现问题,由客户价值链部门承担主要责任。客户价值链部门的战略意图在信息系统建设的路线图中有着清晰的体现。当客户的需求和思科的价值链出现矛盾时,思科的策略是尽力倾听和理解客户的问题,用对话的方式寻求解决思路并尽力满足客户需求。思科的基本原则是不做自己做不好的或在思科核心价值之外的事情。

对思科来说，信息化建设可以有力地推进其价值链的落地和运营。思科客户价值管理过程中信息化的核心目标是提高企业的透明度和预测的准确性，通过各部门之间无缝衔接的价值链，用自动化的方式实现运营优化，建立易于扩展的、高度灵活的业务模式，推动业务转型和跨部门协作技术的使用。

思科的信息化建设经历了一个动态演化过程，20世纪80年代以来，企业信息化的推进过程一共经历了四个阶段。

第一阶段，在20世纪80年代，思科的信息技术应用环境建设以核心制造运营系统为主，如利用Oracle公司的企业资源计划（ERP）进行库存管理、原材料采购、打印标签和自动检测工作。

第二阶段，1990—2002年，思科的信息技术应用环境建设以外包制造为主，在上一阶段的基础之上，合作伙伴能在思科的IT环境中运作，比如访问思科内部网络，在外部网络上自动检测等。

第三阶段，2003—2009年，思科的信息技术应用环境建设以精益制造为主导，这一阶段新增加的功能实现了思科与合作伙伴信息系统间业务与业务的对接。

第四阶段，2010年以后，思科的信息技术应用环境建设最终以端对端的价值链为主，这一阶段特别强调协作，思科希望建设合作伙伴生态系统，整合价值链的资源，搭建统一的标准整合平台，利用云计算等高科技手段实现资源共享。[①]

在现阶段，思科客户价值链管理的目标是实现端对端的用户体验，使一条龙企业在实践中真正落地，思科称这一特点为"端对端的价值链性

[①] 资料来源：思科培训班内部资料。

能"。信息技术对于思科价值链性能的影响直接表现为对"端对端的价值链性能"的推动。

信息化支撑一条龙企业建设。信息化建设对一条龙企业的支持发挥了三个方面的作用：第一，促进了思科与客户的互动，其高效的需求响应和客户反馈提高了客户的满意程度。第二，改进了与供应商／合约制造商的关系。思科的信息化环境促进了其与供应商／合约制造商的协作关系，使得客户的需求能迅速转换成供应，如此一来，供应商的订单、需求与生产交付同步起来，节约了成本，提高了效率。另外，思科在与供应商／合约制造商的谈判和审核等问题上，也因有了信息技术的支持而实现较大改进。第三，将价值链扩展到渠道合作伙伴，这使得思科在库存的优化、包装的改进、交付周期的控制及出口数量上都有卓越的成绩。

通过信息化实现对供应商的绩效管理。思科有完整的供应商绩效管理体制，包括供应商战略发展、新供应商进入、长期供应商管理和持续改进四个方面。在过去，供应商绩效仅仅根据思科收集的指标来衡量，在绩效审核时，供应商对这些指标存在不满或争议，导致季度审核耗时太长。为了解决这一问题，思科推行了WebEx Connect执行控制面板，通过这个控制面板，供应商可以随时查看季度指标，并随时向思科反馈。这项IT产品的运用使得思科的季度审核效率得到提高，透明度也增强了，供应商根据绩效审核指标来调整工作速度。

在供应商风险管理方面，思科曾经面临业务上的三大挑战，即组件供应商受到信贷紧缩的影响，供应商团体中出现财务危机的迹象，唯一供应商／主要供应商存在不安全的因素。针对这三大挑战，思科提出了一系列基于IT的解决方案。首先，通过供应链风险管理、财务、IT三方协作，找出存在风险的供应商并对其进行评估；然后，通过WebEx/网真召开供应商会议；最后，在门户网站提供即时的可扩展解决方案，以整合分析供应商信息。通过这一系列操作，思科有效地应对了供应商风险管理中的各项挑战。

信息化投资组合分析与实践框架。在信息化投资规划中，如何确立投资的优先度，明确技术选择的方向和目的，是困扰很多企业的问题。思科从两个维度、四个象限来确立 IT 的投资组合。在两个维度中，横轴代表创新程度，纵轴代表信息技术投入对业务的影响，在做高低划分之后，四个象限（如图 9-2 所示）分别为：

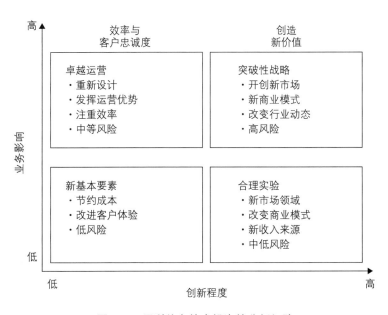

图 9-2　思科信息技术投资的分析矩阵

（1）新基本要素（创新程度低，对业务影响低），此象限的 IT 投资目的是节约成本，改善客户体验，把风险控制在比较低的水平。

（2）合理实验（创新程度高，但对业务影响低），此象限的 IT 投资目的是进入新的市场领域，改变现有的商业模式，增加新的收入来源，风险程度是中低水平。

（3）卓越运营（创新程度低，但对业务影响高），其IT投资目的是提高效率与客户忠诚度，对业务流程进行重新设计，发挥运营优势，提高效率，风险程度是中等。

（4）突破性战略（创新程度高，对业务影响高），其IT投资目的是开创新市场，寻求新的商业模式，改变行业动态，但风险程度比较高。

人们在做IT投资时，往往倾向于关注第四象限，即突破性战略，这个象限确实很重要，做到了这一点的公司也许就是下一个谷歌或者苹果。但是在现实世界中，很少有企业能够真正实现颠覆性创新。思科的IT部门更关注第一象限，即新基本要素——作为企业的信息基础设施和管理应用，它最基本、最简单，风险最低，但又非常强大，反馈速度非常快。例如，通过信息技术改变领导的签字流程，虽然这从技术应用的创新度和对业务的影响程度来看并不起眼，但却影响到全公司的人，提高了整个公司的管理效率。突破性战略的风险往往很高，因而在实施之前最好从合理实验的维度开始。合理实验象限是产品进入市场的战略，新产品创新程度高，但尚未被市场和客户广泛接纳，因此业务影响力较低。不过，在客户发现并选择了此产品后，其业务影响力会逐渐提高，该企业在这项新技术上占据领先地位，稀缺性较强，销售额快速增长，附加值较高，企业的技术就进入突破性战略象限。但随着市场影响力的扩散，竞争对手纷纷跟进，产品很快被复制，虽然企业的业务影响能在一段时期内保持高水平，但其稀缺性和创新度大大降低。到了这个时期，思科会着力转换，进入以卓越运营为核心的象限，追求的主要目标是使成熟的技术产品快速达到更大的市场规模，给企业带来规模效益。随着时间的推移，类似的产品层出不穷，思科无法凭借原产品独占市场，其创新性和业务影响力逐渐衰退，技术又转化到了创新程度和业务影响都较低的新基本要素象限，新一轮的技术投资和推进接踵而起。

上述模型展示了思科 IT 投资中价值转移的过程，这是一个动态变化的过程。特别需要注意的是，思科的很多技术应用是从人们最容易忽略的新基本要素象限开始的，这个象限由于创新程度低、业务影响低而往往容易被人们忽视，但这个象限却是企业竞争力的关键。它反映了新技术创新程度从低到高的发展过程，同时也是执行力从难到易的过程，在这个过程中，最核心的要素是如何从新基本要素象限向合理实验、突破性战略和卓越运营这三个象限转型。每一次转型，都意味着企业的新技术从"不起眼"逐渐发展为可以大规模推广的历程。

七、信息战略的制定与执行

在思科的信息战略制定中，信息技术应用的战略愿景引领着信息技术应用的每一次浪潮。信息技术应用的重要性主要表现在：（1）为实现虚拟化的协作交流构建新的商业模式；（2）为高层决策提供优质的信息服务；（3）服务于经济全球化背景下企业对高效领导力的要求；（4）通过通信系统实现高效的组织内部、组织之间和供应链的协作；（5）通过信息系统构建企业的商业模式；（6）支持企业价值链和一条龙运营体系，确保思科的竞争优势和领导地位；（7）通过信息网络和信息平台建设，构建一个无边界网络的组织形态，使思科的组织发展与互联网时代实现无缝隙的对接。

在信息战略的执行环节，思科的核心竞争优势在于技术、流程和文化。技术体系的关键是视频技术，视频技术已成为思科实现内外沟通的有效渠道。视频不同于语音，人们利用语音向他人留言时，得不到及时答复，也看不到真人，肢体语言无法展现，因而人际沟通中的信息表达得不到全面真实的呈现。技术体系中的信息安全为思科的全球运营系统提供物理和内容方面的安全保障。数据中心则集成了思科全球资源、运营和战略执行中的信息内容，通过数据集成、数据挖掘和决策支持，使高层管理者可以随时洞察企业运营现状、问题和挑战，并制定快速应对的策略。

在流程环节，思科的IT部门重点提供服务的实战手册、虚拟桌面的基础设施，使得思科的员工可以在任何办公地点或终端登录并获取与自己工作有关的定制化信息；同时，制定有效的系统管理方法和规则，以及应对突发事件等。此外，IT部门也为构建一个数字生态系统而制定策略和方法。

在文化层面，信息文化与企业转型密切相关，很多企业认为信息化是一个技术问题，但它本质上是一个管理变革的过程。在执行体系中，思科特别布局了IT变革管理团队和职业工作群体，从而帮助企业在将信息系统与业务流程相互融合的过程中，有效地实现管理转型。

在信息战略的衡量环节，信息技术对业务支持程度的评价指标主要表现在八个方面：一是对业绩增长的支持。二是客户和企业员工对信息系统的使用体验。体验的内容包括技术是否容易掌握、系统是否方便使用、使用时是否令人愉快等，这是思科希望自己有别于其他公司的地方。三是信息系统对提高工作效率所做的贡献。四是信息系统对提升思科业务能力所花费的时间。如果IT部门在很短的时间内大大加强了业务部门对客户需求的响应能力，提升了价值链的运转效率，提高了企业高层决策者对集成数据挖掘所需的决策能力，则信息系统给企业带来的价值将是巨大的。五是可复制性。信息系统应用的最大价值在于，一旦初始应用被证明是成功的，该应用可以快速地复制到不同国家、不同产业和不同部门，而复制的时间成本要低很多,这样可以支持企业推行规模较大和速度较快的扩张计划且不会带来管理的混乱和失控,同时确保企业整体运营的一致性、规范化和标准化,这对于一个全球企业来说是非常重要的。因此,思科非常看重 IT 技术应用所带来的复制效应。六是灵活性。随着市场环境和竞争格局的改变,以及企业业务系统的调整,信息系统的灵活性、适应性和敏捷性变得更为重要。新的技术和软件系统的应用和接纳,也需要企业的信息系统具有按需而变的能力。七是规模,也就是信息技术对企业业务支持的覆盖面要广。八是技术采纳的速度。

思科的信息战略架构。思科的信息战略由信息架构、业务架构和技术架构构成,目的是提高客户满意度。在设计 IT 架构时,思科不但要考虑客户的利益,还要考虑所有使用者的感受。也就是说,信息系统的设计关注客户、合作伙伴和思科员工,关注所有人每天使用 IT 平台办公时的感受。在复杂的应用中,客户的需求更要得到优先考虑。

根据思科时任 CIO(首席信息官)Rebecca Jacoby 女士的看法,CEO 与 CIO 对信息技术应用的预期是不同的。CEO 优先考虑的事项是:第一,企业的成长和发展,同时确保运营和管理成本不变。第二,流程变革,要让流程变得更有效率、便捷与迅速;另外,要拉近企业与客户和合作伙伴之间的距离。第三,新的商业模式。企业的发展往往需要新的增长点和市场机会,而信息技术恰恰能带来新机会。第四,可持续发展与环保。企业的绿色可持续发展也是一个非常重要的问题,思科需要担负起社会和环境方面的责任。而 CIO 优先考虑的事项是:第一,让 IT 成为战略性业务的推动力。第二,让 IT 具有全球可扩展性。第三,保证信息安全。在 IT 环境中,保证信息安全不仅是企业的能力,更是商业上的优势。如果客户了解到思科的信息服务是全行业中最安全的,那么这在动荡和不安全的国际环境下将成为思科的优势。在构建这种优势的过程中，IT 部门与业务部门形成良好的合作关系对 IT 成功非常重要。

思科在业务架构和技术架构间建立联系时，其分析思路和整体框架要考虑商业、运营、系统和技术四个方面，称为 BOST 分析框架（Business-Operations-Systems-Technology），可分解为以下四个步骤：第一步，明确商业战略，明确企业要做的核心业务；第二步，确立运营过程，明确企业业务过程中需要哪些关键能力；第三步，构建系统应用，明确实现业务需要使用哪些软件应用和工具；第四步，基础技术，明确哪些技术可以提供这些应用和工具。BOST 分析框架有助于思科了解业务架构和技术架构之间的依存关系，因此在其内部得到了广泛运用。

思科生产成千上万种产品，在面对持续变化、日趋复杂的业务和技术环境时，信息技术应用的决策及管理模式分为四个步骤：第一，商业模式评估，明确企业想干什么；第二，整合路线图，建立合适的业务架构和技术架构；第三，计划；第四，测试效果，再到市场上执行。IT 服务和运营是最底层的支撑，它既简单，但又难以创造统一的标准。

思科的 IT 部门是从 2006 年开始转型的，在此之前思科的 IT 服务水平低于行业内其他领先者。思科信息化的目标是提高企业的创新速度，为了满足技术与产品创新的各种不同需求，思科首先要在架构上保持领先地位，其架构不仅要支持现有复杂体系的快速运行，同时还要对未来思科可能达到的 800 亿美元的销售能力奠定基础，能够满足思科内外部客户的要求。

思科的 IT 部门的定位是要将技术架构、业务架构和战略架构整合起来。为了达到这个目标，IT 部门的愿景是借助网络信息技术，引领每一次变革。IT 部门的战略是以一切皆服务的理念，将技术流程与 IT 流程整合起来。IT部门在战略方面主要有三个目标：构建多渠道服务的架构，创造卓越的运营和决策流程，为客户、员工和合作伙伴提供令人印象深刻的体验。在执行层面，为了实现思科的愿景和战略目标，IT部门做事的原则和方法是：能人善用、制定能力和技术路线图、服务提供者要有问责制、人才战略和获得相关利益者的支持。

对于IT部门的绩效，主要的考核指标是四个：增长、速度、工作效率和客户体验。IT部门每三个月要开会确立绩效的有效性。IT部门为思科的整个创新和运营体系提供的信息技术支持主要集中在四个方面：（1）通过信息技术与业务体系的匹配和整合，支持企业技术、流程和文化三位一体的架构转型；（2）支持企业协作沟通的视频与其他工具的应用，使得所有员工能够跨区域或时空实现即时沟通；（3）数据整合，云计算系统能够将企业150多个数据中心集成和整合起来；（4）利用移动技术将企业实现动态互联，并寻求细分市场。

思科的时任CIO Rebecca领导着将近7 000人的IT团队，她直接向钱伯斯报告；在团队中有四个高级副总裁，分别负责全球渠道计划和互联网业务解决方案、IT的全球化、通信与协作及全球基础设施建设。IT部门提供的服务包括咨询服务、万物互联交换、平台服务和托管服务、技术服务和高级服务。IT部门提供服务的客户满意度均值从3.9提升到4.6。2015年，公司对IT部门的投资占销售额的2.5%—3%，其中，2%确保对业务的支持，0.5%—1%是新技术的投入和研发；IT投资的80%由IT部门集中应用，另外20%交给各个业务部门自行选择。总之，思科通过各种途径力图将其IT部门打造成行业内最好的IT部门。

八、信息化的价值与投资回报

思科的客户价值链比较长,统一的运营体系和IT系统也非常复杂。在整个价值链中有虚拟工厂和网络化的虚拟供应链,思科信息化的目标是在各个企业之间实现无缝融合并确保运营的一致性,并使思科的价值链具有不断延伸和可复制的能力。为了达到这一目标,思科的信息化部门有7 000多名员工,其中近一半人在国外工作,并且企业对信息化的投入占到其销售收入的3%。企业对信息化的投入已经给业务发展带来了丰厚的回报,投入产出比多年来已经达到1∶4。除了推动业绩增长,信息化投资对企业还有其他方面的贡献:技术应用给客户和企业员工带来了全新的使用体验,以及大大提升了企业快速响应的能力。

秘书虚拟掌管40多栋楼宇

对思科来说,信息服务和产品会很快地被竞争对手复制和学习,唯一能给企业带来差异化竞争优势的是给客户和合作伙伴创造的体验。只有创造无与伦比的体验,并且不断地进行完善和优化,企业才能吸引并且留住客户、员工和合作伙伴。用户体验与产品密不可分,并且决定着产品的可扩展性。过去,用户体验主要由产品决定,用户的判断标准比较简单,主要是从广告中了解产品。但今天,用户的体验判断标准来自社交网络中其他用户分享的信息及口碑,客户的期望值变得越来越高。

企业高层对信息化的价值判断通常出于战略和业务的考虑,他们希望总收入上升,生产率也上升,希望做大企业,快速创新,消除低效环节,更加贴近客户,增加客户数量,但又不希望增加信息技术投入的成本。要达到这些目标,信息部门的负责人就要帮助企业寻找新的收入来源和新的商业机会,而信息技术的创新和应用恰恰有可能提供这样的机会。实际上,企业领导者对于IT部门的期待已经发生了变化。过去,IT部门只是一个成本中心,被用来最小化公司的成本,但是在经济复苏之后,企业管理层意识到IT既可以降低成本,又可以提高效益。随着企业的发展,IT投资于价值链系统,可以帮助企业降低运营成本,提高一条龙企业的整体运营效率,信息系统因此成为思科核心竞争力的一部分。

信息技术的应用必须与企业业务发展紧密结合,要达到这个目标,CIO必须与企业领导人保持紧密联系和进行有效的沟通,CIO有效的沟通能力是成功实现信息技术支持业务发展的关键因素。为了实现对业务的支持,IT部门的核心任务是提供服务,而不是仅仅关注开发软件、开发数据库等技术性工作。同时,高质量、稳定的IT服务体系也需要经历转型。

随着社会信息化进程加速,思科对信息技术商业价值的看法不断发生变化。企业所服务的客户变得越来越强大,他们全身上下装备着各种电子产品,如手机、笔记本电脑、iPad等。客户的期望值也越来越高,他们需要更加个性化的服务和丰富的体验,想要得到及时的享受或满意的生活方式,比如在家购物或在沙滩上订晚餐等。从另一个角度看,信息安全变得越来越重要，比如通过网上银行进行电子支付和转账时，客户很重视信息安全和隐私保护。此外，随着全球化进程的加速，世界变得更加移动化，对信息技术应用的个性化、动态化和整合化要求越来越高。

思科非常关注未来3—5年内的创新技术。例如，用IPV6实现无限连接：任何事物都有专属的IP地址，互联网地址的数量将达到3.36×10^{39}个，这个智能的环境能够记录企业的一切行为。到那时，任何平面物体都可以变成显示屏，视频无处不在；计算机制造的人会异常逼真，人们无法辨别真伪。再如，生物植入物和配件的应用：可食用传感器可以被附加到每个药片上，当人体水分将传感器激活之后，它通过人体传输的电子信号能够被外界的读取器监测，用来判断药物水平和类型，之后药片的IP地址可以传送到智能手机，以便医生或家人监控病人是否按时服用了正确的药片。

信息技术应用中另一个重要的问题是如何减少能源消耗，节约资金，降低运营成本。以IBM为例，IBM的能源花费占其支出的50%，它实施的"绿色创新计划"包括使用虚拟服务器，使硬件用同样的能量完成更多的任务，仅在必要时使用空调制冷，通过热力工程和三维建模优化数据中心的空气流通，等等。实施了此项计划之后，IBM在2010年年底之前实现了数据中心处理能力翻倍。比较典型的还有亚马逊公司，亚马逊公司的成本中有50%是信息技术运行成本。为此，它们开展了一个减少能源消耗的计划，到2010年为止，在不增加能源消耗的前提下，使数据中心的存量加倍，换言之，其能源的消耗量只有过去的1/4。同样，思科借助绿色IT技术，累计节约了33亿美元。如前所述，虚拟云计算就是IT部门推行的一种绿色措施，因为它可以更高效地使用服务器及其存储空间，减少实际运行设备的数量。

九、小结

全球性企业的核心竞争力之一是对全球价值链的高效管理。根据经合组织秘书处的报告，20 世纪 90 年代，世界各国政府和企业加速了对与国际贸易有关的国际价值链（global value chains，GVCs）的投资，很多跨国公司在进行全球市场、资源和能力布局的同时，进行全球价值链的布局：它们将附加值高且知识密集型的研发、设计、市场营销、品牌等最核心的环节留在国内，将组装、生产配件等劳动密集型环节外包到发展中国家，通过寻求廉价劳动力和贴近市场，获得自身收益的最大化。而政府通过降低收入税和其他相关激励机制，鼓励企业投资研发等核心环节，以增强企业的核心竞争力。思科通过将客户价值链、供应链和信息系统整合的方式，实现了其运营能力的领先优势。在三者整合的过程中，客户价值链是整个体系框架的核心，提供供应链和信息系统的发展方向；供应链决定了要提高客户体验的具体物流、资金流的配置；信息系统将具体的操作过程数据化、标准化和透明化，变成可复制、可扩展和可追溯的战略资产。信息系统创造了效率、速度、透明度和准确性等价值，使客户从下订单那一刻起，就可以对订单的实施过程进行追溯和动态监控，这样，就降低了订单交付过程中的不确定性和模糊性，实现了过程的可视化和可监控性。对过程的管理就是对结果的管理，有了严格的过程管理，产品的品质就有了保障，这大大改善了客户体验，提高了客户满意度，真正实现了端到端的服务。思科在经济环境不景气的时候加大对国际供应链的优化和提升，使其供应链运营管理能力在美国企业供应链管理排名中排到第五位，确保了企业流程的高附加值和可持续发展能力。

商业模式创新与过程管理、信息系统密切相关。随着企业规模扩大，产品品类增加，供应商和客户的数量也会增加，随之而来的是企业复杂性也不断增加。为了简化复杂性，企业需要在信息管理体系上遵循一致性、可复制性的原则。思科的一致性与可复制性在其全球性企业的建设与运营过程中是非常成功的。信息系统给规模经济带来了复制成本低、速度快、集成性强等特点，使其真正成为企业战略投资的重要基础和资源。但与此同时，企业信息化建设是一个长期过程，需要在复杂性与简约化、动态性与稳定性、灵活性与集成性方面不断进行权衡和调整，以满足客户和企业自身发展多元能力的要求。

对于全球性企业来说，其信息化的管理水平决定了它对全球资源的掌控能力，特别是对客户资源、财务资源和运营过程的控制。西方的管理思想和方法是以过程为核心的，过程建设就是制度建设，过程管理粗放，制度漏洞就多；企业的持续完善是过程持续优化提升的过程，控制了过程就可以控制结果。思科的 ISO 系列、六西格玛、流程再造、精细制造、价值链管理、供应链管理和信息系统管理，均以业务流程为核心进行管理变革，并且从企业级、产业级向全球价值链、电子商务生态系统演变，其覆盖范围越来越广泛。无论是政府还是企业，其对过程的掌控能力决定了它整合资源的能力、在商业生态系统中的地位和影响力。在这方面具有核心能力的企业能真正成为龙头企业，具有核心的主导作用，并在价值链中占据高端。未来，随着互联网和物联网越来越广泛地与企业业务融合，掌握着企业间、企业与客户间交易大数据的企业，将会成为无冕之王。

第十章

协作型组织与知识管理

一、引言

企业的协作与合作是两个不同的概念。协作是指在个人或组织之间创造一种共同规划、共同执行和共同评估的模式,在这个过程中,相关利益者要共同分担责权利、共同参与决策过程。与合作相比,协作所投入的时间和精力要更多。合作指的是个人或组织之间通过彼此协议一起工作,在这个过程中,相关各方是相互独立和自治的,为了共同的目标和项目一起工作,但仅此而已。研究表明,协作型组织具有三个特征:第一,在结构上,具有跨部门、跨企业的协作机制,在不同地域或不同专业背景下,彼此共享资源;第二,在关系上,多层复杂性组织机构内有彼此支持的关系;第三,在流程上,有正式的途径和方法,进行跨部门的沟通、合作和决策,为了完成一项共同的目标,在规划和执行时组建联合团队,联合团队对项目的结果、交付和考核有一致的认识;第四,在沟通上,联合团队各层级之间有正式的、有效的沟通渠道和方法,在沟通的过程中,信息的透明度非常重要;第五,在资源层面,联合团队在规划阶段都愿意贡献时间、资源和能力,双方共同拥有相关的系统和平台。

要想建立协作型组织,要从八个方面入手。一是以市场和客户为导向，企业的敏捷性和灵活性反映在它对市场需求的匹配程度上，只有企业各部门之间建立了高效协作的组织，才能真正成为市场和客户导向的组织。二是明确企业的各项任务是如何完成的，流程怎样，人们的责权利怎样。在此基础上，真正做到把正确的信息，在正确的时间里交给正确的人，并让他做出正确的决策。三是对组织结构和流程进行必要的调整。协作型组织并不仅仅关心是否把事情做了，更关注事情是怎样做的，这里面的障碍和困难是什么，因此，协作型组织对结构、制度、流程和激励机制的设计是关键。四是在建立协作型组织的过程中，领导人和管理者的作用是非常重要的，他们如何为自己定位，如何授权，如何设计做事情的方法，创建什么样的文化，对能否建设成协作型组织至关重要。五是基层员工并不会自动进行协作，因此必须进行组织层面的设计，通过培训、支持、激励和各种指导鼓励员工之间的协作，并把内部的竞争关系转变为协作关系，做到在正确的时间里给予员工正确的信息来决策并采取行动。六是支持系统要跟上，企业要支持一线员工思考和重新设计工作方法，并辅以各种激励机制。七是建立协作性文化。协作型组织的主要目的是实现对客户和市场需求的快速响应和应对，这对企业的生存发展至关重要；同时，协作型组织中充盈着企业家精神，对各种机遇高度敏锐，各个部门为了相同的目标齐心协力等。八是采用有助于企业协作的信息技术工具和方法，以更高的效率和更低的成本支持协作部门之间的信息流动、信息共享和知识管理。

思科在全球96个国家有460个办公室，组织体系的架构是按照职能部门和三大地理区域为主导的实体性组织，没有子公司。这种组织架构的好处是管理成本低，企业不需要设置很多的厂长、财务总监和销售人员，通过统一采购和规模化经营，可以大幅降低成本。同时，思科建立一个大的统一的 IT 架构支持整个企业的运营，确保信息的真实与集成，有利于企业管理层的扁平化，减少层次，提高决策效率，人才可以内部流动。在市场层面，客户只需要与一个销售代表打交道，不需要与多个不同的部门代表打交道，以确保交付产品的一致性；企业统一运营一个品牌，降低外部交易成本，提高不同职能部门协作，带来不同的收益组合。

但是，这种组织架构也有很多弱点：管理层工作量大，功能之间的协调性要非常强，组织体系的内在复杂性还会造成不能快速决策，职能部门之间的协作速度慢，内部的灵活性差等。企业庞大可能导致市场变化反应速度慢，职能部门之间的协调性差，内部交易成本高，企业有可能将大量的时间花在内部协调，而不是面向客户上。由于决策高度集中，在一定程度上会对风险控制提出很高的要求。

二、用知识平台构筑企业差异化的基础

随着经济快速全球化，跨国竞争使得企业的生存环境日趋严峻，如何发掘和构建一个企业的实质战略差异，确保企业的可持续性竞争优势，成为企业领导人面对的严峻课题。

思科属于知识和技术密集型企业，如何有效地管理知识这项战略性资源，如何激发集体的智慧和潜能，并不断探寻创新和转型的空间，是思科与其他企业差异化的重要基础。

在设计适合 80 后和 90 后的组织架构和文化氛围的过程中，思科的领导层切身意识到：好的组织设计和管理需要观察每一代人的品格特征和需求，根据他们的特点来制定相应的组织工作方式。例如，在美国，生活在不同时代的人其品格与特质非常不一样。1925 年到 1945 年之间出生的人大多吃苦耐劳，勤勉肯干，但这些人多数已经退休。50 后、60 后的人经历

了美国经济蓬勃发展的阶段。对于80后、90后这一代人来说，他们的特点是学习能力强，个性独立，重视友谊，开放，自由，离职率比较高，愿意到世界上任何一个更认可和尊重其价值和才华的地方去工作。在这种情况下，思科认为应该创造一个适应人才流动的工作环境和工作机制，因而设计出符合这代人需求和特点的信息平台，以满足他们在职业发展和工作竞争方面的欲望和需求，这是非常重要的。这对提高全球性企业人力资源的发展水平、提升工作效率和生产力都非常重要。

对于知识型和创新型企业来说，要在激烈的国际竞争中确保领先地位，必须做到以下三点：

（1）持续吸引创新型人才到思科工作。当前思科非常关注如何才能吸引真正有才能的人来思科工作并留下来，为此，企业要了解最佳人才的衡量标准，以及通过什么方式才能吸引到他们。思科还建立了完备的人才库，关注不同时期对人才的需求，实现更好的人才管理。

（2）当优秀人才来到企业后，他们能否随时随地、快速高效地应对来自世界各地各种客户的需求挑战，实现有效的协作配合？此时，信息平台的建设为员工之间跨国、跨时区和跨文化协作创造了良好的条件，思科这样做的结果是获得了员工的支持和认同。

（3）知识型企业需要正确的领导、正确的人员和正确的时间安排。在思科，正确的员工具有敬业度，对敬业度的定义就是员工愿意在工作中付出额外的努力，这对于提升企业的竞争力有很大意义。我们发现，一个企业在培养人才的敬业精神方面做得好，就会对企业绩效提升有正相关的影响。因此，培养员工敬业度是思科的重要战略之一，也是思科具有差异化竞争优势的基础，如何为员工创造良好的工作氛围和协作平台被视为思科组织能力的重要工作。

三、利用信息技术创造不同的工作环境

在 34 年的发展历程中，思科会根据不同时代的不同信息技术塑造新的工作环境和方式。20 世纪 90 年代，思科主要采用个人和计算机，以及端点之间相连和互动的工作模式；2000 年年初，智能信息网络已经发展起来，人与人之间的互动变得更为重要，一对多、多对多的交流方式越来越普及；2009 年以来，协作式关系、社交网络和网络平台建立，思科把握了对建立协作型组织具有关键性作用的全球式、协作式网络平台的建设契机，将其作为区别于其他企业的重要战略资产进行投资和建设，以求通过协作式网络致力于多人与多人之间的互动和交流。

研究结果表明，至 2016 年，超过 60% 的员工将会在流动状态下工作。员工不断出差旅行，给传统的以办公室为主的工作方式带来了挑战，如果管理者仍按照办公室工作方式进行组织设计，会造成空间和时间的巨大浪费，并对客户需求的响应和协同工作带来困难。在流动状态下，员工需要随时随地取得联系并相互协作，这才是最有效的工作方式，而新型的协同技术和工具能有效地帮助企业解决这些问题。

四、利用信息技术打造协作型组织

协作型组织表现在能够根据市场的变化快速调整自己，抓住市场的新机遇。协作型组织能打破部门、事业部和职能间的壁垒，组织设计是根据客户需求和市场变化来组合企业内部的人员、信息和资源，而不是以组织内在需求为核心来设计和管理。因此，协作型组织更具有适应性，敏捷且反应迅速，适应新环境的能力更强。

随着国际竞争日趋激烈，速度变得更加重要。宝洁的佳洁士牙膏在美

国的牙膏市场份额一直保持领先,高露洁花了 45 年的时间才找到打败佳洁士的战略。但今天的信息技术快速发展,市场不会给企业这么长的时间去打败竞争对手。因此,企业内部的协作效率对速度而言至关重要。

信息技术可以为企业构筑一个无边界网络,帮助企业打破组织内外的各种壁垒,打破与客户、供应商甚至与竞争对手之间的边界,使企业各部门、各地区和各个环节可以无缝接轨,高效运作,组织的知识和平台对员工和客户提供强有力的支持与协作,帮助他们更好地完成自己的工作。信息技术同时还帮助企业扩展虚拟疆界,将触手延展到更广泛的市场和客户中。

构建新的工作生态系统。金融危机和经济衰退迫使员工改变原有的工作方式。Web 2.0（比如社交网络）的出现使技术更易使用,更加普及,也更具有影响力。这对企业的员工、客户和技术支持的工作生态系统产生了冲击。在这个工作生态系统中,员工希望在企业使用新技术,而且最好是与他们日常生活中所使用的相同的技术。对企业来说,希望通过技术的应用促进员工、部门和地域之间更有效的合作,虽然有不少企业已经认识到新技术工具的重要性,但很少有企业有能力将这些技术与企业协作整合起来。对客户来说,他们具有分享信息、比较价格、编写和阅读评论的权利,相同需求的人或周遭的人们提供的信息和意见对其做出重要决策很有帮助。客户还希望参与买卖过程,并在交易过程中占据控制地位。对于思科来说,能为客户提供完美体验至关重要,否则,一旦客户将对产品或服务的不满意发到网上,就相当于瞬间把糟糕的经历告诉了身边成千上万的朋友,后果不堪设想。

建设协作式的工作环境。对于一个健康的企业来说,倾听和坦诚沟通具有重要意义,企业所创造的工作环境和工作平台应该与其价值主张和文化相协调。在硅谷,不同的高科技企业以提供不同的文化环境和工作氛围

第十章 协作型组织与知识管理

为荣。以谷歌为例,它以为员工提供各式各样的服务和福利著称,如精心烹饪美味且免费的食物,帮员工免费洗衣服等,目的就是希望员工在工作场所待的时间越久越好,这就是谷歌提供给员工的价值主张。对于思科来说,更重视灵活度比较高的员工并为他们提供非常便捷的远程协作工作环境。思科有40%的员工经常在移动状态下工作,他们自称是移动员工,并不固定在办公室工作;但对60%的工程师来说,办公室的使用效率比较高。还有一部分员工喜欢在家办公,大约每周两次在家办公,为此,思科引进和开发了很多信息技术工具来支持员工在远程状态下工作,而且让工作效率和在办公室办公一样高,这是思科体验协作技术的重要实践,员工也认为灵活的工作模式更加高效,同时提高了其生活质量和时间管理能力,还可以将工作与家庭兼顾起来。

思科的远程视频管理系统

网真对面对面交流的贡献。网真技术是近年出现的能将视频通信与沟通体验融为一体的远程视频会议技术,具有真人大小、超高清晰、低延时的特点，其注重真实面对面沟通交流的效果，实现过程涉及网络、通信、会商环境、功能应用等多个方面，最终呈现给会商参与者的是一种与事务应用相结合的一体化真实沟通体验。网真使用操作简便，情景逼真，互动各方仿佛身临其境地进行面对面的交流，解决了一般远程会议视频系统中画面呆板、人员图像小、难以进行发言人与听众互动的弊端。网真技术使距离的障碍不复存在，全球各地的员工彼此间能够便捷地交换经验，虚拟发言人能非常真实地向来宾授课，而且最新的技术还使得人们不仅仅可以知道对话双方说话的内容，还使得谈话者能够直视对方的眼睛，观察对方的身体动作，就像面对面交流一样。网真技术使思科的客户数量增加了2—3倍，减少了大量出差花费和成本（17%），支出减少了15亿美元，有10亿美元的资源可以重新配置，低碳环保，沟通效果佳。思科还使用虚拟会议系统来实现全球运营，并接近其在新兴经济体的顾客。思科有两个总部：一个在加州圣何塞，一个在印度的班加罗尔。两个中心之间的联系非常紧密。这种联系很大程度上是靠思科的网真和统一通信来实现的。各大区的负责人在家里也安装了网真，有时会半夜起来参加公司的全球视频高管会议。对思科来说，网真成了跨地区、跨国界开会和面对面交流的最佳途径。至今，思科系统公司在全球共部署了223个网真会议室，该项技术获得多项最佳高科技创新奖。

网真除了具有开会交流的功能外，也可用来做新员工面试、录用讨论（这种招聘方式非常高效），还可用于人员培训方面。思科有一个项目叫电子辅导，员工可以自己选择导师，很多时候员工和所选择的导师甚至不在同一个城市、国家工作，通过协作工具可以进行导师与员工的远程培训，弥补距离造成的不便。2015年，思科开发了语言自动翻译技术，这使交流中语言的障碍也不复存在，将人们的距离进一步拉近。

一线员工与总部高层的实时对话。除了网真之外，思科还开发了一个新技术叫 Jabber，Jabber 的主要功能是在进行高管会议时，广大员工可以通过 Jabber 进行交流。这种沟通是高效的，远程的高管可以立刻知道员工所关心的问题，因此大大提高了员工对企业事务的参与度。以思科总部和全球各地员工对话沟通为例，钱伯斯通常站在一个大屋子中间面对全球员工进行讲演，附近放置的大屏幕就是全球各地正在实时参与会议的思科员工，他们可以通过 Jabber 提问和发表看法，这是全球性企业沟通交流的方式。对思科高层来说，在召开会议时，非常希望听到在其他国家工作的思科员工的反馈、意见和建议，不会存在因为地理的隔绝而造成没有机会直接向上级反映的情况，这种方式积极有效，可以让员工随时随地表达心声。

社交网络对企业的影响。目前在世界上受到年轻人喜欢的社交网络（如 Facebook，Twitter 等）正在普及，未来社交媒体对员工的影响尚未可知。在 2011 年美国首席人力资源官的聚会中，大家都谈到了互联网社交媒体对员工工作和行为方式所产生的影响。年轻人在这些网络中有一种互相联系和相互连接的感觉，那么，如何将这些网络与工作场合相连接，同时为人力资源的开发和提升做出贡献呢？面对越来越多的年轻人加入社交网络，企业是否也将社交网络纳入或发展自己设计的社交网络？对于这一类问题，业内的人力资源主管有着不同的看法和争论，很多行业主管不愿意让员工参与到开放性的社交网络中，他们担心一些重要的信息可能会被泄露出去，被无意识地分享，导致商业秘密外流，影响企业的竞争优势。对思科的人力资源管理者来说，他们看到了社交网络存在的积极影响。从目前很多企业的绩效管理系统来看，绩效管理是通过纸质文本进行记录和考核的，很多目标在年初订立，到年底再根据目标做绩效的评估。展望未来，我们设想通过社交网络在全球范围内创造一个虚拟空间，人们在彼此协同工作的同时还可以对他人的工作进行评价。对于这种设想,当时业内还处于探索状态,社交网络对企业的价值有待进一步挖掘。

思科通过协同技术,获得了巨大的收益。传统的管理技术和等级结构的管理跨度是10人左右;通过协同技术,2005年思科的管理跨度到了40人左右;到2009年,思科协作管理的跨度已经增加到500—3 000人。2009财年,思科向Web 2.0协作解决方案投资1.16亿美元,不到9个月,产生了11亿美元的净收益。思科与人有关的成本约占总成本的84%,这显示了协作工具的投资越多,回报越大。

五、跨组织协作

协作型组织除了支持企业内部协作外,还要支持外部协作,包括与客户、合伙人、供应商和合作伙伴之间的协作。企业之间通过协作平台构建一个共享的价值网络和商业生态系统,对竞争对手的赶超制造了障碍,同时,企业之间的协作不但降低了交易成本,还提高了共同效率,对可持续发展具有重要意义。维基百科、Firefox和Linux、YouTube和Flickr等都是共同创造的成功例子。在这方面,苹果公司比音乐行业的领先者索尼做得更好。索尼制造的Walkman曾经创造了2亿台销量的辉煌业绩,其线上音乐的销售额达到了620亿美元,它的产品可以与众多品牌的电脑进行互联。相比之下,当时苹果公司推出的iPod只能与Mac机相连,销售额也只有索尼的十分之一,更何况iPod的电池是由索尼制造的。在这种业态下,如果让大家选择胜者,可能所有人都会选择索尼。然而,苹果公司通过商业模式创新,制造了更大的创新空间,它将自己的设计工业化,与不同的公司合作,通过众包的方式,将大量App应用软件集成到苹果公司的平台上,将产业链中的各方形成一个利益共同体,把各方面的资源和力量都集中于一个平台上，这个平台上的资源可以在它的 Mac、iPhone 和 iPad 上共享，对客户产生了巨大的吸引力，从而成为当今世界上最具有创新性和最有价值的企业。但索尼却大门紧关，与供应商之间根本没有拓展合作关系，公司内部众多部门独立运作，电脑部门与音乐部门互不干涉，出现的综合性问题无法及时得到解决。结果，在激烈的国际竞争中，索尼最终被苹果打败，损失惨重，其企业文化甚至不允许部门间相互协作，所以当索尼开始尝试合作时，销量更是一落千丈。由此可见，坏的合作比没有合作更差。

网真系统的应用不仅解决了思科跨部门、跨区域和跨国界的沟通协作问题，还为其客户价值链管理带来了积极的影响。根据思科的官方统计数据，仅 2009 年，网真会议就举行多达 2 932 次。在客户价值链管理中使用网真，减少的差旅次数估计为 1 681 次，节省的差旅费用估计为 186.63 万美元，减少的碳排放量估计为 544.76 吨，提高了数百万美元的生产效益。其中，降低差旅成本 30%，增加员工互动 23%，增加员工的知识分享 19%，提高员工的工作效率 18%，提升处理客户问题 3%，加快新产品上市时间 3%，缓解危机、保持业务持续增长 2%，增加思科高层与客户面对面交流 1% 及向客户面对面展示思科产品 1%。

六、将协作技术用到销售工作中

促进销售。协作技术可以对销售工作产生积极的影响，思科将虚拟化和移动性技术应用作为开发重点。思科总部设有一个技术产品综合展示中心，以反映思科的综合解决方案和技术能力，若要在全球 500 个思科的办公室里都设置同样的展示中心是不实际的，因为它成本高昂，但世界各地的客户都有兴趣先看看思科的产品。为了解决这个问题，思科采用虚拟化的技术，销售人员只需一台样机就可以以虚拟的方式向世界各国的客户演示思科已有的产品及其应用。现在,思科已经建立了思科销售信息中心,所有销售服务团队使用的应用都集中存放到一个知识库中,所有销售人员都可以分享使用这些知识成果。

移动动态支付。在 2011 年,思科将协作技术嵌入 iPad 和 iPhone 中,进行费用计算。当客户经理、销售经理出差时,他们可以打开这个应用,在线申报差旅花销。如开车从自己家到客户那儿,自动启动这个应用系统,标出出发点和目的地,将它和谷歌地图连接,就可以计算这一段路的距离及油费。而当销售人员去外地出差,住在某个宾馆时,直接将宾馆信息输入这个应用系统,它就会根据即时价格自动计算住宿费用,而这些报销费用会直接计入个人账户中。通过这些技术,思科帮助员工大大减少了在烦琐工作上所花费的时间和精力,把这些宝贵的资源用于更有价值和更重要的事情上,帮助销售团队提高生产力和工作效率。

网真销售员大会。在过去的两三年中,思科探索最具创新的一项技术就是通过网真举行虚拟销售会议,通过网真,将来自拉斯维加斯、旧金山的销售人员集中起来开会,大大减少了旅途成本,这个技术应用也获得了多项业界大奖。为此,思科投资 2 000 万美元设计概念、制订执行计划和技术解决方案,使得世界各地的销售人员都可以通过网真视频参加全球大会。美国的一些大学还通过网真系统构建虚拟教室,提供 EMBA 的项目培训。

共享专家知识。作为一个全球性企业,思科需要在世界各国(特别是新兴工业化国家)拜访客户,但在任何企业中有经验的专家都是稀缺的,受到这一资源的制约,销售团队常会感到捉襟见肘,企业也很难把销售规模做大。为了有效解决这个问题,思科专门成立了一个由工程师组成的 7×24 的虚拟技术支持团队,帮助销售团队快速应对解决如招投标项目、技术方案等复杂问题。例如,销售团队在中午见到大客户,客户要求销售人员下午三点完成一个商业计划书，这个原本看来不可能完成的工作在虚拟团队的帮助下可以高效完成。任何时候你把任务给这个 7×24 的虚拟技术支持团队，他们都可以迅速完成。这就是利用信息技术加速销售团队的反应速度、提高生产力的卓越表现。

七、知识管理与知识增值链

目前思科所面临的新问题与挑战是如何处理大量数据。2012 年，20 个家庭宽带产生的数据流量会超过 2008 年整个互联网的数据流量。至 2010 年年底，整个互联网会传递 0.5 千万兆字节的数据。数据的快速增长主要基于以下三个原因：

一是视频的广泛使用。思科 CEO 钱伯斯认为"视频是一种新的声音"。因为视频是一种更为丰富的交流方式，它比传统的文本交流包含更丰富的数据。随着很多手持设备的应用都有照相、录音和录像功能，这种普及性和便捷性将会使互联网上的视频数量急剧增加。

二是快速增长的互联网。互联网仍然在快速扩张。下一代将会有 10 亿人通过无线设备接入互联网。互联网中节点和设备的数量每 5.32 年就会翻倍，如果一个人拥有多个设备与互联网相连，则意味着 2020 年，互联网上连接设备的数量将超过人类的数量。

三是无处不在的照相机。现在几乎所有的装置都配备摄像功能，这使普通人都变成了兼职的摄影和摄像工作者。电视机也渐渐地配备内嵌式摄像头。随着这些廉价、优质、操作简便的摄像机的推广，通过多媒体产生的数据也将持续大量增加。

大数据带来了很多挑战。数据量的快速增加给人类带来了大数据问题。所谓大数据是指数据集的集合相当大和复杂，使得人类目前拥有的数据库管理工具在这些数据面前显得捉襟见肘。这些工具在捕捉、存储、检索、分享、分析和可视化这些数据资源时显得力不从心。根据Gartner专家Doug Laney的分析,从三个层面(被Laney称为3V)上看,大量数据所带来的问题对人类来说既是挑战也是机遇:一是数据量(volume)的增加,二是速率(velocity)的增加,三是数据的多样化(variety)。对于如何处理这些信息资产,如何从中发现价值,既是思科要面对的问题,也是作为互联网设备提供商要为客户解决的问题。

除了大量数据问题外,海量数据还带来了数据污染问题。污染通常是指把污染物引入自然环境之后带来的不稳定、无序、破坏或生态系统的混乱。当今产生的海量数据经常会污染企业的环境并对企业业务造成"不稳定、无序、破坏或者不适"。这一现象被称为数据污染(infolution),即数据快速增加给信息环境带来的污染,使决策和解决问题的复杂性增加。例如,人们难以找到真正需要的信息和知识,真假数据混杂其中,数据很难创造新的价值,大量无用的数据存储占据了存储空间和技术资源,等等。

数据污染加大了企业的运营成本,企业通过花费在储存过量数据上的资金可以衡量这些损失。例如,思科在2010年花费7 700万美元用于储存数据,而这些数据已经超过一年的时间没有被人们使用过。并且,并非只有思科有这种情况。根据Gartner公司的调查显示,在传统企业中,有超过70%的数据没有被使用过。

面对如此海量的数据,对企业来说,面临的一个最核心的问题就是如何将海量数据转化为有价值的信息和知识。数据本身没有用,它只有在被标记、组织、整合、分类以后才能增值为信息。信息在被加工后有助于提高人们的决策速度和做事效率时,才能转化成知识。换言之,知识的产生基于正确、可靠的数据,从中产生有用的信息,并为人所用,从数据到知识是一个持续增值的过程。除了处理大量数据带来的挑战，思科还发现，如何处理企业快速增加的视频信息也是极具挑战性的课题。至今，人们对于视频信息仍然缺乏有效的分类、标引和检索方法。视频中包含越来越多的数据和信息，但企业很难从储存的视频库中找到有价值的重要信息。

企业应该如何把数据转化为信息？答案也许来自人脑。人们善于过滤噪声并将精力集中在对其更重要的事情上，企业通过模仿人脑来处理数据，确保员工能随时找到他们所需要的信息。思科采取的做法是开发了一个专业兴趣信息分类体系（如财务、市场、产品设计等），员工根据自己的兴趣在信息分类体系中登记，通过兴趣小组在企业内形成大量虚拟社区，在社区内，员工通过交流分享与自己专业有关的信息来认识同行、结成友谊、相互学习、共同成长，当员工需要相关信息和同行支持时，可以随时随地获取这些内容。

一旦数据转化成了信息，下一步就是把信息转化为知识。这一步非常重要，因为知识对于管理人员制定重要的业务决策而言，是必不可少的。

企业还要创造一个便于分享知识的环境。企业员工需要一个可以方便合作、自由分享知识及资源，快速有效地发现、利用和分享知识的环境，并迅速在企业内部找到目标专家并与之交流，这些工作最好在一个平台上就可以实现，而这个平台需要得到适当的技术、流程与文化的支持。这种环境建立之后，就会形成知识创新的文化，这种文化支持企业内的各个团体自由分享新想法，自由讨论创意和问题的多种选择和解决方案，这种开放、无边界、透明的组织交流氛围，可以跨越职务、地理、语言和时空的局限，有利于企业生产力的提高和创新的加速。

八、集成工作经验平台与知识分享

思科有一个非常明确的知识管理的愿景,即让自己的每一步发展都与网络化的信息技术联系起来,通过技术和业务的整合向服务导向的组织迈进。为了达到这个目标,思科的员工和用户要便捷地在人、信息和业务流程之间建立连接,使人们可以高效工作。

无论是员工还是用户都需要方便地协作,自由地分享知识和资源,有效地找到、组织和分析信息,让用户高效地找到专家,并能够方便快速地与企业内的专家进行交流,这一环节依靠适当的技术、流程和文化共同构成。最终,思科的信息技术将发展和培育出一种开放的、无边界的、透明的工作环境,使得在不同部门和不同区域的人都能够高效工作并提高生产效率。

思科知识管理的重点是建设集成工作经验(integrated workforce experience,IWE)平台。IWE 平台所要解决的核心问题是:第一,经济全球化带来的员工在不同职能部门或区域轮换工作时所导致的知识和信息难以被发现,进而无法进行有效的组织和管理,以及员工的离岗离职带来的知识流失;第二,企业的知识通常分散在不同的部门,企业内部存在着大量的信息孤岛;第三,知识是静态的,没有得到分享和重复利用;第四,用户难以分享或为知识增加价值;第五,知识被存储之后就很少被人们检索和利用;第六,专家并不一定愿意出头露面;第七,很多个人的真知灼见和专门技能知识只存在于人们的私下交往过程中;第八,由于工作中要接触大量信息,员工承受着信息超载的巨大压力,在这种情况下,大家不愿意接受变革;第九,由于企业内部存在着各种各样的信息技术平台,平台之间的信息难以交换和整合,大大降低了工作效率;等等。

IWE 平台将取代其他平台,给员工的交流和合作创造更多的方便。

如当员工参加会议时,该平台可以提供其他与会者的背景信息,包括参会人的专业、做过的项目和擅长的领域,还会提供与当天会议主题相关的文献,以及与之相关的外部信息链接。

IWE 平台主要由三部分组成:

(1)人。IWE 平台中关于人的部分增加了新的信息,包括技能、以前创建的文件以及社区、兴趣等。

(2)信息。IWE 平台的信息部分是思科所有员工创造的信息的知识库。当员工查找某一特定主题时,IWE 平台将会提供一系列相关文献。除了文献名和摘要信息,用户还可以看到由文献作者完成的其他信息。

(3)社区。社区是 IWE 平台最有效的一部分,因为它可以帮助员工很容易地找到需要合作的人并很容易地获取所需的信息。

IWE 平台的这三部分内容是高度集成的,这就保证员工不论处于系统的任何位置都可以容易地获取所需的信息。IWE 平台由 Cisco Quad 来支持实现。Cisco Quad 是一个企业合作平台,它将社交网络的功能与通信系统、业务信息和内容管理系统的功能整合。Cisco Quad 通过下列方式提高业务水平:第一,最大化员工技能和鼓励知识分享、知识转移来提高生产力;第二,通过建设鼓励员工积极参与的氛围、保护敏感的文档和材料以及加快产品推向市场的速度等方式来鼓励创新;第三,通过特定环境下的内容定制,让某领域的专家和需要他们的员工更容易接近,分享最佳实践和所学经验,以及创造合作化的文化等方式来促进增长。

通过 IWE 平台,思科有了集中式的信息通道,能够有目的地对信息进行传送。它所带来的好处包括轻松发现企业内部的信息和专家背景资料,以个性化的方式组织信息,创造、发布、组织及共享信息,参与不间断的会议和讨论,通过多种技术发现各领域的专家并与之交流,集成和平衡集体的智慧。

IWE平台带来新的日常工作的方式。为了集中并把相关信息传递给员工,以及允许员工实现全球化协作,思科的IT部门在将新技术用于组织内部协作时,帮助企业解决了全球经营中信息和知识分散、难以共享和使用等问题。

为了有效评估IWE平台的效果,思科还对平台的使用情况进行了量化评测。测量指标包括哪些团队和部门提供了有价值的信息,团队成员使用平台的次数、访问量、点击量、内部网络网页数、跨部门和跨区域的参与、讨论区、上传的文档数量、博客、维基百科上的词条、用户提供的评论、评级,等等。当然,思科的IT部门在收集平台使用指标方面还处于起步阶段,其最终价值目前尚难以全面展示。但随着更多的IT业务过程实现集成化,以及更多的用户使用该平台,它的真正价值将会更容易地被测量出来。未来思科重点评估其关键价值的指标包括:产品上市时间、生产率增加比例、生产效率的提高和沟通交流成本的降低。IWE平台对思科的商业价值巨大。第一,通过分享知识,思科的知识管理系统对企业的业务产生积极的影响,给思科或客户在投资收益、成本、风险及市场份额等方面带来积极的影响。第二,提高企业的影响力。通过开放和透明的环境,可以便捷地扩大和提升思科与合作伙伴和客户的联系。第三,提升企业的创新效率。通过知识和经验的共享增加思科的合作伙伴、用户及其自身的创新能力。第四,增强变革管理能力。平台所创造的新的工作氛围和文化,是技术使用所引发的新的组织变革;同时,当企业要推进新的变革时,平台也会成为大家集思广益、凝聚共识的基础。

未来,在IWE平台的基础上,思科会建设"知识云"。"云"是知识集成与知识共享存储环境的通称,"私有云"为企业或特定组织所专有,"公共云"

为大众所使用,企业知识云是知识虚拟化存放环境的一个例子,通常采用私有云。在思科内部,有一种"虚拟云"技术可以使员工在任何网络环境中登入网络并共享信息,随时随地进行交流。这种技术的应用,将为进一步拓展思科的工作边界、有效地利用组织的战略知识资产提供有利的条件。

九、小结

高效的协作型组织是企业在激烈的市场环境中确保竞争速度的重要条件,这种大跨度的协作好似企业内部的无障碍赛跑,消除了自上而下、自下而上、横向跨部门和企业内外部等多个维度的障碍。这种协作涉及思想的充分沟通,部门、团队和项目之间的网络化协作,知识的自由流动与分享,企业内外部的互动,总部与各地办公室之间的整合与资源配置等多个层面,企业的信息孤岛被不断突破,人们只要需要交流,无论在何时何地都可以进行。只有在信息时代,信息通信技术的普及与广泛使用才能使层级之间、部门之间、地区之间的障碍被消除,因此它是全球性企业运营的重要基础建设。

建立协作型组织的好处是:

(1)充分共享和利用组织的资源,特别是知识和信息资源。由于知识和信息资源的首次获取成本很高,但分享和再利用的成本很低,因此企业要创造一个文化、制度和技术环境,确保人员和企业的知识及信息得到最大限度的利用。

(2)打破组织之间的内在壁垒和信息孤岛,防止部门利益聚焦,确保组织整体利益的最大化。

(3)通过组织内部的动态协作和不同专业背景人才的组合,扩大知识创新的空间,开发新的思维,产生新的创意。

（4）通过动态的人与人之间、部门之间、项目团队之间的跨界关系和深度协作，不断激发企业人员的内在动力和能量，形成协作性创造力，打破组织惰性。

思科在组织体系的信息化建设和知识管理实践中将协作作为核心目标，实现了文字、图像、语音、视频、工作流的立体式交流体系，它给企业带来了很多好处：

（1）确保企业做到以客户为核心，为满足客户需求，实现内部资源的组合和调配。

（2）确保组织变革的灵活性。协作型组织打破了个人、部门和企业的固定边界。每个人或团队都在一个多元人际网络环境中工作，形成一个动态协作体系，根据任务的需要，人际网络的格局会随时发生变化，组织的惰性和固化难以形成，变革成为组织的常态。

（3）确保新知识的流动和分享。对于高技术企业来说，外部市场的竞争速度很快，技术的创新每天都在发生，企业需要构建一种让知识、技能、信息动态流动的环境，特别是专业人员所拥有的隐性知识是企业最重要的核心资源，协作性网络给不同背景、不同专业、不同地区人员的交流带来了便捷的条件，而视频和对话是分享隐性知识的最重要途径。思科的协作环境使这些知识得到最大限度的利用。

当然，与其他高科技企业一样，思科的知识管理也面临巨大的挑战，网络上信息传播速度快、成本低，所有企业都面临数据冗余和信息超载所带来的困扰，这种信息环境的污染将随着未来越来越多的视频信息进入网络而日趋严重。全球对大数据问题的普遍关注也说明了问题的严重性。思科采用一系列的信息技术手段实现组织体系内信息交流、知识分享、知识传播和知识集成的有序化、可视化和平台化，为解决信息污染做出了可贵的探索。

第三部分　尖峰对话

领导人的智慧反映在对变化的洞察与响应、对新事物的领悟与学习、对大格局的平衡与关照、对人才的珍惜与使用、对风险的识别与规避、对细节的管理与关注上。

以下问答整理自 2010—2013 年第一期至第四期中央企业高管人员领导力学习交流项目中我国央企高管与思科多个部门的高层领导的对话。该项目由国资委与北京大学光华—思科领导力研究院、美国思科公司合作组织。

问题列表

一、战略领导力

1. 思科的激励机制对高管层而言有何利弊？
2. 管理者如何与最基层的员工沟通交流？
3. 如何评价思科的创始人先后离开思科的行为？
4. 领导人与体制哪个更重要？
5. 企业家是否需要具备政治家素质？
6. CEO 在企业全球扩张过程中的主要责任是什么？
7. 如何平衡现在和未来之间的选择？
8. 沃尔玛的周六员工大会是怎么开的？
9. 当 CEO 最大的惊奇和错误是什么？
10. CEO 取得成功最重要的原因是什么？
11. CEO 如何才能正确认识自己？

12. 做出困难决策的勇气从何而来？

13. CEO 长期工作的激情和动力来自何处？

14. 最喜欢和打算让其接班的副手的特质是什么？

15. 思科的领导力培训体系是如何构建的？

16. 对领导力如何进行具体衡量？

17. 能否具体介绍一下领导培养框架中的提名流程？

18. 思科的首席运营官（COO）的主要任务是什么？

19. COO 的主要职责是什么？

20. COO 如何做到被上级和同事都认可？

21. 思科的内部沟通能否真正解决问题？

22. 思科的卓越运营和创新是否具有阶段性特征？

23. 领导人是否重视一线职工的意见？

24. 首席技术官（CTO）与首席财务官（CFO）怎样沟通与合作？

25. 您（钱伯斯）对中国国有企业有什么建议？

二、企业转型与变革管理

1. 未来 3—5 年思科在市场转型中可能出现的危机是什么？

2. 思科与苹果有什么不同？

3. 传统成功企业如何才能预见转型方向？

4. 领导人该以怎样的文化迎接变革的挑战，又使利益最大化？

5. 年轻人比年长者更快接受新技术和适应改变，思科的变革由谁推动？

6. 变革转型速度越来越快，将来是否会减缓并趋向稳定？

7. 如何推动思科转型？

8. 如何看待思科的产品在中国的发展？

9. 聚焦核心业务意味着要舍弃一些其他业务，如何处理这种关系？

10. 如何处理高层团队意见不一致的情况？

11. 企业变革时要降低成本、提高组织效率，如何保证产品质量？

12. 思科通过收购实现产品创新，如何控制风险？

13. 转型时期领导人的理念与平常有何不同？

14. 如何解决由于变革过多而导致的组织动荡？

15. 转型领导者对不同职位有何不同感受？

16. 领导人应如何处理创新和卓越运营的关系？

17. 怎样评价渐进式改革和激进式改革？

18. 怎样解决转型带来的负面问题？

19. 员工不喜欢变革怎么办？

20. 思科 2012 年以后的市场转型方向是什么？

21. 思科在全球最大的竞争对手是谁？自身的竞争优势是什么？

三、创新体系

1. 如何处理创新的投入和产出，以及当前和未来的关系？

2. 如何处理创新与惰性之间的关系？

3. 创新过程中管理团队是否需要不断更新和调整？

4. 创新时组织架构是否需要同时调整？

5. 创新的前瞻性从何而来？

6. CEO 的创新动力从何而来？

7. 企业创新需要什么样的内部架构和组织方式？

8. 如何推动企业创新？

9. 如何平衡用户需求与技术创新的关系？

10. 如何把握创新的节奏？

11. 如何确定预算中的研发投入？

12. 研发团队是集中工作还是分配到五大核心领域？

13. 思科如何进行制度安排以推动创新文化的形成？

14. 思科在中国的区域策略是什么？

15. 思科的创新战略对技术差异化有何贡献？

16. 如何考核研发团队的绩效？

17. 大公司和小公司的创新有何区别？

18. 连续性创新和颠覆性创新的比例如何？

19. 除了创新，哪些因素能够影响一家公司的寿命？

20. 思科侧重自主研发的定位是否会改变？

21. 创新型企业转向卓越运营企业，走向会不会发生变化？

四、并购战略与并购管理

1. 并购的原因是什么？

2. 并购与核心竞争力之间有什么关系？

3. 思科是否会对收购对象重要岗位上的人员进行调整？

4. 收购整合后如何确定经营指标？

5. 被收购公司的品牌如何处理？

6. 是否考虑过收购华为？

7. 思科在收购兼并中国企业的过程中遇到的最大困难是什么？

8. 在并购整合过程中，被并购企业的一把手是否换人？

9. 思科对并购企业的吸引力是怎么来的？

10. 在进行公司并购时，如何能够处理得很好？

11. 企业核心差异化越大，投资风险也越大，如何看待这一问题？

12. 企业收购时如何解决文化和管理的融合问题？

13. 如何考核并购的绩效？有没有失败的案例？

14. 收购是否需要中介机构？

15. 收购过程中如何实现风险管理和控制？

16. 对网讯的收购是怎样的？

17. 收购成功或失败的关键要素是什么？

18. 收购中遇到竞争对手时，如何确保成功？

19. 收购的收益标准是什么？

20. 收购过程中如何留住人才？被收购公司如何更好地融入思科？

21. 思科的收购为什么总能比对手快？

22. 能否举例说明思科的收购战略从单向技术到平台再到整个战略的转变过程？

23. 思科在收购时如何实现企业文化的整合？

24. 收购从提出到实施的流程是怎样的？

25. 收购案达到一定金额时是否要股东大会批准？

26. 思科的整合团队的架构是什么？发挥怎样的作用？拥有哪些专业技术？

27. 思科的整合团队成员在整合期间归谁管理？

28. 思科收购了多少上市公司？上市公司被收购后还会继续上市吗？

29. 思科收购某个公司之后是否会再将其出售？

30. 整合的流程是怎样的？

31. 收购和整合是怎样的关系？

32. 如何整合被收购公司的文化与思科的文化？

33. 收购过多是否会降低企业的专注性？

34. 思科在收购过程中如何测量目标公司的文化？

35. 思科是否会有针对性地收购竞争对手公司？

36. 从思科有收购意向到收购成功，总共要费时多久？

37. 思科在收购时更看重产品、技术，还是技术人员？

38. 思科收购失败的主要原因是什么？

39. 收购过程中如何解决客户保留、员工保留和文化磨合问题？

40. 锁定收购目标后，是采取措施促成收购条件成熟，还是等待自然时机？

41. 被收购方不接受思科提出的时间和价格该怎么办？

42. 思科是围绕主业进行相关收购，还是同样会对非相关企业进行收购？

43. 被收购企业的员工留在思科的比例和结构如何？创新三大支柱的主要贡献是怎样的？

44. 收购结束后，会指派员工担任被收购企业的管理者吗？

45. 差异化技术收购指被收购公司的技术在原有市场中与众不同，还是高于市场水平？

46. 收购决策中专家的观点不一样怎么办？收购的最大障碍是什么？

47. 主动投资和被动投资的含义和区别是什么？

48. 主动投资和被动投资是如何确定的？

49. 企业的投资机会通常是由哪个部门发现的？

50. 投资或者收购的决策是如何做出的？

51. 思科与其他公司的合作有哪些得失？

52. 在收购活动中，财务部门的作用是什么？

53. 企业收购时的最佳利润水平是什么？

54. 并购用股票还是现金？如何平衡短期目标和长期目标？

五、战略联盟与合作伙伴关系管理

1. 思科在中国寻求什么样的合作伙伴？是否会选择华为？
2. 什么情况下收购，何时联盟？
3. 思科以何种标准选择合作伙伴？
4. 思科是如何分三个阶段与合作伙伴合作的？
5. 思科与合作伙伴的关系是否是长期的、战略性的？是否会对合作伙伴不断进行调整？
6. 思科是有固定的商业模式，还是每次合作都有新的商业模式？
7. 思科是否会将与合作伙伴建立合资公司作为长期战略？
8. 怎样理解思科与合作伙伴合作的三种模式？
9. 如果思科挤占了合作企业的市场份额，有什么弥补措施？
10. 如何避免合作失败？
11. 思科针对不同产品选择不同合作伙伴的过程由谁决策？
12. 客户引导型合作和合作伙伴引导型合作在客户服务上有何不同？
13. 销售部门和服务部门的侧重有何不同？
14. 全球客户管理中总部和大区如何分工？客户管理机制是什么？
15. 思科是否有专门的团队研究竞争对手？
16. 思科的一站式服务销售策略如何与像 IBM 这样卖概念的公司竞争？
17. 思科怎样实现将新技术应用的最佳实践在全球复制？
18. 直销策略和分销策略的标准是什么？

六、建立高适应性的企业文化

1. 中国国有企业和美国国有企业的文化有何不同？
2. 如何扩大企业文化的作用和影响力？
3. 以客户为核心在实践中是如何表现的？
4. 如何让员工了解公司的愿景？
5. 愿景与战略有着什么样的关系？
6. 员工如何能做到与思科的愿景和战略相配合？
7. 思科靠什么吸引和留住人才？
8. 思科强调团队协作，但为什么薪酬制度里有一项"个人贡献"？
9. 思科的战略是什么样的？企业文化对公司战略有何影响？
10. 思科是如何实现从资源垂直管理到组合管理的？
11. 企业文化的构建是由 CEO 起主要作用，还是由员工构筑？
12. 从个人承担到总体负责，会不会造成责任不清？
13. 从竞争文化到共享目标文化，是仅仅针对企业内部还是包括外部竞争？
14. 怎样理解"对事不对人"？
15. 卓越运营和创新战略的文化可以融合吗？
16. 思科的企业文化还需要改进和优化吗？

七、公司治理与风险管理

1. 董事会的沟通机制是怎样的？
2. 董事会如何控制重大决策中的风险？
3. 政府监管和高管薪酬的限制是否会影响美国市场环境的竞争力？

4. 在发展过程中，为什么有些大企业会失败，而思科能够一枝独秀？

5. 在研发过程中，怎样评估研发风险？

6. 在财务方面，风控部门与财务部门分别扮演怎样的角色？

7. 思科有很多业务单元，那么财务模式是统一管理模式吗？

8. 风控部门是否完全独立于公司和其他部门？

9. 风控部门起到赛车刹车的作用，这个流程是否限制公司活动？

10. 是否所有的业务流程都需要审计，应如何实行呢？

11. 在进行监管的时候，一般是怎样解决问题的？

12. 审计的烦琐会不会影响业务部门的工作效率？

13. 风控部门的人员组合是怎样的？怎样完成风险管理的流程？

14. 董事会是否有否决权？

15. 风控部门与各业务部门的关系是怎样的？各自扮演怎样的角色？

16. 如果对CEO的审计暴露了问题，该如何处理？

17. 内部风险可以预先控制，那么外部风险应该如何应对呢？

18. 风控工作会不会影响创新？

19. 正常审计流程之外是否存在非正规的审计流程？

20. 如果风险无法单独跟业务部门解决，该怎样做？

21. 企业风险管理委员会对谁负责，怎样运转？

22. 如何管理政治风险？

23. 在风险管理过程中，最佳的做法应该是什么样的？

24. 审计或者风险管理的流程是否可能出现问题？

25. 在进行审计和风险管理的过程中，责任是如何分配的？

八、信息化与价值链管理

1. 企业在拓展新业务时,是否需要创建新的流程、开发新的信息系统和技术?

2. 思科的信息系统花费了多少建设资金?BOST 模型对信息系统有何影响?

3. 在中国,思科比较成功的使用网真的客户是谁?

4. 怎样确保在控制 IT 成本的前提下取得较高的收益?

5. IT 投入对思科拓展业务、降低成本产生了多大的帮助?

6. 信息系统建设成功的关键要素是什么?最大的问题和挑战是什么?

7. 业务部门与 IT 部门发生冲突时,是业务引领技术,还是技术引领业务?

8. 更新旧系统的频率是怎样的?在什么情况下会更换?

9. 当技术运行正常时,是否会冒险用新技术?

10. 思科是采用统一的标准做全球化架构,还是考虑地区差异?

11. 思科的信息技术系统和美国的最佳实践相比,面临的最大的挑战是什么?

12. IT 业务对整个公司的业务风险是如何控制的?

13. 被收购企业的 IT 系统是如何整合到思科系统中的?

14. 思科在文件处理后,会保留纸质文本吗?

15. 思科创新团队的所有流程和技术架构都是由 IT 部门支撑的吗?

16. 为什么达拉斯数据中心的成本更低?

17. 公司资源自动化、虚拟化的过程中,IT 部门如何配置资源?

18. 思科是将被收购公司并入 UCS 系统,还是让其继续使用自己的系统?

19. IT 部门在公司转型过程中的角色是什么？

20. 收购公司后，IT 部门如何转型？

21. 如何保证数据的安全性和完整性？

22. 企业级云技术在哪种类型的企业中会有更好的应用？

23. 能否介绍思科在安全方面的业务？

24. 思科如何选择供应商，有何标准？

25. 在外包情况下，怎样保证产品的质量、成本及供货周期？

26. 思科的供货周期一般是多长时间？

27. 供应链成员在矩阵管理中起到什么作用？

28. 思科的产品数据管理流程是怎样的？

29. 思科软件供应链的过程是怎样的？

30. 思科简化供应链体系的核心原则是什么？

31. 思科供应链的快速恢复是靠系统完成，还是靠团队完成？

九、协作型组织与知识管理

1. 如何对员工进行激励？

2. 如何衡量员工的敬业度？

3. 辞退员工时如何操作？

4. 如何对部门业绩特别是人力资源部门的业绩进行评估？

5. 对员工的评价集中在能力方面，还是对道德也进行评价？

6. 高层领导的外部招聘有哪些途径？

7. 人力资源部门的主要工作是什么？

8. 为什么人力资源部门的战略一般是 3—5 年？

9. 能否具体介绍思科的股权激励方式？

10. 如何培养"明星员工"？

11. 股权激励为什么减少？

12. 退休的员工有哪些待遇？

13. 能源行业与高新技术行业相比，哪个薪酬水平更高？

14. 业绩评价和考核的指标由谁来定，是否有末位淘汰制？

15. 思科对人才流动有何看法？人才流动的比例是多少？

16. 思科吸引和留住人才的绝招有哪些？

一、战略领导力

1. 思科的激励机制对高管层而言有何利弊？

答：员工的薪金由底薪、奖金和股权共同构成。低层员工的底薪比例最大；但对高层管理者而言，底薪只占很少的部分，约占15%。股权是最重要的部分，股权的多少由其领导行为决定。但股权的价值由未来的市场行情决定，存在不确定性。

2. 管理者如何与最基层的员工沟通交流？

答：首先要了解当地人力资源的特征，创造出最适合企业发展的文化。沟通时可以多选择视频会议的形式，用技术手段支持有效沟通。管理者还要进行实地考察，与员工面对面交流，理解员工的看法非常重要，所以我们重视他们关注的问题，也设立了人才奖赏机制。

3. 如何评价思科的创始人先后离开思科的行为？

答：当旧的领导层无法带领企业发展到下一个阶段时，有些领导人就需要更换。创始者创立了公司，但于公开募股之后离开，这是很明智的做法。譬如，IBM通过不断变换领导人来促使公司变革。领导人需要不断挑战自己，成功的领袖需拥有解决压力和转败为胜的能力，能够帮助员工快速发展，通过学习学会带领公司不断变革。

4. 我们敬佩您（钱伯斯）的事业心、了不起的抱负、对商业敏锐的洞察力和对企业发展规律的洞悉，请问您认为领导人与体制哪个更重要？

答：我本人更热爱思科，而不是政治。思科是高科技公司，经历了从小到大的转变，先后更换过四代领导人。我着重关注我卸任后公司会如何发展。像王安公司，因为没有强有力的文化传承，使得三万员工各奔东西。我希望自己卸任后，思科能做得越来越好，将现有的文化不断地传承和发展下去。

5. 企业家是否需要具备政治家素质？

答：思科一直以很快的速度前进，公司有一个机制，即领导团队要不断充电。企业成长中变数无穷，有些企业的营业收入到200亿美元就停止前进，再往前发展脚步就放缓了。但我们相信，协作市场中存在无限巨大的机会，必须抓住市场的每一个机遇并不断往前看，提升领头羊和团队的能力与速度。但领头羊不是跑在前头，而是要与整个公司同速前行，这样才能跑得既快又稳。我们拥有长远的目标，要为成为世界最佳的企业而努力。

6. 思科和沃尔玛都有很好的增长战略，并且正在进行全球扩张，那么在此过程中CEO的主要责任是什么？

答：（沃尔玛时任CEO Mike Duke）沃尔玛关注的是与人有关的业务。对沃尔玛来说，有200多万人为我们工作，员工和分销中心是我们工作的核心，因为他们不仅是为公司服务的，更是公司的一部分。我们有2亿多个客户，分布世界各地。领导的责任与人相关，领导者要和客户始终在一起。具体来说：

（1）我们的公司规模很大，遍布世界各地，因而要关注各个地区领导人的选择。

（2）制定长期战略，找出我们经营的主要重点。在长期愿景的指导下配以适合的短期战略。

（3）针对不同的市场我们有不同的方式来配置资本，会有不同的市场定位。

（4）我们会不断讨论公司的文化，以建立沃尔玛文化、伟大的文化。

（5）定期开展员工大会，推动文化的发展。

（思科时任 CEO 钱伯斯）对于成功的公司来说，领导人具有非常相似的责任：一是要做战略，配置资源；二是要开发、培养、招收有领导力的人才来帮助执行战略；三是培养企业文化。

16年前，我们每一个人都要带一个牌子，这就是我们的文化。我们公司在实现诺言的时候，如何去对待客户也是文化；同样，Mike 也会到店里去看顾客和员工到底是怎样看待公司文化问题的。虽然我们公司的员工很多，但是每个夏天还是会召开大会，让员工从感情和精神上能够推动公司文化的发展。昨天晚上我们与日本联系，做出了一个决定，我们把所有员工从东京撤出，让他们去承担新的责任，同时对合同的承包商也进行一定的调整。领导需要去领导文化，决定企业能做什么，不能做什么。汶川地震时我们资助了 4 500 万美元，这也是我们公司的企业责任。

7. 根据您刚才的回答，一个好的 CEO 就是要做好未来和现在的选择问题，一方面您有愿景，另一方面您又有一种紧迫感，那么如何能在现在和未来之间做出选择？如何平衡选择？并且如何能以这样一种方式来创造一种可持续的增长和创新？

答：（沃尔玛时任 CEO Mike Duke）我给大家讲一下我一般的日子是怎么过的：一早起来，我会拿出智能手机，看看世界各地在前一天的销售状况怎样，经过一夜，全世界的销售数字都会出来。今天早上我才和我的幕僚们开过会，讨论我们的零售业到底应该怎样。和思科一样，每周六我们都会做一个回顾，进行检讨和预测。我们认为公司在每一天、每一件事情上都要十分专注，这对于零售业来说是十分重要的。而且我自己作为表率，也从头做起。以上这些都是关注眼下的具体事务，我们还要制订关于未来的计划,会制定3—5年的销售目标。

(思科时任CEO钱伯斯)要抓住市场的趋势,如果市场趋势抓错的话,你就不可能打败竞争对手。我们要先有一个愿景,看看10年内这个行业会是什么样的,如何在3—4年时间里做到差异化。但是确实需要做到平衡,比如我们每周六都要开会对下一周的工作做出安排。

8. 我想请教沃尔玛总裁Mike,能不能讲讲你周六的会议是怎么开的?

答:刚才我们提到做好公司的CEO就是一定要做好表率,一定要做在公司所有人的前头,沃尔玛周六早上的会议就是一个明证。周六我6:00起床,6:30参加公司的早餐庆祝活动。我和员工一起吃早餐,一些在公司里工作很长时间的老员工,会带着孩子、父母一起来参加早餐庆祝会,从而通过这种方式表扬这些员工在这么长时间里对沃尔玛做出的贡献。7:30—9:30,我们开全球视频会议,全球几千人同时参加,除了总部之外还连接着很多地方的办事处,我们会讨论很多业务方面的事情,也会讨论短期目标和长期战略。

明天早上的会议可能有些不一样,因为要涉及日本赈灾问题,我们会把物资送到日本,会与合作伙伴讨论如何服务当地客户。所以,明天早上需要花20—30分钟来谈这个事情。之后会讨论一些业务方面的事情。明天早上我还会带一个绿色的假发出席会议,因为打赌输了,同时还会有一些娱乐项目,会有乐队参与表演。在这个会上我们会欢呼口号,口号是:客户至上。这个会的时间是6:30—9:30。

9. 当CEO最大的惊奇是什么,最大的错误是什么?

答:(沃尔玛时任CEO Mike Duke)我当CEO后回电话的速度加快了(玩笑)。身为领导,一言一行要非常谨慎,当对方希望你做出回应时,如果你回答得不好或不够友善,大家就会用放大镜来审视,因而我平常很注意待人接物的方式。当领导最重要的是别人可以信任你，在人与人之间的关系中，信任起到了关键作用，因此我在一言一行之前都要先想一想，之后还要反思，如果不能兑现诺言，就会有很严重的负面结果；如果兑现了诺言，则会带来积极的影响。

（思科时任 CEO 钱伯斯）我也是每天早上 6：30 起床，我知道自己在做什么，也知道全世界我们的公司都在做什么，还可以知道中国的销售数据、天气预报、未来的预期等细节问题。如果你对每一个地区都很专注的话，你的团队也会效仿，这是很重要的。

要明确自己的强项和弱项，虽然你可以不和团队分享这些，但你必须知道自己的强项。以前我们行动速度比较慢，有时短期部分执行得不好，一路都会犯错误，但是犯错不要怕，要敢于和团队分享，把它们弥补起来就好。

当 CEO 给我带来的惊讶的发现是，我问过各国领导人，他们给我的论点是领导力是可以学来的，特别是你认为困难的部分，因为只有做过了才知道，你会一边做一边了解。成功前的黑暗是最黑暗的，在全球取得成功要敢于承担风险，领导承担风险的能力很重要，要一路做出表率。比如在中国，特别好的一点是，中国人很有幽默感，因为涉及艰难议题时幽默感很有帮助，能轻松地帮助我们克服困难。

10. 对于 CEO 来说，取得成功最重要的原因是什么？

答：对于一个领导来说，重要的是如何对待别人，也许不同的人的答案不同，因为这与文化有关。您在思科被接待的方式就是我对别人的方式。对待别人的态度，包含尊重和信任，对他人的信任程度是多大、承诺有多少，这是人际交往技能的基础。我们要友善，这是领导人最基本的特点，其他事情都在这个之下。

你们也许听说有些美国企业对员工不好，但这些企业也成功了。作为领导人，你要决定选择什么样的文化。也许我们会犯错误，比如有人提问时我会武断地打断别人的发言，或者有人提到了很重要的事情而我的脑子在想别的事情，在这种情况下，我会回去找他真诚地道歉。领导者应该推动文化的树立，犯错之后要补救。

11. 您刚才提到，只有正确地对待自己，才能很好地对待别人。那么我的问题是：为了能够准确地评价别人，您是如何正确认识自己的呢？

答：（沃尔玛时任 CEO Mike Duke）领导者需要平衡生活和工作，因为我们是跑马拉松而不是短期冲刺，我们需要从一种长远的角度和长期的视角来看待这个问题。要有全局视角，要有自己的生活公式和配方，更要兼顾自己的家庭，这是作为完整的人的一部分。有时我会放下沃尔玛的工作去做些自己的事情，这样回到沃尔玛后工作的效率就会更高。有些事情我们是控制不了的，但是健康可以控制，我们做自己能做的事情，保持身体的健康、锻炼、减肥、保证足够的睡眠。我们如何对待自己是作为领导人自我管理的重要组成部分。领导人一定要坦诚，一定要告诉你的员工你到底是如何做决定的、如何思考的，这是人与人之间关系建立的一部分，同时，你的行为还必须是可预测的。

（思科时任 CEO 钱伯斯）对于 CEO 来说，非常重要的一点就是理解自己，坦然面对自己。如果领导对自己认识不足，那么就不可能正确认识别人。所以，一定要做好这方面的工作。另外，要在单位或家里有几个特别亲密的朋友，比如我的妻子让我感觉回到家后我就不是 CEO。要正确地看待自己，不要在取得成功时得意忘形，也不要在犯了错误时垂头丧气，但做到这点是很难的。

12. 做出困难决策的勇气从何而来？

答：（沃尔玛时任 CEO Mike Duke）当我们必须终止与一个人的雇佣关系并请他离开时，做出决策是很困难的，此时需要就事论事。真实坦诚地认识问题和进行开放透明的对话，用透明的方式进行沟通。虽然决策很困难，但问题解决之后，问心无愧。

（思科时任 CEO 钱伯斯）判断领导做事的标准方式是看他第一个提拔的人是谁，这就相当于立下了典范，大家就知道之后要怎么做了，整个公司也会知道你的作为是可以预测的。要让一个你很喜欢的人离开工作岗位确实是一件很痛苦的事情，但我认为可以从另一个角度来看这个问题，这也许不是勇气的问题，而是作为公司的 CEO 你必须看到存在的问题，也就是说你是站在公司的角度来做事情的，这样你的一言一行大家才能效仿。

13. 也许我们6—8年内有工作的激情和动力，那么之后的激情和动力来自何处？

答：（沃尔玛时任 CEO Mike Duke）研究企业失败的原因，我们发现失败的企业往往故步自封，而竞争的环境却在发生变化。

（思科时任 CEO 钱伯斯）在思科，我们的团队四五年更换一次，而 CEO 留任的时间长一些。我们需要不断改变下属，否则便不能前进。思科在网络领域的成功非常重要，我们改变了人们工作、生活的方式，这就是我激情的来源。我非常热爱公司，它对我来说是一个大家庭，所有的人都非常好，他们是我们文化的一部分。我总是倾听客户，如此就可以不断充电更新，而一般领导人是容易故步自封的。我们不能总是回忆过去，要不断前进。

14. 你最喜欢和打算让其接班的副手的特质是什么？

答：（沃尔玛时任 CEO Mike Duke）我没有副手或者首席运营官，我下面有 9 个功能差不多的副手，他们都各自负责着很重要的业务并直接向我报告，这是目前沃尔玛的架构。如果要挑选接班人，在沃尔玛未来 10 年的发展中我会不停地审视，看他们前几年的表现，看他们的价值观，看大家是否信任和信赖他们。同时他们必须了解全球经济和企业的发展动态，因为沃尔玛是一个全球化的公司，公司有 25% 的销售来自美国之外，接下来 3—5 年这部分比例会越来越大，而且肯定会越来越多，所以如何带领公司进行全球化也是下一任领导班子十分重要的任务。同时，他要关注高端和低端的业务，必须和顾客非常亲密。

（思科时任 CEO 钱伯斯）我刚刚找到了我的副手——首席运营官，他也许不是我的继位者，但是他可以做得更棒，我们是互补的，他增加我的强项，同时弥补我的弱项，我们的脚步一定要一致。

15. 思科的领导力培训体系是如何构建的？

答：思科倡导的是虚拟化协同工作平台，不是建立实体机构进行培训。我们有一个虚拟的学习机构和学习环境，我们称之为"学习空间"。我们知道学习有不同的方式，员工其实有自己更熟悉的、更擅长的学习方式，我们不想规定员工学习的方式，所以我们强调员工选择自己喜欢的灵活的方式去学习和接受培训。

16. 对领导力如何进行具体衡量？

答：对于高层领导的业绩评估，每年我们会用业绩评估卡。通常评估委员会会给董事会呈递我们对高管业绩的评估，并说明业绩是如何评估出来的。同时，从评估的角度，我们有一个专门的流程叫"高管人才评估"，会观察他们目前的业绩并预测未来的业绩。这是一个网格式的评估，内容通常包含领导力、未来发展、个性特点及职业发展途径四个方面；同时，还有一个 C-leader，即前面所说的包含五个方面的领导力模型，这个模型是为高层量身定制的项目。

17. 在思科的领导培养框架中有一个提名流程，能否具体介绍一下这个流程？

答：通常我们的提名过程是，首先主任和主任以上一级的领导推举某个人，然后做 360 度评估，由他的部门领导和同行对其进行评估，之后在更上级的经理、主任到副总裁，一级一级地进行评估。我们还考虑他的工资补偿，看一下他的工资和绩效评估、其工作创造的价值和个人能力。除此之外，我们有一个执行主管会通过数据来评估副总裁和高级副总裁的业绩情况，用高级领导培养项目来了解他们的表现。通常 80% 的提名是比较顺利的，当然还要考虑其他一些问题，如管理团队的规模，他本人是否做好准备，需要做哪些改进和提升，等等。

这个流程启动的是一般人才审查考评，一年会有多个考评。被提名的人主要由其管理团队提出，比如他的主管，还要得到上两级主管和业务合作伙伴的同意，要经过 360 度的评估，才能比较全面地了解这个人，并发现其需要改进的方面。

18. 作为思科的首席运营官，您认为最重要的事情是什么？

答：从重点排序来说，我们首先要明确 5 个重点产品，以及 6 个战略计划的细节和进展是什么，每天在这方面就要花很多精力；其次是关注重点员工，特别是其中 10% 的员工，也就是说，在思科 7 万人当中有 7 000 人要重点关心；最后还要关注 19% 的业务副总裁和高级总裁的工作业绩。我们要确保员工明白公司的战略是什么，怎样去执行这些战略，这些战略对员工的长远利益来说意味着什么。除此之外，我们还要关注与战略相关的产品系列，以便让员工、客户和合作伙伴明晰我们的工作重点是什么、未来的方向在哪里。

19. COO 的职责是否是确保公司运营安全稳定、产品成本最低和效益最高？

答：我们的重点在产品质量和安全上，对此我们不会动摇，在变革和转型中也要坚守这一原则，对此，我们付出了很多努力。在变革与转型中，我们并不改变与客户的关系，而是让客户支持我们所做的一切。我们特别关注如何尽可能地降低研发成本、提高研发效率。新产品进入市场两三年之内回报率不一定很高，但我们会关注它的长期增长率。

20. 刚才其他演讲人提到您是一位非常优秀的 COO，那么如何才能做到优秀，让上级和同事都认可？

答：我曾经做过两个公司的 CEO，管理 2 万名员工，他们的收入和发展都由我来负责，我有一个良好的记录。钱伯斯非常关注个人的背景和成长经历，他会考虑让我担任 CEO 的风险有多大，我的能力和个性是否适合这个工作，实际上这也是一个赌博。钱伯斯和我经常花很长时间在一起，他经常跟我说"我就全靠你了，我全仰仗你了"，我对他说"你要给我权力才行，我责任重大，要有权威性才可以变革"，这是我们成功的原因。

昨天他在外地出差时给我打电话说：你有几分钟的时间。当钱伯斯说几分钟的时候，可能意味着几个小时，实际上他告诉我有 40 分钟的考虑时间。我和钱伯斯经常非常直接地沟通，这也是让我成功的原因之一。

21. 我看到思科非常强调沟通，而且在这方面也非常成功。在高管层或团队里存在不同的看法时该如何处理？通过沟通是否能真正解决问题？

答：对于决策，并不是所有人都会同意我们所做出的决定，比如关于解聘人员的事，高层就讨论过很多次，有很多对话，钱伯斯先生启发我们表达自己的看法。我在思科待了17年，基本上一走进房间就要马上把意见摆到桌面上展开辩论。能非常公开地共享自己的想法是非常关键的，这也是钱伯斯先生所倡导的。我们需要什么样的领导者呢？这个人一定要有能力去建立一个团队，而且是一个互补的团队，我们不希望团队里大家的想法都一样、意见都一致，因为我们要在不同的答案中进行融合，这样我们才能得出最佳答案。在办公室进行辩论后，我们要以团队的方式做出决策，即使你个人不能百分之百同意这个决策，但当我们离开这个房间时，我们必须有同一个声音，然后执行决策。没有一件事情是大家完全一致地同意的，人们因不同的背景会产生不同的观点，但是到一定的阶段，领导就有责任让大多数的人同意这个决定，让团队进行对话，以建设性的方式获得反馈。有时我们的意见差异很大，大家甚至互相争吵，但这不是针对个人的。你如果退一步，认真去听听他们的意见和观点，你就会知道他们到底传递了什么样的信息，你会发现这些信息是很有价值的。

当我们做决策的时候，在高级管理层不是百分之百一致的时候，我们做出的决定就是团队的决定；我们也有不能达成一致的情况，尤其是过去曾有的几个激进决策，但那是非常例外的情况。在多数情况下，对于重大战略决策，大家都是同意的，每一个人都有机会表明他的观点，然后陈述他的理由，这样的话，我们的决策制定过程就会更好，关键是大家有机会公开表达观点，这很重要。

22. 思科在很长一段时间内注重创新，而不是卓越运营。现在您的重点是否在于卓越运营，而不是创新，或者说只是阶段性情况？如何在二者之间取得平衡？

答：这个问题提得非常好，我们是自我批评意识非常强的一个企业，我们对自己的标准越来越高，如果不是这17年来的卓越运营，我们不能从10亿做到200亿再到400亿。我们有非常卓越的运营，水平很高，但我们总是在自我批评，总是在检讨我们如何才能做得更好。我们把重点放在卓越运营上，不准运营出现任何一点点小问题，在过去的12—18个月，我们在运营方面取得了巨大成就，现在正走在一个正确的轨道上。

23. 以前CEO要深入第一线，分析技术和社会的发展。现在领导方式是否改变？是否还去第一线？对职工的意见是否充分重视？

答：这种领导风格没有改变，我们会永远倾听和评估员工的声音。关键是用什么方法能让底层的声音有效地传递给可执行的人。首先是将层级变平，取消中层管理干部。在2 000人的队伍中，70%的人做销售工作，这里没有中层。我们要确保信息传递的力量足够大，面对面是一种很昂贵的交流，因此我们采用网真技术实现了随时随地的便捷交流。

24. 作为创新型企业的CTO，您与CFO之间的沟通有没有过痛苦？您认为怎样才能与其他部门进行更好地合作？

答：对于CTO和CFO的关系，其中一个挑战是双方对技术的了解。如果一项技术不够成熟，你向CFO或其他商务人员解释就比较困难。因为如果技术还不成熟，你说现在需要钱，那么你就必须了解这个产品可能存在的风险。而且我也知道其他CTO——我们有很多的CTO，除了公司总部的CTO之外，很多团队都有自己的CTO——他面对这些管钱的领导时要坦诚地讲，我们现在对这个技术的了解有多少，这项技术的风险有多少、不确定性有多少，这方面的沟通一定要坦诚。这是我们和CFO沟通的一个准备工作，就是要预测未来可能的情景，要让他们理解我们到底在做什么，未来的可能性有什么。在这个过程中，创新和卓越运营两者的平衡非常重要，因为CFO是收购案中最终的决策者，所以他在理事会和董事会上必须参与关于收购兼并技术方面的讨论。我们会就技术、收购之后的风险和好处、对我们的核心技术有什么补充等方面进行充分的讨论，并将结果告知 CFO，让他完全了解，进而和其他投资人介绍收购为什么重要。

25. 您（钱伯斯）对中国国有企业有什么建议？

答：希望给企业更多的授权，希望帮助企业了解资本主义经营方式的重要性。

二、企业转型与变革管理

1. 刚才您强调了主动的市场转型，市场出现问题时的市场转型会给企业带来成功，那么您认为在思科的业务领域，未来 3—5 年中可能出现的危机是什么？

答：从全球范围看，就电信服务市场来说，有 3—4 个危机。如果一个电信公司只提供管线，而不是提供各种智能的应用，这种商务模式是会失败的。因而如何从提供管线到提供更多的服务，如何去改变商业流程和服务以便让用户愿意付费，都是需要考虑的问题，因此，改变商业模式是最重要的。如今美国 70% 的视频流量都集中在一家租片公司，这种商业模式对于电信服务供应商来说是无法盈利的，因而电信服务供应商应该提供更多的应用，比如下载电影等，让别人能够通过付费获取你的服务。

2. 请问思科与苹果有什么不同？

答：苹果最重要的是品牌和服务。iPod 从设计到完成只用了 9 个月的时间，没有零件出自苹果，与其说苹果卖的是产品，不如说是在卖音乐、卖服务。这个创意转移到手机上，就是我们熟悉的 iPhone，它占据了整个电话销售业 50% 的利润。现在又有 iPad，短短 9 个月，销量达到 1 500 万台。所以说，品牌和服务很重要，思科目前正在努力从电信公司过渡到品牌服务公司，这个转型对我们来说是比较困难的。

3. 对于传统成功企业来说，如何才能预见转型方向并适应新的转型环境？

答：想要在变革中存活下来，至少需要做到：坚持自我创新，及时对变革做出调整；在经济上能予以支持和保障，不能因转型出现财务危机；与社会进行融合，随着社会的期望做出改变；与员工和客户紧紧联系在一起，乐意迎接挑战。

4. 一些传统企业转型失败是因为人们反对变革，但又不得不面对变革。那么领导者该以怎样的一种文化迎接变革的挑战，又使利益最大化？

答：的确，在文化上很难让员工接受变革，其实他们很难理解为什么需要改变，尤其是目前企业能取得很高的收益时，领导和员工都不想改变。但是，不顺应时代变化的企业注定要被淘汰。因此，最具有挑战性的事情是抓住先机，在你不得不做出改变之前就主动做出改变。比较好的办法是在公司组成领导梯队，在没有紧急状况时就开始调整，抓住变革契机，不要等到不得不变的时候才仓促转型，要争当市场的领跑者。

5. 年轻人接受新技术和适应改变比年长者更快、更好，然而在一个组织中决策权往往掌握在年长者手中。那么在思科，变革究竟由谁来推动？

答：学习新技术并非是我们自己主动进行的，就我自身而言，我是这么学习的：我有3个女儿，现在分别是26岁、23岁和17岁。小女儿在12岁时就已经精通电脑，她教我最新的、最时尚的Facebook和Twitter。通过观察和学习，我得到了很大启发，也收获了许多乐趣。所以，向年轻人学习是非常重要的，这能让我们知道有哪些可以利用的工具。在公司，我们有年轻人项目，将年轻一代聚在一起引发头脑风暴，探讨好的工具，让老年人通过年轻人了解外部的世界。

6. 现在的变化速度越来越快，这会是一个常态吗？如果变化速度越来越快，是否有可能逐渐减缓并最终达到稳定？

答：我认为变化速度会持续加快，即便这样，我们仍然有应对的方式与方法。技术时代成长起来的人会很好地适应这种变化速度。此外，技术将逐渐变得智能化，会更加符合人类的需求。例如，利用思维传感器可以控制海豚游泳的方向，如果花更多的学习时间，甚至可以让海豚做出上百种动作。所以说，未来的世界将十分复杂，我们要不断适应变化以更好地生存。

我们预测，在市场环境中会有更大的赢家和更多的输家，而这些情况的发生可能仅仅需要几年时间。所以，只要你稍有疏忽，未能满足消费者的需求、未能进行商业创新，你就会落后。因此，我们需要在企业内部创建合适的文化和流程，利用技术来进行改变并把握变革的最佳时机。

7. 您是如何推动思科转型的？

答：我过去的管理经验非常丰富，因此我非常清楚做好一家公司需要做哪些事情。我要清晰地了解对钱伯斯来说，哪些业务最重要，思科的盈利表是什么，损益表是什么，哪些业务对盈利表是最重要的。例如，思科的服务业务10年前为26亿美元，现在规模已经发展到了56亿美元甚至100亿美元，所以我们必须清楚每项业务的盈利、损益都是可以控制的。

在这个背景下，我们要去推动服务业的发展和可持续性，主管这个业务的领导一定要负起责任。我组织了六七个年轻睿智的人参与这项工作，在这个团队中有一位来自互联网解决方案部门，这个人非常厉害，他帮助IBM完成了业务重组，我们还请了大型国际咨询公司的咨询人员参与这个综合性团队。

团队的成员要了解我们想做什么，我们也和很多思科大客户交流，与客户的高管人员做一对一的谈话，了解他们的需求。在此基础上，我们会考虑投资组合和产品组合，组合的投资回报率是多少，利润点在哪里。通过大量的研究和参考外部咨询人员的建议，我们做了六个领域的市场战略，明晰了如何更加有效地把服务业务推向市场。

做这件事情我们总共花了六周时间，关键是要找到企业转型的切入点，再花一段时间去调查考虑如何具体执行，如何制订计划并把计划变成行动。还要确保业务高管真正负起责任并及时向我和钱伯斯先生报告。

8. 您如何看待思科的产品在中国的发展？

答：我相信我们可以在中国开发产品以便适应这个市场。由于我们面对成本压力和质量压力，我们还要从中国向外发展。我们已经生产了为中国通信公司和卫星公司制造的设备，一些在印度使用的产品也是在中国生产的，成本比在墨西哥生产要低很多。在人口众多的地区生产同等质量的产品，成本会降得很快，思科在中国制造的产品是非常广泛的，我们的投资非常大。因为中国有新兴市场、城市化建设的需求，因此，我们相信在中国的战略是正确的。

9. 思科聚焦于五个核心业务，这意味着要放弃很多其他业务，但思科客户可能会需要这些产品，那么思科如何处理这种关系？

答：我们每一个产品团队都有自己的重点，但我们开会时需要一起全面讨论问题，对产品进行排序，这样才能坚持重点。比如说摄像机产品，从产品生命周期来说，一个产品有7年的生命周期，在这7年当中我们要有后端支持，支持整个产品的生命周期，为其提供各种服务和零配件，而一旦有更好的产品出现（如iPhone），我们就会放弃它。

10. 思科有12人高层团队，你们达成的一致的程度有多少？如果意见不一致如何处理？

答：我们12个人组成的高层团队必须进行协作，有时候我们要共享信息，有时候要坚定执行，有时候钱伯斯可能不同意我想要做的事，但他会说："好了，你自己决定吧，但结果自负。"有时他非常坚决地不让我们做某些事情，特别是在考虑组合战略时，他会说从长期视角看我们不能这么做，但是在我们12个人之间，每个人掌管不同的业务，并不是说大家一定要达成共识,而是彼此要坦诚地讨论,直截了当地讨论问题在哪、解决方案是什么,在讨论的过程中要充分地对话和全面地了解,确保所有问题都有答案,在此基础上再做出决策,这是一个非常坦诚的过程。

以往的决策方式与此不同,当我们试图协作并让所有人达成共识时,我们的决策速度会放慢。现在的决策必须遵循流程,以加快决策速度。

11. 思科在变革中强调降低成本,提高组织效率,对于产品的质量又是怎样考虑的呢?

答:质量是非常重要的,我们非常关注客户满意度,每个季度都会做调研,对思科25%的直接客户或合作伙伴做调研,询问他们对思科产品质量的整体评价,通过对质量问题的全面评价了解客户的忠诚度。对客户满意度的调查包括整体满意度、对思科整合的满意度、对软件的满意度、对硬件质量的满意度和对合作方式的满意度。在客户调查之后,我们会衡量和跟踪,每个季度做书面报告。

除此之外,我们还有一个流程,即追踪每一个卖出去的产品。负责追踪的不是工程部门,而是服务和销售部门,主要是调查在客户那里我们产品的质量到底怎样。

在企业收购时我们也有同样的方法和态度。在并购一个企业之后的头两年,我们会追踪所有产品的质量,与理事会讨论销售和利润情况、增长是多少。也就是说,当收购一个企业时,我们会非常密切地进行监管和评价,确保高管对收购案的成败负起责任,如果绩效没有达标,就要承担相应的后果。

12. 思科的战略中重点强调创新,通过收购实现产品创新,对于风险是如何考虑的?

答:谈到收购风险,我们是非常幸运的,因为我们收购了150个公司，从绩效上看成功率为 73%，但不是 100%。如果要达到 100% 的话，承担的风险就不够，之前我们花 30 亿美元收购了一个无线公司，买了一个视频公司和一个视频机顶盒公司，机顶盒可以和游戏机串在一起。也有失败的教训：我们曾花 6 亿美元买了另外一家公司，但该公司的产品在市场上无法做到区域化，评估后我们发现该产品很难在行业里做到第一或第二的位置，最后考虑到整体利益把它关了。这不是一个容易做出的决定，因为涉及了很多人。

13. 您提到了 10 个理念，在转型期间领导者所需要的理念跟平常有什么不同？

答：在我看来，不管你是谁，是哪个领导，也不管你是否想要成为领导人，这 10 个理念都非常重要。每一个人都想成为好的领导者，不管是不是想要变革，是不是想要转型。所以，我认为要有勇气、要有理念、要执着。有的时候很多领导不正视现实，他们想要推动变革，但很被动，不想让人们改变。但事实上身为一个领导者，你有义务领导手下的人。所以我认为这 10 个理念对于转型领导者和普通领导者都是一样的。转型领导者更为特殊的地方在于他更愿意打破常规，带人们走到未知领域，走人们平常不会走的地方，想一想乔布斯，想一想钱伯斯，我们让公司从 1 亿美元、10 亿美元走到了 400 亿美元，这是创造出来的。也就是说，你必须要有创新和转型的思维。一般的好领导者都可以做到，但不是每个人都有转型领导力，我觉得转型领导者最重要的就是要有勇气，转型领导者人数并不多，但是如果有的话你就要培育他、带领他、赋权给他。所以，很重要的一点就是如果发现他具有转型的思维模式，你就要对他寄予期望，因为有了转型领导者，所有人都可以因此获益。

14. 大型企业在运行过程中流程比较复杂，这样是否会失去活力？如

果以转型时期的思维来运营企业,是否会产生动荡?该如何平衡?

答:变革太多、转型太多了怎么办?我现在可以告诉各位,在过去的3—4年时间里,我们团队经历了太多的变革,所以我必须特别关注员工的心理变化,因为我担心他们好像已经燃烧完了,因为他们太奋斗、太努力了。这些团队成员在思科已经工作10年,经历了思科的高速成长期,当时非常累,每天都非常辛苦,现在我们增长速度放慢了,但他们工作却比以前更加努力。为什么?因为现在的文化和环境没有以前那么乐观,当我们的业务规模在100亿美元公司之列的时候,我们说自己是创新公司,即使我们的销售额超过100亿美元规模的公司,我们的思维方式仍然是创业型公司的思维。然而当我们迈过了400亿美元这个门槛的时候,突然之间就从量变到质变了。人变得多了,如果你还维持创业型公司的思维方式就不行了,一家公司在成长的不同阶段是要用不同的人的。当我们刚刚开始起步的时候,我们都是一些专业人士,这个发展阶段现在已经不适合我们了。所以,当公司发展到一定阶段的时候,就要有一个人员换血的过程,这时候公司发展会遇到瓶颈,到了400亿美元就再也上不去了。这好像是一个魔法数字,惠普、IBM、微软、联邦速递、戴尔以及宝洁,好像都在400亿美元的时候就碰到了一个无形天花板,再也上不去。我们在400亿美元附近挣扎,在这种情况下,思科的变革也不能太激进,要考虑到人们的接受和消化能力。

15. 从您的职业经历来看,我们都知道您做过财务、销售、运营等很多方面的管理,并都取得了相应成就,请问各个岗位有什么不同?您在担任不同职位时有何不同感受?

答:我负责过不同的部门,比如说财务、销售、市场,等等。我认为财务方面的经验为我奠定了一个基础,我可以到任何一种类型的公司去工作，因为我懂财务，懂了财务你就能够知道一家公司的基本运营方式。当然这并不意味着我就了解了这家公司的历史和业务模式，只是说财务是非常基础的知识，对我来说非常有帮助，因为做过财务，我建立了一种分析问题的能力。对于领导力的区别，变革型领导力和一般型领导力在财务、市场、运营和销售上都是一样的，所以不论哪个职能部门，理解核心业务、核心能力和原则都是非常重要的。

我给大家举一些例子吧。2000—2002年，我从运营部门转到市场营销部门，要为美国的一线销售人员打造市场营销团队。当时美国网络公司泡沫破灭，IBM等高科技公司都遭遇了市场冲击。我当时根本不知道该怎么做，于是做了很多的调查研究，和很多人去聊天，听他们的建议。我觉得要做好领导，关键的一点是你要能听取别人的建议。那么，我是怎么做的呢？我雇了9个总监、80个员工，这些大概是在100天左右的时间内招齐的；还有三四个外部市场营销经理，他们是从内部找到的，七八个总监是从外部找来的。我给员工的价值定位是：我希望诸位来教我怎么做市场营销，我来教你们有关思科的东西，我告诉你们思科的业务是什么。那些人有的在迪士尼工作过，有的在宝洁工作过，我没有专门从高科技公司去找人，当然也有一些是从高科技公司来的。大概过了一两年，我已经知道怎么做市场营销了。在这个过程中，关键是有一个开放接受的态度，学术上、知识上是可以共享的，不要只接受现状，事实上就是给自己找一个导师，相信自己有能力做好。虽然这对双方都有风险，但我们愿意承担这种风险。一个运营高级副总裁的能力应该是什么？就是有综合的能力，做过销售、做过运营、做过市场营销、懂财务，这对于我做好运营管理是非常有帮助的，我能够更好地理解不同部门在想什么，所以能从对方的角度来思考问题，这样才能清楚他们在业务上遇到哪些头疼的问题。

16. 领导人应该怎样处理创新和卓越运营之间的关系？

答：要确保两者关系的平衡。首先是利益相关者目标的一致性，要保证大家的利益是互相关联的，有时利益不完全一致，但一定是相关的；其次，要给自己找到发言的一席之地。比如说，我的老板的责任就是销售，销售思科的产品和方案，假如来了一笔订单，订单信息被完整登记在交易系统内，销售人员能够获得销售业绩的相应保障，运营部门要去做支撑。当下属有创新建议时，我作为管理者，要给他表达想法的机会，分享他的观点。很多时候员工不仅对自己的工作有想法，对领导如何支持也有很好的建议，当然有时候这也会给我造成麻烦，因为每个人都想以自己的方式来做。我们要保证制订的方案针对80%的需求都能够实现标准化和一致性，另外20%就要区别实现和个性化。关键的一点就是要有跟员工议价的权力，要保证他们以正确的方式达成目标，如果我们没有给他表述的机会，那就糟糕了。

企业如何平衡创新和卓越运营的关系，受到一把手经历的影响，惠普的前 CEO Meg Whitman 非常专注于卓越运营，结果呢？惠普的创新能力就不断下降了。惠普那段时间过于偏重卓越运营，最近5年内已经换了3个CEO了，就是在挣扎怎样处理好这个问题。思科在平衡创新和卓越运营两者之间的关系上也还没有找到答案，关键是看领导人到底怎么想，到底是更偏向创新还是更偏向卓越运营。

17. 您认为渐进式改革不能引导企业成功，但中国采用的是渐进式的改革，现在看来中国的改革是成功的，所以，我不赞同您的观点，我认为选择渐进式改革还是激进式改革，要根据企业的基本情况和所处环境进行选择。

答：我非常同意你的观点，转型需要依赖于企业所处的环境。我要强调的并不是我们在运营方面所做的一切，而是说要从创新的角度来看变革的方式。我们有三种类型的工作：一是要保持你的灯是亮的，也就是可持续的业务和日常工作，这个工作要不断优化和进行渐进式改进；二是需要变革的业务；三是需要突破和创新的业务。

18. 企业如果不创新、不转型的话就没有出路，但是转型会带来一定的负面问题，比如说去年思科裁了1万名员工，今年要裁4 500名员工，这在美国是可以做到的，在中国就比较困难了。

答：解雇18 000人的确是令人不快的事情，这完全依赖于所处国家的法规、文化、道德伦理等。一个全球化的公司，在不同国家也是有差异的；跨国公司和全球化公司在对待这个问题上的做法也不同。我们努力成为一个全球化的公司，而不是一个跨国公司。

19. 企业期望变革，但如果员工不喜欢变革，企业该怎么办？

答：要引导员工热爱变革，根据变革进行奖励，根据不同员工的态度采取不同的方法。员工对变革的态度正如"阻力动物园"中不同动物的秉性。如果遇到"老虎"（不听话、态度恶劣），要有耐心，允许他们发泄情绪，同时使他们看到变革带来的希望和发展，慢慢培养他们对变革的认同感和接纳度。

20. 请问思科在2012年以后的市场转型方向是什么？

答：关于2012年之后的创新，云计算和移动性还处在早期阶段，所以就这样的趋势来看，我们认为该领域未来会有强劲的发展。我们回顾一下过去，计算机包括用户服务器技术是10年前的创新，而移动性将会有很大的发展空间，比两年前的发展范围大得多，包括云计算等都是相当广泛的领域，我们不想错过这个发展趋势。未来10年将是非传统IT设备进行联网的时代，那将是一个百花齐放的时代，是机器而非人的联网，是遥感器的发展和创新。如何让这些设备运作起来，是我们今天关注的领域，这对下一代的市场转型意义非凡。

21．思科认为自己在全球最大的竞争对手是谁？思科的竞争优势是什么，是价格、技术、服务还是其他？

答：思科的竞争对手主要分为三类：一是传统的视频高端产品市场，如惠普等；二是PC市场，如微软；三是网络技术市场，如谷歌。我们要做的是让用户明白，思科是能够引领市场发展的、快速前进的公司。谈到竞争优势，可概括为以下几点：一是产品和服务质量有保证，数十年的经验使客户放心；二是思科不仅生产高端产品，而且拥有深入人们生活的、随处可见的产品；三是对人强调终身合作制度，培养很强的整合能力；四是能够适应快速变化，保证服务和解决方案是合适的、有效的。

三、创新体系

1. 企业在进行创新时，如何处理创新的投入和产出，以及当前和未来的关系？

答：创新时需要平衡投入与产出、当前与未来的关系，在这个过程中有一个误区——人们希望获得颠覆性创新的结果，但这种创新的风险非常大。如果有10个创新想法的话，我们也许只能选择其中一个。这时候就需要考虑这些"点子"与商业战略的关系是怎样的，哪些点子与商业战略是匹配的。在思科，董事会成员会给所有的创新想法打分，按照优先级进行排序。思科会利用信息技术的发展机遇与商业目标对应的矩阵，决定选择什么样的创新想法。

2. 请问 CEO 关注的核心问题是什么？思科在其规模从小到大的转变过程中，如何处理创新与企业惰性的关系？这种惰性往往给创新带来阻力，思科如何保持企业的活力？在这方面考虑的最主要的问题是什么？

答：在快速变革阶段，领导者要知道行业未来向哪里走，要知道如何在市场竞争中做到差异化，企业的战略愿景有什么不同。之后要看到重点、机会和挑战在什么地方，让团队快速行动。要看到客户的变化，让领导班子理解这种变化并迅速采取行动。

在我们这个行业要有一种信仰，那就是如果你不变、别人变，后果就会很糟糕。20年前，美国的 IT 公司大多聚集在波士顿，而现在原先那些在波士顿的公司纷纷倒闭，如今美国 IT 产业的核心转移到了硅谷。那么如果我们故步自封不改变，下一个硅谷有可能就会转移到上海或伦敦。

我们需要创造一种健康的氛围，让员工有一种健康的不安感，面临危机时必须要做出改变。我们说，最成功的公司往往变得最慢，因为他们往往认为自己会永远成功。但是如果你躺在功劳簿上睡大觉的话，你肯定就会落后。

3. 企业推进创新时，我们感到人是有惰性的，每个人对于创新的认识并不一致，在企业发展的过程中管理团队是否需要不断更新和调整？

答：是的，除了CEO外，其他人都可以调整（笑）。我有一个非常强的竞争对手，这个CEO一年前来找我，他祝贺我，说我能带着思科不断进步，带领公司不断进行创新。我很意外他会这么评价我，我也感到很荣幸。我和他说，CEO一定不能只干四五年，因为每一次转型实际上都需要5—6年的时间来执行。他问我，除了CEO以外，你会让下面的领导班子做多久。在思科，大部分人3—5年之后就不愿意改变了，不是懒，而是产生了惰性，所以思科下面的人常常换，进行轮岗或直接互调，人是可以改变的。为了推进企业变革，还需要从外部引进人才。在思科，我要求高管40%来自公司外部，这样可以把外部的活力和新的思维带进公司。遇到困难时，最难改变的往往是认为自己最成功的人。

4. 思科的创新基于三点：技术、文化和流程。创新时是不是组织架构也需要同时调整？

答：当我们谈到技术创新的时候，并不只是说我们开发出了一个产品然后卖给客户。技术创新的同时流程上也会跟进，组织架构也总是在调整。

5. 思科总是有正确的创新方向，这种前瞻性来自哪里？

答：谈到领导者的前瞻性问题，实际上我们的决定不总是正确的，但决策往往是由各个决定组成的，当公司的情形越来越好时，你就会知道哪些决定具有长远意义。同时，我会在不同客户中进行调查，看决策是否正确。我们在做决策时非常小心，这有点类似于投资组合。另外，我们做决策是以市场转型为基础的，一切决策都要以客户需求为准。我做的几乎所有决定都是因为客户要求做，每次我都会倾听客户的意见，我通常花50%的时间倾听客户的建议。而王安公司成功后就不再倾听客户的建议，这是不对的，因为客户能告诉我们产品的发展方向。

客户的建议代表市场的转型方向，假如有3—4个客户告诉我要做什么，我一定会去做。现实中90%的企业收购案都是失败的，但由于我们倾听了客户的意见，客户往往能告诉我们哪些决定是重要的，当然有些决定要承担风险，我们有承担风险的文化。如果要惩罚失败的决策，那就没有人愿意承担风险。在硅谷，最成功的公司是小公司，因为他们愿意承担风险，而能否承担风险则决定了你的未来。

6. 作为CEO，您自己创新的动力来自哪里？

答：别人的创新动力可能只有四五年，我是如何做到有持续动力的呢？1993年，我帮着公司做了战略愿景，我当时认为互联网将改变人们的工作、生活和行为方式，我坚信互联网会改变全世界人的生活，这一点一直激励着我前进。

另外一点，我在大学时并不喜欢科技，但是我去面试了IBM，虽然我当时不喜欢计算机，但因为老板有两张篮球票。他告诉我技术是可以改变商业模式的，这一点对我触动很深，我意识到可以用信息技术来改变人们的生活。我们可以采用新的商业模式来提高人民的生活质量，我坚信我们的公司能改变全世界人的生活，比如用技术改变教育等。另外，我对我们的公司充满热爱，我们是一个大家庭，它是一个传统公司，成员之间彼此照顾，彼此之间关系独特，我很喜欢这点。再有一点，就是我清醒地认识到，如果我们不变、不进行创新，我们就会落后，王安的失败时刻警醒着我们。

7. 企业创新需要什么样的内部架构和组织方式？

答：需要以一种结构的方式来进行创新，作为领导者我不控制下属的创新行为，而只是进行审查。我会看新开发的产品，看看开发人员在干什么，如果一切正常，我就不会管他们，如果发现他们速度太慢，我就会控制一下。领导者的功能是指出下属需要做什么，让他们放手去做，之后检查就可以了。这个背后是有流程的，流程的核心就是审查机制。

8. 如何才能推动企业创新？

答：要与员工充分沟通为什么创新如此重要，如果不进行创新、不变革会导致哪些负面结果。我以电网公司为例，经历了日本福岛事故，核能的利用需要进一步调整，要采用不同的技术。如今电力来自核、煤、太阳能和风能，电网的电力输送可以通过将以上各种发电形式组合起来，我们要看到这其中市场转型的可能性。

9. 思科的创意在不断引领业界的发展。思科投入了很大精力关注用户需求，这样会不会削弱公司内部的创新呢？如果会，如何平衡用户需求与技术创新的关系？思科与惠普的差异在哪里？

答：我时刻都在思考思科未来的发展方向。公司目前占有全世界65%—70%的路由交换市场，但我们不会发展成垄断公司，否则欧洲和美国的政府一定会出来干预。唯一的策略是，把市场蛋糕做大，那么即使在维持比例不变的前提下，也能够赚取更多的利润。目前我们关注物理安全，力争创造更多网络应用，利用互联技术推动快速发展。过去，视频传输需要很长时间，但随着网络技术的发展，几千个视频可以瞬间传到洛杉矶，支持实时虚拟视频对话。

我们力图在公司中营造进取、积极和创新的文化。如果谁有新的创意，我们会支持他，派给他20—30个帮手。一旦成功，领头人能够得到最多的回报，即使没成功，我们也不会追究。另外，我们会收购很多有创意的小公司，放到市场中，时刻掌控新的动态和趋势。

客户和市场要求IT供应商之间既要竞争又要合作，而且关系可能会在朋友、竞争对手之间变化。IBM曾是我们最密切的伙伴，现在是竞争对手，以后可能还会成为朋友；惠普与思科目前是竞争对手，我们都看中了下一代数据中心的美好未来。

10. 如何把握创新的节奏？技术的更新速度太快，用户尚未充分享受到新产品的特点，就会迎来下一代的更新产品，这是否会造成资源的浪费，并降低客户忠诚度？

答：首先要强调的是，像iPhone这样的产品是非常昂贵的，目标消费人群是高收入客户。他们追求时髦，也消费得起不断出现的新产品。公司不会停止创新的脚步，否则会失去这群富有的客户；而且一家公司的创新速度越快，越能引领市场的潮流。所以，创新的速度在富有领域发展很快，在低端消费市场变化较慢。像HTC、华为等会接受低消费人群，进行模块化生产，但苹果不会。

11. 思科每年用于研发的资金数额庞大，这个数字怎样在预算中确定？

答：我们的研发预算相当于公司收入的13%或14%，这个百分比要跟其他公司进行对标。比如，跟一些小的新兴公司比，它们的研发比例更大；我们也需要跟大公司对标，有些大公司在研发上的投入占收入比会小一些。

12. 请问思科的研发团队是集中工作还是分配到五大核心领域？

答：对于研发人员我们有不同的工作模式和组织架构，其设计原则主要根据市场转型的情况。一些研发小组将工作重点放在新兴技术上，我们期望这些技术三四年后创造收益。比如，网真业务就来自新兴技术小组，2000年开始投资，当时高质量视频的概念还没有在市场上形成，期望获得100亿美元的收入还是10年以后的事情，所以我们开始是针对小市场进行小投入。

研发工作还与思科的流程相关。比如，100亿美元的业务就需要高水平、高质量的流程整合，小的业务部门要快速行动，研发速度要非常快，生产产品推向市场的速度也要非常快。为了达到这个目标，我们要及时进行调整，当市场转型需要将两个技术进行整合时，组织架构也要调整和整合，以期两个技术能够融合。在思科的机构变化中，无线网络和有线网络就进行了整合，因为这两个技术今后会融合。同样，我们整合交换机和计算技术以便让这两个技术融合。

13. 思科的辉煌得益于创新，而创新文化的形成是系统工程。请问思科在制度上如何安排，以便推动创新文化的形成？

答：企业创新文化的形成需要一个过程。例如，我们公司的工程小组有强烈的创新传统，如果给他们更多的研发资金，让他们能够超出一般传统流程去探索创新，并有机会与客户保持密切的直接接触，就有更好的创新成果。有时候这样的小组需要冲击性和破坏性的做法，做事情要超出流程范围，这时领导力就要发挥关键作用，领导者要向其他人解释为什么容许这些人这么做。有时候很多人可能不理解，但作为系统、体制中的领导者要起到说服解释的作用，说明为什么这些小组的文化氛围、运营模式和平常的体系不同。

在过去的34年里，思科的管理运营模式在不断变化。有时改变是由某项技术发展引发的（如社交网络），有时则是由某个人的想法引发的（如将个人手持设备与网络相连的理念）。对于这些想法，思科一开始会听到四五十个理念，这些想法之间相互补充或相互矛盾。在这个时候，思科的领导团队必须把这四五十个人集中到一起，设计一个流程，激发这些成员将不同的看法充分表达出来，然后与工程部门进行配合，把设想真正变成产品。在这个过程中，一方面要让花儿茁壮地成长，另一方面又要剪下一些花来，这就需要寻找一种平衡。作为领导者，一定要找到这样的平衡，一方面要允许创新团队能够超越公司正常体制进行探索，另一方面在产品生产阶段还需要回到公司的常规运营体系当中。

14. 在中国，思科除了四大垂直领域，还有哪些行业重点？在区域上的策略如何？

答：我们开始从四大垂直领域中学习并且取得了很大成功。我们在教育领域非常成功，在进行教育投资时更清楚地了解了市场需求。我们发现在这个领域内有很多机会，学到了很多以前不知道的东西，然后要调整路径和方向。我们的技术在中国还处于早期应用阶段，我们相信云计算对中国的未来将是非常非常重要的。在美国一些以往使用的计算模式可以快速地运用于云计算，这个时候我们需要有技术飞跃。当然，在中国非常有效的方法在其他地区可能并不适用。我们过去就发现在某些地区，投资的重点将决定市场走向。20 世纪 90 年代的日本就是这样，日本当时在宽带方面投资巨大，尤其是用户宽带，这也是家庭 IP 的开始阶段。中国也是一样，现在中国关注云计算和服务，这可能会推动云计算的发展，会推动云计算在其他地区的发展，所以能够参与这样的发展机会我们感到非常兴奋。对于我们来说，第一步是参与中国的发展并从中学习，然后进一步推动在这一领域的创新。在医疗领域，远程诊断在汶川地震中得到应用，未来的发展空间很大。

所以刚才举的四个行业的四个例子，是在创新中落实了的四个例子。在跟合作伙伴合作的过程中，思科在中国的重点除了教育和医疗，还包括金融领域，其中有银行、黄金交易、证券、保险等；除此之外，还有电信服务行业，包括中国电信、中国移动、中国联通等，以及其他新生的互联网企业（比如腾讯）。另外一大块重点是能源电力和公共事业，包括电网和石油化工等。还有一个重点是制造业，这里面有很多代表性企业。刚才举的是在中国同合作伙伴一起创新的四个有代表性的例子。实际上思科整个业务在中国的重点会多一些。另外一个在中国有很大潜在领导力的行业是物联网。物联网在中国推动得很快，比世界其他地方走得都要快。

15. 请问在思科创新的三大战略中，对技术差异化的贡献是怎样的？

答：自主研发是最重要的，大概占了收入的 90%。但是另外一点比较有意思，思科约 37% 的收入是基于交换机的，也就是 LAN 交换，但是这个技术是我们 1993 年通过收购一家交换机公司买来的，那个时候我们买了 3 家交换机公司，从而进入这个市场，所以我们以前主要是外部收购。但现在我们是以自主研发为主。随着时间的推移，这个比重也在变化。对于未来 10 年，我们期望在无线这一领域里做更多的自主研发，而无线市场恰恰是我们这些年通过收购得以进入的。因此，我们是由最初的外部收购，慢慢地向内部研发转变。

16. 如何考核研发团队的绩效？

答：谈到绩效考核，钱伯斯先生总喜欢说："我们看的就是你说了多少和做了多少。你之前承诺用多少预算、在多长的时间内研发一个产品，如果研发团队的确达标了，那么这就算达标。"与此同时，我们还要看产品的质量，在这方面，思科有一系列非常严苛的标准。当然，我们也看产品进入市场之后被客户采纳和应用的状况，并据此进行评估。思科也鼓励经理人考核员工在质量方面是否取得成功，有时候工程师也会创造出一些挑战，也就是说可能没办法达到产品质量标准，但对思科来说，质量非常重要，创新与质量需要兼得。

17. 有人认为小公司灵活，比较容易实现内部创新，也有人认为大公司资金、人才充足，占有优势，您有什么看法？

答：讲到大公司、小公司的内部创新，坦白地说，我们常常看到很多小技术公司追随我们的脚步，这些公司因为资源不够，所以专注在比较小的市场和细分市场上，而且大多处于技术早期、相对不太成熟的阶段。有的小公司做得好，有的却失败了，小公司看到的市场可能价值一千万，但对大公司来讲一千万就太小了，起码要到四五千万或是十亿美元以上，我们才有兴趣继续去做。这也是为什么有时候我们找的人并非来自主流业务，而是让他们有更多的自由度，可以专注于这些早期市场，把小市场做成一个大市场。小公司在这个过程中也能发挥作用，他们有很多好想法，我们也会投入时间和精力给这些专注于小技术的公司。我们要做自主研发，同时，通过收购兼并可以把这些好的技术吸收进来。因为大公司难以专注于比较小的科技，但是如果这个技术具有颠覆性的话我们会给予较多的关注。

18. 连续性创新和颠覆性创新在思科的创新中分别占多少比例？请问思科如何向客户介绍兼具两种创新的产品？

答：我们会在连续性创新上做较大的投资，目的是把现在的产品做得更好、更快、更有效率、能效更高。对连续性创新的投资大约占到 80%。颠覆性创新通常比较小，而且从市场发展周期来看是比较早期的。

连续性创新的客户已经使用我们的产品很久了，满意度比较高，这时如果我们要对这些成熟产品做颠覆性创新（如核心交换机业务），我们会非常小心、谨慎地向客户解释，就是说现在要怎样使用这些交换机，新产品和旧产品有什么不同，使用颠覆性创新的技术可以给业务带来怎样的帮助等。不过让我们的客户接受这些往往是比较难的，这里的关键问题是确保持续性创新和颠覆性创新产品的互补性，使其在市场内相辅相成，同时并存。

19. 除了创新，哪些因素能够影响一家公司的寿命？

答：先看思科，我们不是一家老公司，我认为，一家公司必须要知道自身的战略重点在哪里。如果要长期成功，就必须专注，能够聚焦于几个做得好的领域，特别是取得差异性竞争优势的领域。

同时，运营也非常重要。一个公司要拥有完备的商业模式、优秀的销售团队和技术团队，才能够长久兴旺；要让客户感知到企业的价值，倾听客户的声音，了解客户的需求，这是业务转型的关键点。我认为大部分寿命长的公司，比如说从20世纪60年代就位列财富500强的公司，都注重创新和卓越运营，保持自己的竞争优势才能保持繁荣。

20. 就资金分配来看，思科更侧重自主研发，请问这个定位将来是否会有改变？

答：讲到思科自主创新和收购的比例，可以说我们将这一比例维持在一个稳定的水平上。刚才讲到，在思科的资产负债表上有90亿美元是用于收购的，但没有包括公司的研发资金。外部收购对于思科的创新非常重要。钱伯斯先生对于外部收购也非常关注，最近他又和我们确认，可能在接下来的18个月内再收购5—10家公司，当然，不是所有人都对此表示兴奋。上周思科刚宣布了一个大宗收购案，我们期望能够确保股东从收购中获益，确保投资有所回报。

21. 思科强调的转型不仅指市场转型，更指双轮驱动——创新和卓越

运营。请问思科从创新型企业转向卓越运营，整个走向会不会发生变化？是不是要向典型传统企业靠拢？

答：我们的文化重点是创新，也努力把运营做到卓越，其实你可能看到这两个方面我们同时在做，但是稍微有一些冲突。有时会面临二选一的局面，如创新会有三种模式：可持续性、拓展性和颠覆性。这里的关键是创新文化的平衡，要以更加卓越的运营能力来进行创新模式的平衡。例如，我们能根据业务运营流程每天对账簿进行盘点，思科是唯一能做到这点的公司，这非常棒。另外，作为一家公司，你会发现和思科做生意非常方便、容易，所以关键就是创新与卓越运营的平衡，业务流程不故步自封或僵硬。如果业务流程僵硬的话，就会扼杀创新，但同时创新又不能做得太过度，否则很多人都会涌进来说我有一个新点子，这会影响我们的运营效率。在企业内部，寻得这两者之间的平衡确实非常难。我们有时候这边做得太多，或者那边做得太多，实际上处在不断平衡的过程中。

四、并购战略与并购管理

1. 并购的原因一般是什么？

答：并购的原因有很多，其中一个原因是创新。联想并购 IBM，最初的目的并不是创新，而是市场。联想希望通过并购快速实现国际化。通过并购，联想收购了全球的客户和员工。但是，从"可持续性的创新"这一角度来评价的话，这次并购却是失败的。因为联想收购完 IBM 的 PC 业务之后，没有在长时间内发挥效用，不具有可持续性。

2. 并购与核心竞争力之间有什么关系？

答：通过并购获得核心竞争力的成功案例比较少，这需要一定的运气。比如，美国有一家做存储的大企业 EMC，最近几年在存储领域中虚拟机的技术变得非常流行，但 EMC 公司并没有这样的技术，它花了 6 亿美元并购了一家小公司。幸运的是，被并购的小公司后来发展得非常迅速，市值超过了母公司。最后这个小公司又从 EMC 分离出来，在美国上市，现在的市值达到了 300 亿—400 亿美元。

3. 思科是否会对收购对象重要岗位上的人员进行调整？

答：思科会非常尊重收购对象的员工。思科不会将自己的 CEO 派到被收购的公司，它的处理办法是成立指导团队来辅导对方团队工作。思科的人员一般会在被收购团队之下工作，不会越权直接接管收购对象。

4. 进行收购整合后，经营指标是如何确定的？

答：在思科，用 90 天完成的是小收购，用 12 个月完成的是大收购。将收购对象整合进思科之后，思科会持续观察收购对象，并评估经营结果，将结果与收购前的模型进行比较。得到反馈后，思科会将反馈分享给客户和合作伙伴，同时 CEO 会对收购对象的前景发表看法。

5. 被收购公司的品牌如何处理？

答：思科本身的品牌范围非常广。公司被收购之后，其品牌将会融入思科产品家族中，原品牌则销声匿迹。思科没有消费者市场品牌，95% 的被收购公司的产品会被冠名思科品牌，有时会在思科品牌中留下它们的痕迹。

6. 如何评价华为？是否考虑过收购华为？

答：华为是思科很好的竞争对手之一。与中国企业的合作，是要取得共同的成功，而不是争个你死我活。我第一、华为第二？并不是这样。

7. 思科在收购兼并中国企业的过程中遇到的最大困难是什么？

答：思科在中国展开收购整合是从一年前①开始的，这一年多以来我们学到了很多东西。在中国进行收购整合需要足够的耐心和更长的过程。中国对于思科来说是一个新的环境，中国的法律、市场等领域与美国的差异非常大。因此，思科聘用了新的法律和金融顾问，在收购前，用更长的时间做尽职调查。

8. 在并购整合过程中，被并购企业的一把手是否换人？

答：在思科的并购案中，95%—96% 的情况是将并购公司的一把手留下来，除非对方不愿意做。有些技术人才创建了公司，但他们更愿意回到技术领域，而不是担任管理职务。思科不会出于不信任而将被并购公司的一把手换掉，如果不信任对方，思科就不会进行这项并购。

9. 思科对被并购企业的吸引力是怎么来的？

答：思科拥有很广泛的销售渠道和全球影响力，小企业则很难具备这

---

① 指2013年。——编者注

些条件。此外，小型企业很难凭借自己的力量进行首次公开募股（IPO），当遇到经济困难时，资金就会短缺。中型企业需要大的基础设施投资，但其也可能没有能力和资金。思科作为一个大型企业，在资金方面是非常有优势的。受到这些发展瓶颈制约的中小型企业被思科收购后有更多的资源，而它们的技术能力对思科有重要的补充作用。即便在2008年金融危机期间，思科还收购了14家企业。

10. 在进行企业并购时，如何能够处理得很好？

答：在进行企业并购时，很多时候并不是从一开始做得就很好，而是在过程中不断沟通，快速地得到各方面的反馈，针对反馈调整并购的方法和一些程序的细节。

11. 每个企业都想差异化，但是核心差异化越大，投资风险也越大，如何看待这一问题呢？

答：有句俗语说不要把鸡蛋放在同一个篮子中，但是鸡蛋不放在篮子中的风险更大，所以说分散投资是最差的策略。

12. 思科在收购企业时如何解决文化和管理的融合问题？

答：在思科内部，差不多1/3的领导层和1/4的普通员工来自被并购企业。如果采取100%的收购方式，思科期望对被收购企业进行完全地整合，使其成为思科的一部分。但通常思科在决定收购时，被收购企业往往处于研发早期，为了确保其能进行独立决策，思科不会对其进行100%的收购，在收购后对该企业股份的持有比例依据诸多因素决定。思科的收购战略必须与被收购企业的发展战略、被收购企业的想法有契合点，思科管理层需要与对方高管共同合作，驱动整个收购融合过程，帮助双方完成整合。

13. 如何考核并购的绩效？有没有失败的案例？

答：收购目标公司时，思科会制定5—7个绩效评价指标，分别是短期、中期和长期目标。其中，并购后在市场上是否成功和能否留住被并购公司的人才是最重要的指标。思科大约70%的收购兼并都达到了指标。对于失败的收购，一般不会处罚收购团队，也不会减薪。公司对负责收购的团队采用了相同的奖惩制度，一旦做出错误的判断和决定，相应配股数量会受到影响。

14. 收购是否需要中介机构？

答：大多数企业采用中介机构帮忙，但我们认为中介机构可能走漏关键信息，导致收购公司时价格被拉高。因此，在熟悉的领域内进行收购时，思科不用中介机构。我们会形成50人左右的"内部公司银行"，权衡利弊进行分析。

15. 收购过程中如何实现风险管理和控制？

答：财务部门专门形成风险管理团队，列出前10位风险因素的清单，而后组成不同的小团队，针对不同因素进行具体分析。风险分析是一种艺术，而不是科学。对新业务则给予1年左右的时间，在确定价值和价格区间时，其原则是投资回报比收购价格高。

16. 您能否讲讲网讯收购案？它是中国人创办的企业，又是一个相对新的领域。

答：网讯不仅与我们能否进入协作和服务领域有关，也影响了我们的商业模式。以前思科主要集中于硬件销售和IP，但此次收购使我们一夜之间建立了一个真正的协作平台，让IP通过互联网完成，并通过IP会话和视频互动实现员工之间的沟通。这样一来，我们的业务可以不断扩大。收购时我们最重视的是人才，人才是重要的资源。这个公司的中国员工帮助我们清楚地了解了中国国内市场上人才的能力与规模，而这些信息又促使我们考虑到其他相关交易。我们在中国学到的经验也适用于北美及其他地区。

17. 思科在多次收购中有成功也有失败，请问收购成功或失败的关键要素是什么？

答：收购交易的目的各不相同，以至于什么样的交易是成功的和令人满意的，不同的人有不同的答案和评价。我们认为，成功的收购一开始并不一定是整合性的战略联盟。当然，如果从开始就明确目标，则更容易成功。先不要看市场占有率，如果这个市场对于特定技术和创新而言非常大，且被收购企业与思科已有的业务和战略保持一致，收购就更有可能成功。举例来说，如果思科在收购中已经有很强的竞争力基础，并且有高效的销售团队，而对方的销售团队可以弥补思科的渠道，同时，他们在工程、商业模式、财务系统和系统处理模式等方面也与我们融合得非常好，业务增长很快，这种收购就可能非常成功。

但有时我们没法达到百分之百的一致性，因为新的商业模式会融入进来。思科传统上是硬件和外包公司，销售主要靠跑渠道，有时候通过收购，如果我们不能理解如何把新的商业模式融入进来，也就没办法在财务方面做出进一步的承诺，这种情况就比较具有挑战性。我可以给大家举一个例子，有一家公司，也是做移动通信的，而且拥有自己的直接客户。但是直接面对客户对思科来说比较陌生，其商业模式跟我们过去做的也不太一样，在衔接方面存在困难。在这种情况下，如果我们不进行调整或做出更多业务承诺的话，收购就可能完全失败。所以，在高管开始协商时就要不断给予支持，才能确保客户应用的持续性。总之，战略的一致性、领导层的承诺和商业模式的互补性都很重要。

18. 请问思科在收购中遇到竞争对手时，会采取怎样的措施来确保成功？

答：我们有一个非常强烈的信念，就是不要卷入竞争模式。我们不是希望没有其他人想要收购目标公司，而是希望在收购时没有其他人竞争。通常我们会签订一个排他性协议，即目标公司只能跟我们，而不能同时与其他公司进行有关收购的协商。当然，有时候银行家或中介商会主动带公司来思科，这种情况比较复杂，但我们较少参与。我们通常会直接去找目标公司。为什么呢？因为多数时候，我们找的目标公司有希望领先市场，我们甚至可以预见市场发展的趋势。所以我们要快速做出决策，在锁定目标后快速进入，在这个过程中要保护这些公司。例如，我们收购一家公司，当时有另外一家公司跟他们谈了9个月，而我们从开始到最终决定收购案只花了10天时间。我们希望控制整个流程，希望所有事情比较简单，这种做法非常具有竞争力。

19. 对收购案，您有没有一个收益标准，比如说低于多少就不收购？

答：讲到投资回报，很清楚的一点是要就财务部门对目标公司进行的绩效衡量，评估其能否实现预期的增长等。把这家公司带进思科能不能有很好的投资回报，这个问题从一开始就要思考。当然，这其中有一系列非常复杂的衡量标准。我们希望最终看到的结果与开始承诺的结果匹配，希望通过收购来实现双方的目标。从财务上看，我们会分析是否符合逻辑常理，当然也会看投资损益表、收益表、资产负债表和市场份额及其他财务目标，这些都是主要标杆。

20. 在收购过程中，思科如何留住核心人才？被收购的公司如何才能更好地融入思科？

答：关于留住人才，第一是财务方面的考量，第二是战略和管理方面的考量。为什么这么说？在大部分收购案中，目标公司的员工、领导班子和股东，他们拥有的股权或股票随时可以用来进行再投资。所以在开始收购时，我们不太了解他们到底有多少员工、有多少股东、有多少风投基金，我们希望得到清晰的财务情况。通常我们会先让 50% 的员工进来，然后在接下来的两三年内，再让其余员工融入，然后设置更多的激励机制，激发他们的积极性。第二点更为重要，那就是必须把机会摆在领导班子和员工面前，让他们明白现在有机会加入更大的家庭、更大的公司，在更广阔的舞台上有更多作为，占据更大的市场份额。有时高级副总也会选择留在思科。一方面是财务方面的激励，另一方面是对士气的鼓舞，双管齐下，让大家觉得加入思科是非常值得期待的事情。我个人深信，这是能留住人才的主要原因。

有时候留下来的人才数量能告诉我们收购案是否成功。当公司要被思科收购时，如果大家士气高涨，我们大概就知道很多人可以留下，而这个收购案可能就会成功。所以我们也通过设计，确保领导层和核心骨干可以留下来，这样他们也能把更多的人才带进来。

在不同的收购案中，被收购公司的组织架构不一样，不同区域的销售团队和各种技术团队也千差万别。我们经常遇到的挑战是被收购公司比较专注于一个领域，但有时有区域或技术的重叠，不太容易分工。我们希望达到高度的分工和专业化。比如说，销售部门就并入销售部门，其他的部门也各自并入其他相应部门。我们期望抓住核心价值。

21. 思科在具体收购时，为什么总能比其他公司快一拍，比如网讯收购案？

答：其实很有意思，大型收购案从来都不是藏在某一个角落，没有人发现这些目标。相反，通常大型收购案都要经过长期的研究讨论才能最终决定。思科要收购某家公司，也会重复讨论很多次。比如网讯，我们对这家公司有长时间的了解，竞争对手也在考虑要不要收购它。我们要确认：一是它与思科统一通信的业务非常吻合；二是它的文化能够快速融入思科；三是它长期以来是思科在视频领域不可忽视的竞争对手。因此，最终收购决策取决于市场趋势，市场发展到一定阶段，这个时间去收购它是合适的。所以很多收购案都经历了一个长期的思考过程，并非突然发现、突然决定的结果。

思科在收购方面非常有竞争优势。我们在80多家公司有自己的投资，这也是我们在私营领域的一个投资组合。所以思科确实能够领先于其他公司，预测到一些公司未来发展的先机，并且也有很多年轻的公司能帮助思科抓住市场转型的机会。

22. 您是否也能以一个例子说明思科的收购战略从单向技术到平台再到整个战略的转变过程？

答：如果将思科收购战略的演进史做一个总结，我们的总体思路是把一个设备、软件移到硬件的模块之上，进行不断地组合与集成。例如，企业级的交换机中有不同的模块，某一个模块是有一些功能组合的（如安全模块、IDS入侵检测系统模块等），通过收购，我们可以把软件代码移植到现有的交换机上，这在刀片服务器上是非常常见的办法，也容易操作。

收购技术型公司并不需要做大的调整，但从客户的角度来说，客户数量在增多，我们要倾听他们的心声，尤其是大型服务供应商的客户，他们要购买一个产品或一种技术服务，期望看到的是像思科这样的网络设备供应商，因此收购的技术型公司会按照大型服务供应商的商业模式进行调整和不断演变。根据客户的复杂性或升级性需要，思科做了许多收购，包括安全、产品，混合型的设备厂商等，我们可以在硬件设备上加一些软件产品，但是其中更多的是把它们作为思科的综合解决方案或整体技术服务提供给客户。因此，未来思科的一个走向是把技术作为一种服务提供给企业界和服务供应商级别的客户。

23. 思科怎么考虑企业文化问题？是强制性统一，还是相互融合？多家企业的进入会不会对思科文化产生影响？

答：文化和价值观是我们评估潜在收购目标的标准之一。您刚才提到的文化差异和文化融合，通常是我们考虑一个收购案时首要关注的问题。我们是怎样做的呢？一开始我们会研究目标公司的文化是否与思科文化有兼容性。比如说核心价值观，它们是否崇尚诚实守信和以客户为中心？两个公司的文化不一定要完全一样，关键是大目标是否一样、大风格是否一致。我们绝对不会要求被收购的公司必须怎样做。我们不提出细节要求，而是从文化上、从宏观角度追求兼容性和包容性。这种文化的融合也是一个过程，有很多被收购公司是逐渐地被思科的文化感染，然后逐渐接受的。

同时，文化理应具有多元性，但是匹配性也很重要。如果被收购公司成为一个文化独立体，它们也不会很成功。总体说来，我们的文化融合做得还不错，但也有少数负面案例。

在思科看来，文化可以具体分成价值观、信念和行为。首先，价值观要一样，比如说对待客户的态度；其次是信念，作为团队，我们要共同赢得客户，就应当对市场有一致的愿景和目标；最后，行为受到价值观和信念的影响。这三者的关系是，一致的价值观带来同样的信念，价值观和信念又影响工作行为。所以，我们要求员工在工作行为上要符合行为规范。

24. 您能介绍一下收购案从提出到落实的一般流程吗？

答：每一次收购案的流程都不完全一样，具体与治理结构相关。但一般而言都涉及三者——董事会、CEO 和 CFO。我介绍一下工作流程：首先，收购的点子来自业务部门，或者源自我们这个负责投资的小组。我们曾经是业务部门的一部分，如今也同他们保持密切的关系和沟通。当然，业务部门有自己的战略，我们也会参与其中的讨论。正是通过合作，我们找到投资或收购的点子。然后，我们在组内发起讨论，对这个点子进行优化，然后向 CEO 汇报。我们需要保证这个收购建议与公司的总体战略和目标一致。接下来会有 CFO、COO 的参与，这是两个步骤。关键是总经理层要负责数字，他们要明确此次收购可能会有的财务数据，并愿意对它负责。与 CFO 讨论时，需要一个大讨论团参与，他们要确保，对于预测的财务结果，必须有人做出承诺、承担责任。接下来，收购案将提交给董事会讨论，在董事会的不同委员会中，有一个负责投资，其成员将讨论这个计划，并向提出计划的我们提出尖锐的问题。最后，再由钱伯斯先生批准。所以，投资的点子可以来自业务部门或我所在的负责收购的部门，我们共同推动。

25. 请问思科内部有没有一个标准，即当收购案涉及一定金额时，是否要经过股东大会批准？

答：我可能无法提供一个精确的数字，但是对于上市公司而言，它有一整套标准，包括 40 个指标或要求。如果 40 个指标都达到了，那就会启动股东大会批准的程序。我们要求的是什么呢？比如，如果一个收购案需要 60 亿美元以上，我们就需要获得董事会全体成员的一致通过，这是我们内部的通行做法。除非涉及关联交易等问题，一般的收购案我们并不通过股东大会。

26. 思科专业整合团队的架构是什么？发挥怎样的作用？拥有哪些专业技术？

答：通常情况下由我领导公司的整合，我们的团队有一些整合方法，整合团队的一些成员是领域内的专家，还有一些成员围绕着复杂领域开展工作，如客户体验或员工过渡。整合团队的成员被分配到整合的过程中，思科的每一个部门都有一个团队，其成员是专门的整合专家，如专门负责整合的财务团队、业务团队、人力资源团队、税务团队。在整个思科有100多个人被分配到各个职能部门负责整合工作。除此之外，我们还延伸到技术领域。两年前，有1 000人积极参与到整合工作当中，当然他们并不是全职的整合工作人员。我们有一个很强大的框架和集中化管理流程，比如对于治理方面的集中管理，我们有战略架构和方法论。

27. 思科的整合团队人员来自各个业务部门，那么他们在整合期间归谁管理？

答：整合团队通常由业务部门、财务部门和收购部门共同组成，整合团队由负责收购的业务部门管理。例如，财务部门跟收购相关，被收购的财务部门直接加入思科的财务部门，但它又跟业务领导者联系在一起；再如，网真的业务部门和财务部门是虚线联系，不是实线联系。到一定的时候，对于我们的体系和流程部门来说，财务部门在思科内部的作用可能更大，因为我们的流程更加流线型了，如审计是在整个协作平台上实现的，审计部门有更多的责任。

28. 思科收购了多少上市公司？上市公司被收购之后它们还会继续上市吗？

答：收购交易一旦结束，它们是没有办法再维持上市公司资格的，它们就加入思科公司的大家族了，我们没有子公司或者任何其他上市公司。思科家族里有两个公司在被收购之前是规模比较大的上市公司，而且都和制造生产有关，对它们的收购其实是比较困难的。所以我们不是投资于整个公司，只是买了部门，这个过程比较复杂。到2013年为止，我们收购了5—10家公开上市的公司。

29. 思科会不会收购某个公司之后又将它出售？

答：我们的强项是整合已有的技术和产品，当我们把企业收购进来之后，该企业的技术和产品就融入思科的核心产品体系，这是我们的优势。所以，一旦我们收购了某一个公司并对其进行整合，我们不太可能再把它拆分出来出售，因为这个业务已经和我们公司的主业紧密结合在一起，已经深深植入我们的产品当中，这也是我们收购的主要目的和竞争优势。

从另一个角度看，这也限制了思科，也就是说我们没有办法把被收购公司切割或分离出去，因为整合得太紧密了。这实际上是一个取舍，而我们愿意做这个取舍。但是这也就意味着我们买进来之后，就不会再把它卖出去。分离出去比收购进来更难，但我们非常满足于现状。

30. 整合的流程是怎么样的？

答：开始要做很多准备工作并制订计划，以确保交易目的和战略非常清晰，明确如何才能提高投资回报，更好地进入市场，收购之后如何进一步提升思科的战略优势。

在这个过程中要和被收购企业的 CEO 进行充分交流，很多 CEO 或企业发展部门不太清楚为什么被收购之后会变得更好。因此，我们必须要向他们说明，我们并不是收购自己喜欢的公司，而是通过收购实现强强联合，双方的竞争优势都将获得提升。通过整合，产品的竞争力将会加强；同时，我们也让业务部门了解我们的收购战略是什么，然后再进入运营部门。很多被收购企业的管理层和员工往往并不清楚我们的战略意图到底是什么，强强联合之后大家要分担什么样的责任。

31. 整合是不是在收购之后才开始的？收购和整合是怎样的关系？

答：收购案是从什么时候开始的？不是从宣布收购才开始的，而是从第一个步骤，也就是机会评估开始，那时我们的整合就介入了。我们在第一步的时候就要确保战略到位，这样才能确保这个收购可以成功。整合的过程是非常复杂的，我们和大部分公司进行沟通的时候，会派我们的整合团队进去，有时是在交易结束之前派驻，有时是在交易结束之后派驻。如果我们要取得成功的话，整合是非常重要的。

32. 如何整合被收购公司的文化与思科的文化？这些被整合公司的文化对思科的文化产生了什么样的影响？

答：文化是有多重含义的，当我们看思科的核心价值的时候，其实我们的核心价值是没有变化的。不管我们收购了多少家公司，不管我们的高管团队、我们的领导者有多少变化，思科本身的核心价值和文化是不变的。至于被收购公司的企业文化，我们有多种方式来了解，他们的文化底蕴和内涵我们都在收购前期的准备中去消化。

在签署收购协议之前，我们还要保证被收购公司的员工也能够认同思科的文化和价值观，其实从营销和业务角度来说，也能够体现文化的一个维度。事实上思科从这个维度的文化来说是有一定的演进变化的。我们希望推动思科的增长，我们有自己的增长战略，我们希望在竞争中做到主动出击。因此，当我们考虑全球化的局面时，也要去仔细思考如何吸取那些被收购来的公司的文化，我们相信这样才能够团结起来，共同制胜。

当然，如果有一些收购案，我们觉得这些目标公司的文化确实无法成功地与我们的文化一致起来或者是融合的话，我们就会放弃收购。思科其实是非常不同的，尤其是在收购流程方面。有的公司是不管目标公司愿不愿意都要强行收购的，这是一种鲨鱼式的收购，也许这是它们觉得成功的一点，但这绝对不是思科的收购战略。

如果我们想要收购的公司的领导者和我们完全不在同一个立场上，我们不会强迫他们接受我们。当然，有时为了实现目标，我们会与目标公司共同讨论，相互做一些妥协，以相互适应，最终实现成功的并购。

所以，我们并不一定把思科的方式强加在目标公司身上，我们认为要成功的话，就应该互相适应，共同满足市场需求。这是思科独有的一种融合的方式，我们希望与被收购公司之间有非常好的沟通。也就是说，我们在收购公司的时候也是有选择的，我们会选择那些和思科类似的公司，而不像其他一些公司，收购了一个公司后，却发觉这个公司在把总体的大公司往另外的一个方向牵引，这是会造成问题的。

我还想谈一点，也是思科文化全球化的一个很重要的特点。思科的文化就是，我们推崇全球化的公司，但是也注重各地区自己的特点。例如，在思科中国的办公室，你会看到他们有一些中国的特色，和我们在美国的办公室不一样；还有我们在挪威有800多名工程师，他们也和我们在圣何塞的工作方式不一样，比如他们的工作时间和我们不一样，他们的沟通方式也和我们不一样。这并不意味着他们就被独立于思科文化之外，他们保留自己的本土元素和自己的特点，但是他们和思科总体的核心价值观及文化是一致的。思科的文化并不要求大家都以同样的方式来行事。

33. 收购过多是否会降低企业的专注性？

答：我认为最难的一点是，让大家能够专心致志地做业务。因为公司业务发展很快，有时一项收购会影响到现有的业务，有人会说"我不希望并购影响到我目前的业务，我也没时间去适应你"，这是比较麻烦的地方。另外一个挑战是，对所有售后服务来说，变革增加了工作难度。很多新的信息发布，大家一下子接受不了，有时信息太多，有时又太少，如何平衡才能保持大家的专注性，这是一个棘手的问题。

34. 思科在收购过程中非常看重与目标公司的文化是否匹配，如何测量对方文化？

答：关于文化匹配，你可以看一看两个公司的愿景，做个比较。每个公司都会有自己的愿景，知道自己未来的方向是什么。要弄清彼此之间是不是匹配，同时要看两个公司高管的特性是否合得来。还可以通过各式各样的改变，看看大家是否志同道合。至于内部想法是否一致，通过讨论就可以了解内部文化的相容性到底如何。之后我们在技术方面会有更多了解，还要考虑员工的参与度、未来是否会是一个好员工。同时，我们也常常告诉对方公司的员工，思科公司的文化到底如何，看他能不能接受，然后做出最终决定。

35. 思科在历次收购中，是否有过有针对性地收购竞争对手公司？

答：收购有两三种不同的模式，第一种模式是技术型公司的收购，重点关注对技术人才的收购。第二种模式通常是比较大的收购，叫平台式收购，也就是说这个市场和我们的核心市场非常像，但是比较大，我们希望可以在这个平台上做更多的创新。比如像WebEx这样的公司，在视频会议领域已经做得非常好，在云计算方面也是如此。我们认为这样的公司对思科未来非常关键，因为它们已经创建了一个很大的平台，有许多客户。我们收购它之后，就可以以这个平台为基础进行扩展。地理因素也要考虑，但主要还是技术和平台两种收购模式。

我们不会收购竞争对手，因为有文化方面的挑战。在交换机市场的初期，我们买了两家公司，它们之间彼此竞争，技术上彼此包容，结果后来变成了三种不同的产品。所以，我们通常不会收购类似于竞争对手的公司。但做网真的腾博公司是做视频终端的高端公司，这个公司被我们收购之前有两个高端产品线，收购之后我们还继续生产，但有些产品不再生产。

36. 从思科有收购意向到收购成功，总共要费时多久？

答：不同的收购历时不同，有的收购时间特别短。一般来讲，我们要考虑生态系统,在收购、执行收购及整合时间和整合 IT 流程等方面,思科的卓越运营得到充分体现,我们在这方面做得非常好。正因为我们有运营的流程和技能,所以操作执行得非常快。但是有一些收购动作比较慢,关键要看市场转型,我们要根据市场转型的进展来评估和决定收购时机。

37. 思科在收购时,更看重公司的产品、技术还是技术人员?

答:我的公司当年就是被思科收购的。当它们宣布收购的时候,我是公司的工程师,我们拥有一个特别好的技术。思科认为我们应该是属于思科的人,因此对原有的公司进行调整以便适应思科的环境。我想人员和技术的结合才是思科看中的。当然,每一笔收购都有不同的目的,有时是因为人员,有时是因为技术或者平台。

38. 思科在收购过程中是否出现过失败的案例?失败的主要原因是什么?

答:从收购组合效果的角度来看,思科确实有一些收购未能达到期望目标,关键问题是想要为公司带来最大效用和收益,就必须承担足够的风险。我们小组一直在公司 CEO 的推动下工作,如果没有扩张的欲望、不激进,自然就不用承担收购的风险。

39. 收购是企业快速发展的一个重要措施,但是收购本身并不是最重要的,重要的是被收购公司能够达到我们的愿景和目的。为了达到目的,我认为有几个关键的问题:第一,我们能否留住被收购公司的客户;第二,我们能否留住被收购公司的技术员工;第三,我们如何将两个公司的文化融合成一个整体文化。我的问题是:思科是怎样解决上述三个问题的。

答:解决上述问题首先是从两家公司共享共同愿景开始的。例如,在腾博收购案中,尽管最初我们的企业文化不同,但是我们有着共同的愿景:在视频和协作领域盈利。这一共同愿景为我们之后的融合提供了基础。从消费者角度看，我们必须向客户展示我们的产品为何既能满足思科原有客户的需求又能满足腾博原有客户的需求。所以，在宣布收购之前，必须确保我们已经将"产品符合二者需求"这一信息传递给了消费者，确保消费者对我们接下来的产品和服务有信心。从员工角度来说，在收购过程中，我们必须确保所有员工都了解企业的进展和状态。做到这一点，要关注两个要素：一是财务，要让员工知道在收购之后他们将获得经济收益，尽管这一经济收益需要一段时间才会显现。二是充分适应，每次收购都需要在整合上花费很多时间。最初，会有很多琐碎的事情，比如安排电话、工位、电脑、门卡等一切让新员工迅速融入思科系统的事情。经历了一段时间后，琐碎的事情基本得到解决，这时需要将注意力转移到员工价值上，一些员工成为领导者，在工作中完成我们对其的期望。

40. 收购中涉及收购者和被收购者两方，只有两方意向一致，收购才有可能达成。从被收购者的角度来看，要从收购中获取一定的利益，他才会接受这项收购。那么思科锁定一个被收购目标后，会采取措施促成收购条件成熟还是会等待自然时机呢？

答：每项收购都是不同的，商业模式的不同使我们在不同的收购中采用的方式也不同。例如，如果我们打算购买一项较小的元件技术，我们的目标会是将这一技术尽可能快地吸收并加以利用。如果购买一项芯片技术，这一芯片最终会被植入思科的产品中，那么，收购的目的会是尽可能快地使被收购公司的员工和技术融合入思科的模型中。因为如果想要利用这一技术优势，我们必须要将其融入思科的产品组合中去。在其他情况下，一些收购可能表现得非常独特，为了让这些收购产生实际效用，我们甚至需要让他们在思科模式外运作。例如，借助Linksys收购案，思科进入了消费者市场。与思科之前参与的市场相比，消费者市场是非常不同的。

思科对这一领域并不十分了解，所以在这项收购案中，思科的目标是建立起一个框架标准，学会如何吸引大量消费者、建立长久的低成本业务模式。总而言之，收购所采用的方式不同，它取决于被收购企业的成熟度，以及思科渴望从收购中获得的收益。

41. 在收购过程中，是否存在这样的情况：思科想在特定的时间以特定的价格收购某家企业，但这家企业不接受这项收购？出现这种情况时，思科会怎样应对？

答：一般而言，思科不会对一家没有意愿被思科收购的企业提出收购。这是因为我们认为，如果一家企业不想成为你的一部分，对其进行收购将是一次敌对的交易。因为思科十分关注被收购公司的员工，我们希望他们的员工认为思科能给他们带来归属感，是一个他们希望工作的地方，值得他们的信任。如果员工不信任我们，我们就失去了成功的基础。我认为，一般情况下，企业愿意被思科收购的原因是，思科可以为这些企业的技术和产品提供一个平台，使其得到更广泛的利用。思科可以让一些小企业的产品成为市场运作中的重要架构的一部分。这对于小企业而言是十分具有吸引力的。在我看来，这正是这些公司愿意被思科收购的原因。

42. 思科在收购过程中，主要是围绕主业进行相关的收购还是同样会对非相关企业进行收购？目前和未来的情况会怎样？

答：思科的收购战略基于市场转型和发展机遇，所以，大部分收购都是针对快速增长的市场或潜力市场。尽管我们的部门会对众多市场进行研究，但我们更关注上述市场，如协作、视频等，因为我们认为在这些市场中思科有更多的发展机会。思科的创新策略会指导我们决定是否进入其他市场，目前思科对30—50个市场均有关注，当这些市场发展一段时间后，我们会考虑这些市场的潜力到底有多大，思科是否能在这些市场上推进自己的商业模式等。

43. 您在报告中提到，被收购企业的员工大约有 75% 会留在思科，离职的 25% 的员工结构是怎样的？是管理人员占主要比例，还是研发人员占主要比例？在思科的发展过程中，思科创新的三大支柱——研发、合作伙伴和收购——哪个贡献更大？

答：我们提到被收购企业的员工大约 75% 会留在思科工作，其明确含义是在收购时有 75% 的员工选择继续留下。例如，一个企业在被收购的时候，拥有 100 名员工，而思科决定只保留其中的 85 名员工。75% 表示在我们选择保留的 85 人中有 75% 的人愿意留下。对于这 85 名员工，思科会不惜一切努力让他们留下。或许你们会疑惑，思科在决定收购时会如何看待留用原职员，思科对被收购企业的各部门是怎样考量的。我们认为，员工在很大程度上体现了被收购企业的价值，所以思科一般不会通过减员来达到降低成本的目标。在思科的大部分收购案中，思科会制定保留 90% 左右的员工的目标，解雇员工、降低收购成本并不是我们的收购策略。

如果思科正确执行了自己制定的创新策略，绝大部分的创新就会来自企业内部的研发，合作伙伴是帮助我们提升其他类型创新的方式，收购则是二者的补充，这三者作为一个整体共同运作。其中，75% 的创新是由内部研发创造的。

44. 在收购时，思科是追求 100% 的股权收购还是达到一定控股比例就可以了？收购结束后，思科会指派员工担任被收购企业的管理者吗？

答：当我们说收购一家企业时，指的就是对其进行 100% 的股权收购。被收购企业的管理层代表着企业的核心领导和愿景。如果想要充分利用这项收购，我们需要找到方法，让这些管理层人员继续留在思科发挥作用。但是这并不能保证所有管理层人员的职位都能得到保留。例如，被收购企业的 CFO 不会再担任思科的 CFO，他可能被调去研发部门、销售部门，但仍在思科扮演重要的角色。

假设我们收购无线领域的一家企业，我们会考察这个企业中的工程人员，衡量他们在未来无线业务中能够发挥的作用，确定他们是否愿意接受思科的愿景。大部分情况下，高层管理人员和其他员工会被留用在与之前相同的业务部门。我曾经提到过被收购企业与思科相似性的重要性，相似性意味着该企业与思科的业务和发展有密切关联。如果我们收购了一家企业，这家企业中的一名领导者在其领域内相当出色，如果思科在这家企业的地理区域内开展其他业务，那么这位领导者就可以起到很大作用，他甚至可以帮助我们完成下一项收购，这就是地理位置也同样重要的原因。

45. 您提到收购有差异化收购战略和差异化收购技术，一般企业收购是为了拓展市场，您提到的差异化收购技术指的是被收购企业的技术在原有市场中与众不同还是技术高于市场水平？

答：差异化战略是指思科进入市场时所采用的战略。我们需要考虑思科所做的事情与市场上的其他参与者所做的事情是否不同。以智能电网为例，思科决定进入智能电网市场的原因是，我们相信智能电网所代表的开放标准的互联网和 IP 沟通的方式是一个很好的商机。差异化战略体现我们的独特性，我们能为市场带来标准化的开放模式，人们现在所有的各种通信协议都可以集中到智能电网中。

在上面的例子中，差异化技术指的是在智能电网中，我们通过收购 Arch Rock 公司，利用其差异化技术建立安全的软件代码，满足大约 100 种 IP 协议。而其他公司虽然有无线方面的技术能力，但这方面的技术专业性不如我们。

46. 如果在收购决策中，专家的观点不同，思科会怎么办？从您的经

验来看，企业收购的最大障碍是什么？对于失败的案例，思科是否会进行反思以获取经验？

答：在收购决策的过程中，收购决策很难获得大家100%的认同。你必须要承担风险，会有一些人不相信此项收购会成功。在这种情况下，必须有人对收购充满信心并且承担起风险。当董事会的意见不一致时，充满信心是非常关键的。在我看来，有两方面是非常重要的：第一是快速做出决策，你永远不可能获得市场、技术和风险的所有信息，如果你总是选择等待，以期望获取更多的信息，机会只会从你面前溜走。第二是我们购买的往往是未来的发展机会，因为这个原因，我们必须在收购结束后立刻做好准备迎接业务的发展。有时收购失败并不是因为业务模式不好，而是因为被收购企业未能很好地融入思科模式中。那些获得200万—500万美元投资的公司往往是那些在市场上快速发展的小公司。思科需要注意的是我们仍然需要对研发、销售部门进行投资，这将为思科带来诸多发展机会。

47. 我注意到您提到过主动投资和被动投资，能解释一下二者的含义和区别吗？

答：主动投资针对思科仍然拥有所有权的资产，被动投资则是针对思科已经不拥有所有权的资产。举例来说，如果一个公司被思科收购，并且仍由思科享有所有权，那么这一投资就是主动投资；而如果这一公司继而被其他公司收购或者成为公共公司，这一投资就是被动投资。

48. 主动投资和被动投资是在投资之初就确定了的，还是随着思科的退出而变化形成的？

答：由最终结果决定。这一问题顺带引出了另一个问题：思科在投资过程中扮演着怎样的角色？一般而言，思科在投资过程中，会购买被投资公司大约10%的股票。这种方式的投资使被投资公司必须将自己的运作动态向思科汇报，但思科不能参与其决策，也不能成为其董事会成员参与投票。但是思科会积极地管理这些投资，关注这些公司是否与思科在某些领域共同合作。

49. 您的演讲中涉及的市场动态变化有两个转折点：投资进入时间点和收购的时间点。企业内部由哪个部门发现第一类转折点？在发现这些转折点之后，企业是怎么分别做出投资和收购决策的？

答：这主要由公司内部的创新部门完成。就思科而言，我管理的部门会对市场进行全方位关注。例如，我们有各个方面的专家，储存、安全、协作等，他们的职责是关注各市场的发展趋势，确定技术将在何时出现、何时得到资本市场的投资等，最终形成对整个市场的评估。投资过程中的风险不是无穷大的，而是有一定的量值，所以我们可以适当激进一点，以免错过机会。我们可能会花费200万—500万美元用于一项股权投资，因为思科有能力进行多项投资，我们能够对自己感兴趣的各类早期市场均有所涉及。一旦某一市场出现了加速发展，我们就会密切关注与这个市场密切相关的技术部门，一旦市场发展到我们认为的转折点，我们便会考虑是否已经是正确的时机进行投资或者收购。

50. 投资或者收购的决策是仅仅由您所在的部门或者相关业务部门做出的，还是需要高层领导者讨论？

答：我们实际的投资决策流程大致如下：如果我们认为思科需要对某一市场进行投资，就会对该市场环境做出详尽的分析报告，并将报告递交至投资委员会。思科的投资委员会由三位管理者代表组成，他们分别来自业务发展部门、研发部门和财务部门。一旦投资建议进入到委员会讨论阶段，公司中会有一位员工来担任执行资助者（executive sponsor）的角色，他一般来自希望在该领域有突破性发展的业务部门，投资委员会和执行资助者会做出是否进行投资的决策。

收购流程可以归纳为：一项收购从执行资助者参与开始，由其负责收购进展、员工雇用、资金等相关事项。同时，我们需要制定收购策划案，与执行资助者共同讨论，然后将策划案与公司的CFO、CEO等人进行交流。

51. 合作创新属于思科的长期战略，而思科颠覆性创新频繁。作为技术主管，您经历的与其他公司的合作有得有失，能否为我们介绍一二，分享下您的心得体会？

答：我们发现要让合作模式取得成功，合作双方必须有非常清晰的目标和可见的机会。如果机会的意义和发展空间不大，合作就可能产生裂痕。所以我们必须保证双方在创新的后期有继续合作的意愿，并且为未来（如12个月之后）创造出更多的合作机会，这种合作才会有价值。与合作伙伴的协同创新往往围绕学术性或标准化领域，如软件界定网络或IPV6或互联网等研究。这时市场拥有非常动态的研发环境，我们愿意跟合作伙伴合作，同时我们也愿意跟研究社区、研究机构或大学合作来进行创新活动。

52. 在收购活动中，财务部门的作用是什么？

答：思科在发展过程中收购了一百多家公司，从财务的角度来看，我们有一个CFO承诺阶段，在这个阶段CFO会带一个团队进行运作。当我们收购公司时，我们会界定业务领导，我们的战略团队会发现潜在的收购对象并进行评估，看看收购的价格，对方的财务状况，并综合我们的企业战略，评估收购对于公司的影响和对业务部门的冲击。CFO在最后阶段把关，要在收购的前、中、后期不断进行评估，确保我们的收购决定是对的。

53. 企业期望收购时投入最小、回报最大，您认为思科获得什么样的利润水平是最佳的？

答：这个问题很难回答，因为不同的公司差异很大，都要根据商业模式来定。对于我们来说，我们是一个上市公司，商业模式比较稳定。利润收益增长要有可持续性，但不同产业有不同的情况。短期内，我们关注怎样获得更多利润，并减少投资；但作为长期战略，这是行不通的，要保证长期的高瞻远瞩。过高的利润率和过低的利润率都是不利的，利润率的高低要取决于长期规划。

54. 并购用股票，还是现金？有什么原则？如何平衡短期目标和长期目标？

答：我们多数选择现金进行并购，因为现金的收益往往更多。投资者往往是缺乏耐心的，他们很可能会抛售你们的股票，找到一个平衡点并不容易。而且我们的最佳股价与政府开支有关，比如前段时间，美国政府的行为使我们的销售受到了影响，股价便跟着下降。以上这些都是短期的现象，因此我们需要说服投资者关注长期的发展。

五、战略联盟与合作伙伴关系管理

1. 思科希望在中国寻求什么样的合作伙伴？是否会选华为当合作伙伴？

答：思科在寻求合作伙伴上持很开放的态度，与华为有可能成为战略联盟。中国比较特别，要根据政府、企业的特点建立独特的模型。

2. 什么情况下收购，何时联盟？

答：如果一个新业务有很好的盈利空间，思科不能单独做好，同时这个技术对于思科来说是核心业务，思科就会选择收购；如果这个业务不是思科的核心业务，也不是思科所擅长的技术，思科就会选择结成战略联盟。目前思科有160家收购公司，3万个战略伙伴，随着行业变化，思科会越来越多地采取联盟的方式。对于思科来说，收购是全盘控制；如果不需要强控制，就会选择成为合作伙伴。

3. 思科与其他硬件、软件厂商共建生态环境。我们知道，硬件、软件市场的发展是非常不确定的，那么思科以何种标准选择合作伙伴？

答：思科进入一个大的新市场时，寻找合作伙伴会首先关注市场份额，在某些领域会按照区域进行合作。比如，软件的合作伙伴是从市场份额的角度去合作的，但是有时候新公司进入市场会打乱原来的市场状态，比如说苹果，iPhone刚刚推出时，市场份额很低，但是它们的技术特别杰出，因此我们选择苹果作为合作伙伴。

4. 思科是分阶段与合作伙伴合作的，但是在统一计算系统中，应该在合作初期就已经把技术方案确定了，那么思科是如何分三个阶段实现合作的？

答：在合作伙伴的选择上，有些公司并不想跟思科合作，因此思科会跟那些愿意与其合作的公司进行合作。在合作伙伴选择的第一个阶段，很多技术都还是在思科之外的，因此思科会让自己处在投资的地位，确保这些公司的独立性。

5. 思科与合作伙伴的关系是长期性的、战略性的，还是在过程中会有竞争？会不会为了价格、效率等因素随时对供应链中的合作伙伴进行调整？

答：在供应链方面，每个合作伙伴都想赚钱，因此有时候会因为市场变化，如价格、效率或者利益冲突等原因，某些企业决定不与思科合作了，但是思科会尽力与他们保持关系，因为每一个合作伙伴对于思科来说都是具有战略意义的。比如，思科推出统一计算系统的时候，IBM和惠普就决定不与思科合作了。这个时候思科只好重新建立合作伙伴关系。每个合作伙伴对思科来说都是有战略意义的，因此，思科会尽量找出6—8个相互独立的行动方案，确保计划的成功。

因此，对于任何一个行动，思科都有可能会退出，但是我们仍然会保持与合作伙伴的关系，因为市场还会发展，未来还会有更多的合作机会。

6. 思科的创新策略包括自主创新、收购创新和合作创新，这一块的商业模式是比较复杂的。思科是否有相对固定的商业模式，还是对每一次合作都有新的商业模式？

答：当思科与合作公司在商业模式上有很大差异时，我们会建立一个新的合作的商业模式。思科与其进行合作时会先列一个清单，明确哪些是我们想要合作的部分，哪些是对方想要合作的部分，问题清楚之后，双方都可以达到目标。

思科与其他公司的合作并不是一成不变的，有时候是思科占上风，有时候是其他公司占上风。所以商业模式有时候朝一个方向走，有时候朝另一个方向走，我们再随之做出调整。我们统计过，思科应对合作的不同情况总共有14种不同的商业模式。

7. 我们注意到思科的合资公司实际上是比较少的，这和思科原来的战略是有关系的。近期思科曾与合作伙伴探讨建立合资公司，思科会把这种商业模式作为一个长期的核心战略，还是一个临时性的战略?

答：思科在处理合作伙伴关系时，有时候是按照供应商、提供商的方式做，有时候通过收购，有时候通过合资企业。思科总是在尝试新的事物，因此思科会继续往合资企业和收购的方向发展，但是这还不是思科现在的一个核心战略。

思科进行外部收购并不仅仅是把技术买进来，而是把人才和知识产权都买进来。在谈到合作伙伴时，我们认为所有合作伙伴都是要获利的。而合资企业在这方面会比较困难一些，因为必须把一些控制、运营的权力给分散掉。但是钱伯斯说过，如果有很多合资企业的话，他也并不反对。

8. 我理解的思科有三种合作模式：第一种是签订战略合作框架，在这种情况下思科在不同时期可以有不同的合作伙伴；第二种是项目之间的合作；第三种是成立合资公司，就像结婚一样。不知道可不可以这样理解?

答：对于收购，如果业务买进来发现不合理，我们就会放弃。也不见得合资企业成功率就一定会更高。

但是思科可以保证每三四个月都会和战略伙伴碰面，希望以此形成更紧密的合作伙伴关系，而不仅仅是财务方面的交流。钱伯斯会和很多公司保证，思科与合作伙伴的合作就像婚姻一样，在一起就是绑定在一起了，是一辈子的保证。

9. 可能一开始思科在某个市场或领域是没有份额的，当思科想要进入这个市场时，会与有一定市场份额的企业合作，等思科进入这个领域后，有可能在一定程度上挤占合作企业的市场份额，那么思科会不会有什么弥补措施？

答：在思科与其他企业合作之前，我们会写一个清单，明确对方想要什么、我们想要什么。思科有非常强的销售渠道，而且我们的间接销售方式也被很多企业采纳，思科在交换机和路由器市场上占有非常大的份额，很多企业没有这样的技术或基础能让他们的产品进入这些市场。

我们希望确保这些企业在与我们合作时也能从中获益，因为从文化上说，我们不希望只是一个暂时的合作关系。思科在技术和市场上的优势无疑对伙伴公司来说是有价值的，有时候我们会有其他的项目让他们获取更多利益。比如，思科和佳木斯控制系统公司的合作，通过和思科合作，它们可以把自己的网络用于楼宇管理中，从而扩展了企业版图，而在那之前，它们是做灯光供暖、空调等。

10. 企业之间的合作有成功也有失败，您可不可以提一些关于如何在合作中避免这种失败的建议？

答：思科没有办法避免失败，但是如果没法成功的话思科会尽早认输。IBM有一个观点：如果合作双方的高管不来开会，就代表合作伙伴关系没了。因此，高管层愿意做出的承诺对于合作伙伴关系来说非常重要。

另外，为确保合作成功，有五个方面需与合作伙伴进行确认。第一，收入的标准，不管是对思科本身的销售还是合作伙伴的销售，有时候收入目标是0，因为只想扩大市场份额。第二，不只专注于一个计划，而是与合作伙伴制订一系列计划，循序渐进。第三，确保项目能够获得客户的认可。第四，不同的商业模型如何协调。第五，合作双方的高管会建立一些标准,在每次回顾时就按照这些标准来打分。

如果能做到以上五点,就会有很高的成功率,并且在合同中我们会就很多细节进行确认,比如一定要在什么时候开会,哪些人必须出席,哪些市场策略要被采纳,等等。因为在美国不是握个手就算了,必须要有一个合同作为后盾。

11. 思科是如何针对不同的产品选择不同的合作伙伴的?这个决策的过程是怎样的?谁有决定权呢?

答:如果合作伙伴关系是基于技术的,那么就会由业务部门来做决定;如果合作伙伴关系是与进入市场相关的,那么全球渠道组织就会对此负责。当需要跨职能和跨技术,并且需要一个统一的解决方案时,又会有其他部门负责。

有时候合作伙伴想要用思科的现金储备,如果是10亿美元以下的,会有相应的人进行决策;如果达到10亿美元,就需要董事会和钱伯斯来决定了。

12. 思科的销售模式有直销和合作伙伴两种,这两种方式在客户服务上有何不同?对企业的效益有何影响?

答:我们的商业模式(如直销)的目标是扩大规模。我们发现在小国家,通过合作伙伴可以大幅度提高销售量,如将我们的产品用在本地水电账单管理,或政府及其他很多部门,可以提高思科的业务量。但在另外一些地区,直销模式的成本比合作伙伴引导型要高。我们期望一个客户经理能从客户身上获得一千万美元的收入,当我们发现收入减少时,会把销售责任推给合作伙伴,用他们的分销形式带来新的销售量,有时甚至可以达到两千万的销售量。所以我们期望在客户和合作伙伴身上得到更多的销售量,就要采用不同的模式和激励机制。当然,如果选择跟合作伙伴合作,我们还要进行营销方面和渠道方面的投资。

13. 思科的销售部门和服务部门的侧重有何不同？

答：销售部门就是销售产品，我们的客户和合作伙伴都非常接受我们进入市场的方式，思科的服务战略就是鼓励客户采用思科技术的服务方式。我们不是像 IBM 那样的服务供应商，它们主要提供系统整合能力。我们的商业模式是建立消费和采用思科产品的服务方式，这就意味着在服务组合中使用第三方产品的数量很少，软件也很少。这就使我们用一种非常恰当的方式控制自己在服务领域不与合作伙伴竞争，因为它们有自己的服务模式，而我们的服务战略是要加速运用思科的技术来服务客户。

这种战略的特点是我们要努力加快客户采纳思科技术的速度。当我们有新技术（如统一计算系统）时，会将这些技术与 PC、IPad、移动电话或智能手机协作，我们的战略是要做出一个专业流程或服务体系，以便能够复制和部署技术体系的使用。我们推广这一实践之后，将与合作伙伴共同使用这种受知识产权保护的流程。在这个模式中，我们得到的好处在于，思科可以获得更高的服务增长率，比其他的公司要高，如思科服务器的业务量增长达到 60%，而 IBM、惠普可能只有 40%。我们采用这种商业模式是将重点放在技术上，并推动消费者使用我们的产品。

14. 全球客户管理有一个总部和三大区域，总部和大区的分工是怎样的？客户管理的机制是什么？

答：我们最大的客户是全球排在前 30 位的大企业客户，其中有 15 个电信公司。比如美国沃尔玛公司是我们的大客户，由总部的人决定巴西沃尔玛、欧洲沃尔玛乃至全球沃尔玛共需要多少人力和资源，他们会在总部协调不同地区服务于某一大客户的力量，也就是说，由中央集中配制人员。

第二级别的客户有100多个,协调方式是雇用本地人进行管理,比如让中国人来管理中国地区。对此我们改变了补偿方式,以佣金的方式雇用他们,按照他们在这个国家的销售量,支付相应的佣金来补偿。我们要确保根据不同地区的特点在当地设置到位的奖金制度和激励机制,所以如果企业跨地区的话就是这样分配的。大企业是集中管理资源,而接下来的500个企业是按照区域进行划分,也就是通过奖金制度使用和管理当地人才。

15. 您每天都会研究竞争对手,思科是否有专门的团队进行研究?如果有的话,人员构成如何?

答:我们公司的竞争对手非常多,任何一个高科技公司都会有很多竞争对手,IBM研究甲骨文,也研究惠普,而我们有多达34家竞争对手。有非常专业的团队向我汇报,这个团队叫作竞争营销,团队中的每一个成员都会从不同的角度观察竞争对手。当然,我们没办法同时专注于34个竞争对手,通常会专注于5个竞争对手,因为我们必须花很多时间进行调查研究。对于这5个竞争对手,我们要培训自己的团队人员,让他们了解竞争对手的战略举措,对此,我们必须积极回应各种挑战。

我们有一个特别的团队专门研究竞争对手,这种研究是分产业来看的。对于服务供应商,也就是电信行业,我们有不同的竞争对手,如阿尔卡特、爱立信等。中国的电信公司也是我们的竞争对手,我们也会对其进行研究。我们的团队会看它们采取了哪些行动,比如竞争对手引进哪些新产品。另外,还有团队专门研究企业级应用的竞争对手。

此外,我们还有一个团队专门研究云计算和数据中心,一个团队做协作通信和视频,一个团队做网络组合方案。总而言之,我们会调研特别的制造厂商或竞争对手,用一个团队去研究它,进行信息搜集,观察它的动向,通过各种方式研究它们怎样运营,同时我们也会定期报告竞争对手的销售情况。

16. 思科从原来的卖产品转变为提供一站式服务，像 IBM 这样的企业则非常善于提出新的理念，大家也愿意接受。思科未来的一站式服务的销售策略是以何种方式与 IBM 这样卖概念的企业进行竞争的？

答：我们先讲一站式服务和如何做到独树一帜，也就是说如何在同样的市场当中让自己差异化。我们的一个独特之处就是专业性非常强，网络专业方面绝对是我们的强项，比其他任何一个公司都强。IBM 在很多地方卖我们的产品并提供服务，以前惠普也卖我们的产品，但后来它们与我们的重叠性太高，就不再合作了。我们的一站式服务的最大特点是我们在网络方面的强项，这方面的技术是其他公司无可比拟的，我们有很多有能力的专家。

我们在分析技术发展趋势时，主要看网络的发展趋势，包括移动性、云计算、应用服务交付等，这些都围绕着网络经济。钱伯斯之前也说过，目前的大趋势是发展网络型经济，所以我们的一站式服务特别专注于网络，这是我们和其他公司的不同。当然，我们对中国大型的技术和系统集成商也是非常感兴趣的，因为我们希望他们可以帮我们做更多应用。在系统集成方面，我们会和合作伙伴进行合作。

17. 思科获得的最大毛利来自将新技术应用的最佳实践在全球复制，在这个过程中有什么好方法来达到此目的？

答：思科通过采纳新技术并将其推广到全世界不断提高毛利率，其中的关键是不断创新。我们所属的行业是一个创新行业，创新是我们的根，是确保我们未来成功的关键要素，因此我们只有通过持续不断的创新，提升我们的价值，才能让我们的产品推广到全世界，这就是我们的战略。我们的创新战略重视客户的需要、研发，还有与合作伙伴的关系，这些都提升了我们的技术能力。最后一点就是进行收购，我们现在已经收购了 160

家公司以协助我们在创新的道路上走得更快、更好。

如果我们停止创新,就没有办法给客户提供价值,也没有办法把我们的产品推广到全世界。创新的基本原则就是满足客户对我们的期望,不断给他们提供新的产品,让客户完全信任我们。

18. 思科有直销和分销两种销售策略,这两种策略的标准是什么?

答:我们的销售策略有客户引导型和合作伙伴引导型,在全世界直销和分销的方式是不一样的。在美国,有很多大型全球性公司,客户规模比较大,所以客户引导型也就是直销型会比较多。在加拿大,直销型客户少得多。在亚洲很多国家,客户引导型和直销型都是比较小的团队。由于缺乏新技术的引导,我们选择合作伙伴引导型还是用直销型主要看国家的态势和客户潜力,而不是他们去年买了多少产品。举例来说,韩国三星可能没买很多我们的产品,但它们的潜力很大。我们会用一系列技术来评估和理解客户的潜力,如客户专注的市场到底还有哪些,是不是可以大幅度提高潜力。

什么时候做直销呢?以电信行业为例,我们没有办法直接进入电信行业时,就要通过合作伙伴——服务供应商、系统集成商进入电信行业。那时候我们没有办法做直销,但客户又希望他的支付系统或后台系统使用的是我们的产品,于是我们会做一些调整,大部分由服务供应商来做,由系统集成商和服务供应商提供客户服务,这样的方式客户更满意。

由于系统集成商和当地的服务供应商与思科关系良好,与当地客户的关系也非常好,我们没有办法直接提供服务。我们的合作伙伴不但要找到盈利方式,还要和当地客户保持良好的直接联系。因为只有合作伙伴做得好,客户才愿意和合作伙伴在一起。在过去几年里,与服务供应商和系统集成商的这种合作模式为我们创造了市场份额。

六、建立高适应性的企业文化

1. 中国国有企业与美国国有企业的文化有什么不同？

答：中国国有企业与美国企业文化在定义上就不相同。美国企业的文化是贯通所有环节的，它们的文化具有可执行性，可以从口号转为实际行动。中国国有企业的文化就不然，相对仅停留在口号上，可执行性不强。

2. 如何扩大企业文化的作用和影响力？

答：我们往往通过重复组织流程和强化文化内涵来扩大文化的影响力。在进行内部沟通时会采用强有力的沟通方式和大家都能理解的词汇，在报告时采用标准化沟通方式（如愿景—战略—执行—测量）的统一模板，从而强化员工对组织、对组织文化的认同。

3. 以客户为核心在实践中是如何表现的？

答：以思科为例，在1992年我们将自己的技术销售给波音公司，客户当时需要转换器，于是我们就去购买了相关企业，这成为思科后来发展最成功的业务之一。思科在为保险公司提供技术产品时，客户抱怨软件安装太复杂，希望思科成为顾问，于是在客户需求的驱使下，思科购买了Internet Business Solution软件公司。2001年，客户又抱怨服务器中产品不好用。客户抱怨对思科的震动很大，让我们意识到整个系统存在很多问题。从这些案例中可以看出，我们需要时刻关注客户需求，倾听他们对产品和服务的意见，并据此改变我们的文化，优化产品质量。

4. 如何让员工了解公司的愿景？

答：思科的愿景25年没有改变，一直是"互联网改变人们生活、工作、学习的方式"。思科当年意识到互联网的发展趋势,与用户一起提出了这个愿景。这个愿景到今天为止都是适用的。思科采用的方法是通过各种途径,不断地告诉员工公司的愿景是什么。比如,每个员工都佩戴工牌,工牌上写了公司的愿景是什么。又如,钱伯斯要求思科的高管,在任何时候做演讲时,第一部分内容一定要是"愿景、战略、实施",明确公司的愿景是什么,自己部门的愿景是什么,它是如何服务于公司愿景的。要让每个员工了解公司的愿景,唯一的办法就是不断地交流,反复地强调愿景是什么。

5. 愿景与战略有着什么样的关系?

答:愿景是战略的前一步,先有愿景,为实现愿景,从多方面提出战略。愿景是目标,战略是实现目标的策略。

6. 员工如何能做到与思科的愿景和战略相配合?

答:思科鼓励员工时刻保持怀疑心,监督企业是否走错方向;思科的愿景和战略要对六七万名员工负责,要对员工家庭负责,担负起应尽的社会责任。思科家族紧密联系在一起,并与各地合作伙伴合作,我们是一个整体。思科独特的企业文化之一就是:不能忽略员工的感觉,我们把他们当成家人,并把这种文化传承下去。

7. 思科靠什么吸引和留住人才?

答:我们领导的团队非常独特:每人说4—5种语言,78%的人拥有商学院硕士学位,13%有博士学位。我们积极迎接挑战,追求变革和创新,总是与客户一起寻找创新技术。我们关注的不仅仅是美元本身,更多是一种精神上的追寻。最令我激动的是,看到客户的问题并能帮助他们解决问题。

8. 思科强调团队协作,但为什么薪酬制度里有单独一项"个人贡献"?

答:首先,不能忽视我们在指标中既包括了"个人贡献"又包涵了"团

六、建立高适应性的企业文化

队贡献";其次,之所以还强调"个人贡献",是为了防范搭便车现象的出现。在团队工作中,你的队友将承担起督促的任务,他们会向你指出工作上的不足并给予建议。但如果你因为照顾孩子、接待亲友等理由请假,就不能完全享有"团队贡献"的奖金,而是需要"个人贡献"这一指标来进行衡量。

9. 思科的战略是什么样的,企业文化对其战略有何影响?

答:思科的战略基于如下思想:我们的产品整合程度越高,我们就越能带领公司取得更大的成功。因此,思科的整套战略是基于整合或者集成的,产品之间的整合程度越高,我们的公司差异性就越强。思科的文化就是要贯彻这一战略。比如,我们主要的业务领域无论是路由、交换、协作还是数据中心,都不是分开看的,我们希望可以在各个不同产品之间进行整合,如可以共享软件、共享接口、共享界面、共享芯片。如果产品之间必须互相匹配,我们的产品就更具竞争优势。可以这样说,要攻击思科的一个产品容易,但是要攻击思科的产品体系就比较困难,我们的产品相互是可以协作的,功能非常强大,成本又比较低廉,这就是我们的客户想要的。因此,思科的共同目标文化直接和思科的整合产品战略息息相关。

10. 思科是如何实现从资源垂直管理到组合管理的?

答:第一,思科是世界上以职能部门为单位的最大的一家企业,我们不是按照盈利而是按照职能来划分部门,因此我们不是通过某一个产品的盈利来看我们的业务,而是整体看我们的业务和总体收入,我们从整个产品组合的角度看问题。

第二,要在产品组合模型上找到适合我们的一个组合,我们会做基准测试,对比优秀的公司在研发经费上是如何分配的。思科的研发经费就是70%用于核心产品开发,20%用于延伸产品,10%用于网络安全产品的创新,即 70%、20%、10% 模型。我们首先会从组织结构和业务组合的角度进行分析;其次是做基础测试,看思科的业务组合如何进行研发经费的分配;最后,如果一个产品不符合全公司的业务组合,说明这个业务对思科来说就不适合了。

第三,要有足够的勇气决定做哪些业务、不做哪些业务。我们在决定产品组合时会问自己:这是我们的核心技术和产品吗?是思科百分之百的创新吗?如果都不是,那么我们就退出这个业务。这样可以拿有限的钱去做一些合适的业务。这就是 70%、20%、10% 模型。这不光是现在,而是对企业 3 年、5 年甚至是 10 年这样一个长远的业务组合规划。

11. 思科做了很多收购,思科在收购企业之后,如何使被收购企业的文化与思科统一?不同行业、不同企业的文化很不一样,CEO 是否在其中起着很大的作用?还是由员工共同构筑企业文化?

答:思科非常善于选择收购目标公司,收购的成功率可以达到 70%。在收购之前,思科会考虑即使该公司的技术对思科有吸引力,但如果企业文化不相容,价值观不一致,我们也不一定收购。另外,我们还考虑被并购的公司高管是否愿意留在思科工作。我们相信,思科收购成功率这么高的原因之一,就是这些企业的 CEO 仍然继续留在思科工作,这说明思科收购的公司对思科文化是认同的。思科理解被收购公司的文化底蕴,双方的价值观是一致的,因此这些公司融入思科也更容易。

思科的高层领导在企业文化的构建过程中,要明确最基本的原则,不应该让你的手下到处去找原则。思科的基本原则是:第一,在每个我们进入的市场做到第一或者第二的位置;第二,企业决策一定是透明的,企业的资源会被分配到我们主要的业务组合上,然后我们的战略决策一定是根据客户的决定来做,这也是钱伯斯先生制定的指导原则。具体细节则由手下团队人员来做。

12. 思科的文化从竞争文化到共享目标文化的转变，从个人承担到总体负责，会不会造成责任不清的问题？

答：没有问责制会发生糟糕的情况，比如对于销售团队来说，如果没有问责制，他们会各自为政，只关心自身的利益。而就思科的体系而言，一个销售地区的利润水平是一个综合平衡的决策，业务部门可以和相关部门共同谈判，决定总的共同利润水平。这样的话思科就可以创造一个制衡机制，实现总体盈利目标。在这种机制下，每一个业务部门必须和全球各销售地区的利润相关方进行沟通，所有思科公司的人都知道美洲地区的盈利水平是多少，欧洲是多少，中东是多少。这个体制是一个通过决策实现相互拉动、互联的结构。如果思科跟大的电信公司签订大的战略性订单，可能把思科的整体盈利水平降到预期水平之下，则需要通过其他项目进行平衡。在这种情况下，思科不希望在各部门不知情的情况下导致公司整体盈利水平的下降。因此，这个决策是在我们的监督之下实现的，这个例子说明每一个人必须共享他的目标。

13. 从竞争文化到共享目标文化，是仅仅针对企业内部还是包括外部竞争？

答：思科的共享目标文化并不会减少思科的竞争性。思科的团队会受到这样一种激励，即他们销售的产品是世界上最优、价格最好的产品，这可以让我们的员工更加主动地出击，这也是思科在市场上的差异化举措。因为我们的文化、流程和技术都是差异化的，它们都是为了提升整个企业的竞争力，这样我们企业的力量就更强大，市场战略执行起来就更有效率，因为我们知道能够打败竞争对手。所以，千万不要认为共享目标文化会让企业松散下来，它会让企业更强有力，更快地进入作战状态，因为整个团队已有共识。

另外,为了让思科实现增长,我们需要业务组合,我们的业务单元并不是各自为政的,而是做整体解决方案,产品技术整合是我们的战略,我们通过共享目标文化来达到企业整体战略目标。

14. 您刚才提到有一个观点非常类似于中国的一句话叫"对事不对人",这和中国的文化非常契合,但是感觉美国文化并不是这样。

答:思科努力创造一种与其他西方企业不同的管理模式,为了达到这一目标,我们在过去 34 年的时间里不停地探索试验,从不同的角度看待组织结构,以不同的方式做事情。我们努力跟其他的模式有所不同,特别是与过去一二十年中自上而下的管理模式不同,这种信息孤岛型组织架构与我们现在所做的探索试验正好相反。因此,我把您刚才的评价理解为对我们的赞扬,我们确实想与众不同,这正是我们的目标。如果你的竞争对手是这么做的,为什么我们还要跟他们一样呢?跟他们不一样才能创造出差异化。

15. 卓越运营更多强调精细化管理,而创新战略会涉及更多的开放,这两种战略在文化上似乎是不可调和的。您认为卓越运营和创新战略的文化可以融合吗?

答:我们所得到的一个重要经验是,如果你是运营卓越的公司,你可以创造出美元,用钱来继续投资创新,但在现实中很多人觉得这是难以置信的。运营的卓越性通常来自公司的底层,一线节约更多的钱,以便挣更多的钱。我们之所以公开 70%、20%、10% 的投资组合,是因为我们希望能够实现透明,怎样通过组合投资这 10% 和 20% 来获得利润。要想获得卓越运营与创新之间的平衡,需要管理层进行组合性投资,以便让员工明白你节约的资金能够投资到创新上。过去的 10 年来,思科 30% 的收入来自10年前并不存在的产品，我们已经创造了100亿—150亿美元的新产品利润，这些都是将卓越运营的回报投资于创新的结果。你说得对，卓越运营是要节约钱，我们把节约的钱用来投资，而不是用节约的钱创造更多的利润。

16. 优秀的企业文化无疑可以推动企业发展，那么思科的企业文化还有需要改进和优化的地方吗？思科的企业文化已经是最好的了吗？企业的文化需要持续改进和优化吗？

答：思科的文化完全没有终止。文化是一个持续的旅程，而且你要问如何持续改进，可以说我们在过去的10年中，领导层一直在努力改进、优化我们的文化。过去的3年中我们把重点放在投资组合上，最近一年我们才开始关注问责制，并创造一个明晰问责制的文化。在两年前我们都不知道需要在问责制上做哪些改善，这说明我们要不断发现需要改进的地方。最近我们发现，明确决策权和决策规则非常重要，因为我们有太多的决策者。在这个过程中，我们需要保持坦诚的心态，客观地面对现实，而现实就是我们绝对不是完美的。在这个过程中你永远不要假定自己的文化是最强有力的，这也是我们在过去10—15年来所吸取的一个经验教训。

七、公司治理与风险管理

1. 董事会的沟通机制是怎样的?

答:董事会一年召开 5 次会议,不是关于日常管理,而是进行总体把控,讨论重要问题,为企业发展提供指南。目前 13 名董事中有 11 名是独立董事,还有钱伯斯和离职的前思科高管。董事会的提名委员会要进行独立调查,提名独立董事。有时找咨询公司,确定需要哪些知识和专家,比如斯坦福大学的专家等,我们力争把具有不同的背景的人带到公司。委员会确定名单后,会把名单提交给股东会通过。审计委员会有全权的职能,委员会的意见提交董事会后,全会将一起做决定。更多的委员会会议,一个月举行数次。总的来说,董事会在沟通上没有障碍。

2. 2008 年次贷危机,公司股东高度分散,涉及大量并购时,有没有否定委员会提议的情况?董事会如何控制重大决策中的风险?特别是在对行业不了解的情况下,如何控制风险?

答:基本上要遵循公司的保守政策,实行收购的组合策略。公司每年的并购投资损失很少。并购决策由并购委员会制定,他们雇用聪明的人制订方案,取得董事会的同意,董事会在其中起到监管作用。独立与无知不是一回事。独立董事会评估方案和风险,可以提出自己的意见,而董事会有权停止管理层做错误的事情。

3. 政府的严格监管和对企业高管薪酬的限制,会不会影响美国市场环境的竞争力,影响其他企业到美国上市?

答:萨班斯法案对在美国经营的管理成本进行了详细的阐述。就目前而言，美国仍然是世界上最大的经济体，很多中国公司仍会来美国上市。尽管这样成本会更加昂贵，但是进入更具流动性的资本市场，对一个企业来说是非常宝贵的机会。但是，我们必须承认，市场监管太多以及大量增加经营成本，会对美国公司和投资人造成不利。目前对企业高管薪酬的限制仍局限在金融服务部门，是在短期内的探索，结果很难预料。

4. 在发展过程中，为什么有些大企业会失败，而思科能够一枝独秀？

答：大企业在发展过程中失败的原因很多，总结一下有下面几个特点：一是失去倾听能力，企业不倾听、不思考、不再问很多问题。对于企业来说，持续和快速的学习能力很重要。二是骄傲和自负。1991—1995年，摩托罗拉是全球最受尊敬的企业，企业价值从50亿美元增加到720亿美元，1994年拥有600项专利，发展到1995年拥有1 000多项专利。此时，企业开始自负，在市场上，采用"卖手机必须遵守我的策略"的方式，导致市场份额从50%下跌到17%。供应商要的是数字技术，而不是模拟手机，但摩托罗拉拒绝变革，这种情况在思科不会发生。三是自满。自满会让一个企业失败。因此，企业要不断引入新的概念，决不能自满。

思科为什么能在这些年来一枝独秀地发展到现在，主要得益于下面几点：一是专注于擅长的项目。思科也经历了几次低谷，可以说是浴火重生。在经济不景气时，专注变得更重要，文化和核心价值也非常重要。二是更多不一定更好。惠普的经历说明，伟大的公司都是因为消化不良而死的，而不是因饥饿而死。没有办法孕育卓越的领导力，会让一个不断扩张的公司消化不良，进而出现危机。思科在中国不会进入每一个市场，而是集中资源发展重点。三是聘用合适的人才。如果没有合适的人，不注重流程建设，就不得不找更多的人来做事情，结果导致恶性循环。思科的理念是要聘用对的人，关键是他们有责任感。正确与否，就看他是否承担责任。四是不停止变革。变革是演化、改革和发展，是在扎实的文化环境上的慢慢演变。然而革新是大的变革，企业要引进革新的概念。

5. 请问贵部门在研发过程中怎样评估研发风险？

答：研发风险是和创新相关的，为了确保我们的产品能推广到正确的市场，我们有一个团队专门负责产品评估和市场分析，并分析这个产品是否已经做好下一步技术革命的准备。所以在风险评估里面不包含研发风险。

6. 在财务方面，风控部门与财务部门分别扮演怎样的角色？怎样分配风险管理的责任？

答：我们希望能够确保有足够的管理和控制机构，当一笔交易发生时，我们需要衡量获利的大小。财务部门负责审查这一笔交易的细节，我们则确保在此过程中有一定的衡量标准，有些金额较小的交易可能是自动审批的，但金额较大的交易就不会通过自动审批，甚至需要特别的审批。所以，财务部门负责总的财务控制方面的风险，而我们主要是确保流程要到位。

7. 思科有很多业务单元，那么财务模式是统一管理模式吗？

答：我们的组织结构和业务主要是根据地理位置进行分配的，所有财务官直接向我汇报。我曾在 IBM 工作 21 年，它的财务制度和我们是一样的，要确保制约平衡，联系密切，确保各个位置的财务官互相联系，同时集中向 CFO 汇报。

8. 您提到您的部门（风控部门）具有独立性，但是否意味着风控部门完全独立于公司和其他部门呢？

答：首先谈一下独立性的问题。审计委员会控制我 50% 的年度评估内容，我向财务委员会汇报，但是财务委员会和审计委员会共同对我进行评估。我们要保持一定的独立性，但我几乎每个月都要和审计委员会打两次交道，所以这之间的界限又是非常模糊的，或者说是非常细的。事实上，我这个团队的人员变动还是比较大的，我们在评估中被认为应该是独立的。我是为思科工作的，所以我希望为思科带来好的业绩。

9. 您提到了赛车刹车的问题，那么这样一个风险管理的流程是否是对公司活动的一种限制呢？

答：当我谈到刹车的时候，我是把它比喻为一种流程，这个流程并不是指全程全速奔跑，而是有一个流程、一个评估标准进行自我衡量，这样我们才能够抓住商机。大家知道其实我们公司有3万名工程师，我们在谈流程的时候其实就是要控制工程师，但是不能让工程师觉得被戴上了手铐、受到了限制。所以，其实流程并不是一个手铐，而是帮助企业利用机会的一种机制。

10. 请问是否所有的业务流程都需要审计，应如何实行呢？

答：我们对所有的业务流程都进行审计，并按照风险大小来排序。比如说一个业务决策，从交易流程来看，交易制度是否符合公司战略；从组织架构来看，是否被授予决策权。另外，还要对供应链、人力资源、运营的合法性进行审计，我们甚至还要对职业操守进行审计来保证流程的有效性。我们不会干涉业务的自然快速流转，我们只要看这个决策人是否具有决策的权力。

11. 在进行监管的时候，一般是怎样解决问题的？

答：监管的问题很棘手，但是也很有意思，这就是为什么我们需要这样一个全球合规治理委员会来保证以一致的方式在全球都做到合规。我们会派人去那些可能出现问题的地方，以非常有效的方式来做监管。

12. 审计的烦琐会不会影响业务部门的工作效率？

答：我们会尽量考虑这个业务，并预先跟业务部门交流，让业务部门明白我们这个设计需要多长时间。简单来说，我们会指派一个临时雇用的人调用数据，并不会花费做业务的人很多时间。事实上，我们要审计的项目很多、时间不够，有很多的职能部门是欢迎我们做审计的，因为他们觉得我们是为他们提供增值的，愿意借助我们的力量控制自己的流程，以保证业务更好地进行。

13. 请问风控部门的人员组合是怎样的？怎样完成风险管理的流程？

答：我的团队其实非常小，只有6个人。他们和业务部门合作，有120项风险，每一个风险都是和与这个风险相关的业务部门共同定义的。我想再一次强调，首先要有一个风险评估的标准，考虑这个风险是存在于什么地方、由谁管理。例如，由专门的财务小组根据相关的政策、策略来管理汇率风险，比如欧元区债务危机确实变成现实的话，应该如何去管理这个风险。我们会直接和财务部门沟通，考虑他们所执行的管理是否超过了授权。事实上，这种风险完全是业务方面的，我们和业务部门一起定义这120个风险，同时我们还和安永、德勤两家外部公司做出与思科相适应的风险模型。

14. 董事会是否有否决权？

答：钱伯斯先生有一定的决策权，但是在主要的问题上，比如说收购、投资和入股，是由股东会来决定的。事实上这也是在定期召开的董事会上需要讨论的重大事项，我们对决策有非常明确的定义，在公司策略中也有非常严格的管理章程来规定决策权限。在华尔街上有一些股票交易员就是因为越权进行了未经授权的交易，而使客户大量亏损。

15. 风控部门与各业务部门的关系是怎样的？各自扮演怎样的角色？

答：风控部门与各业务部门是相互独立的，因为事实上我们对它们来说，更多的是扮演一种咨询者的角色。因为业务部门、项目部门是实际操作这个业务的，风险也是由它们的业务产生的，所以我们给它们提供一些风险咨询。比如说并购，我们最近正将审计和所谓的一体化，即把外部收购进来的公司一体化，这两者结合到一起做。一方面，我们会在并购一体化方面谈一下风险问题，但是在审计方面我们会看一下交易历史记录和全过程的并购交易。另一方面，我们扮演咨询者和验证检查者的角色。

16. 如果公司的CEO在审计中暴露了问题，你们会如何处理？

答：如果CEO有问题的话，我的责任是跟审计员一起提出这个问题，我会向董事会汇报，这是一个非常困难也富有挑战性的工作。这个问题没有涉及法律，而对于道德问题，是没有灰色地带的，人人平等。

17. 内部风险可以预先控制，那么外部风险应该如何应对呢？

答：关于内部和外部的风险问题，有一个词叫黑天鹅。黑天鹅指的是一个发生概率很低却有重大影响力的事件。例如，硅谷地区发生重大地震，这个地震可能会发生，你要为之做好怎样的准备呢？在一些外部事件上，尽管你不能为每件事都做好准备，但是你要列出可能会发生的事件的种类。比如，在冰岛可能会发生影响我们供应链的事件，我们就要预先制订计划去应对这样的事件。所以我们必须为一些可能发生的外部风险做好准备。

18. 你们的（风控）工作会不会影响创新呢？

答：我们的团队没有专家去告诉工作部门下一个创新是什么、下一个产品怎么样，但是我们会去看一下工作部门是如何管理其产品组合的，以及它们是否进行了认真分析，由谁来负责，它们是否对于当前的情况有认识、有应对。我们审计的是它们的流程而不是它们的决定。

19. 在正常的审计流程之外，会不会存在一些非正规的审计流程呢？

答：我们的报告程序，即我们的审计报告会提交给 CFO 及跟这个流程相关的所有高管，我们的任务是发现问题，比如我们一年见 6 次审计委员会，我们会提出大问题。如果我们没有审计出需要讨论的问题，就会对它做一个总结，对于每一个审计的情况，我们都会向审计委员会汇报。审计委员会可能会批准某一个计划，同意我们现在做的工作，这时我们需要不断提供任何新的信息，在审计委员会还没有批准的情况下，我们所做的任何小变化都会及时汇报给审计委员会，由审计委员会和公司的执行层去决定。

20. 是否存在一些无法单独跟业务部门解决的风险？如果有的话，应该怎样做呢？

答：我谈到过我们的风险管理团队，也就是风险管理委员会，所有的部门都有一个代表参加，我们讨论公司各个部门的风险，公司的高管层也会参加这个会议，如果有一个大的风险可能影响某一个职能的话，我们就要与这个委员会一起合作。风控部门不是要讨论每一个风险，而是要管理风险。如果提交到委员会的这个问题是跨部门的或者涉及我们整体的流程，我们会提交到委员会讨论处理。

21. 请问企业风险管理委员会对谁负责，怎样运转？

答：企业风险管理委员会要跟我汇报，但是它是跟各个部门合作。工程部门拥有工程的风险，我不想去拥有或者说对它们的创新风险或是工程风险负责。供应链部门负责解决供应链风险，法律部门负责解决法律风险，每一个职能部门要对它们自己的风险负责，但是我们作为风控部门要去协调各部门处理这些风险。

22. 请问如何管理政治风险？

答：政治风险是由两个层面管理的，一个是国别团队，另一个是公司团队，但是不是我的团队。比如，政府、货币存在潜在的政治风险，我们会在进入这个国家的市场之前去看一下到底有哪些政治风险，然后我们会跟这个国家的团队一起讨论，看是关于法律法规监管的风险，还是关于如何对待员工的风险。国别团队的人员也需要去总部进行讨论，在营销部门有一个团队的人去关注竞争风险，还有工程部门的人去关注产品过渡的风险。我们的团队要做的是确保这两个部门可以很好地协调。我们有一个矩阵，可以观察我们的市场份额、产品比较、价格比较和客户反馈，我们把所有的数据收集起来，并利用这些信息了解竞争对手的状况。如果问题严重，我们会提交到钱伯斯先生那里。我们一定要确保提交给钱伯斯先生的数据是没有经过过滤的，一定是精确的、真实的数据。我们不能让情况变得更复杂，要将情况透明地提交给公司。

23. 在风险管理过程中，最佳的做法应该是什么样的？

答：首先，我们对公司要做一个全面的评估，看一下我们的首要风险是什么；然后，请董事会的两个高层管理者去了解和评估，让其对我们的风险管理做出反馈；最后，我们要确保是不是有人处理这个风险，如果某一个人是负责这个风险的，他就要制订一个行动计划，并确保他的行动计划都是透明的。这就是我说的三个最佳的做法或者说最重要的工作。

24. 请问审计或者风险管理的流程是否可能出现问题？

答：从审计的角度来说，85%的审计工作都是可以通过的，当他们确认信息对他们很重要，他们就要去审计。我们要强调一些他们清楚但是公司下层却不了解的问题。比如，八九年前有一种芯片，在我们80%的产品中使用，在中国的台湾地区生产。如果台湾地区发生洪水、火灾或其他的灾难，我们就没有芯片的来源了，这时我们的供应链就会断掉很长一段时间。所以，负责做决策的经理为了降低成本，只使用这一个供应商而且供应量很大，对整个公司来说是一个正确的决策吗？这个问题很快就浮出水面，我们一定要有合适的货源供应，一定要确保有合适的人做决策并把问题提出来。我们还没有出现过掩盖一些不好的事情的情况。

25. 在进行审计和风险管理的过程中，责任是如何分配的？

答：我们在理解行动计划的基础上强调这个问题，但是这个行动计划不是由我们执行的。如果我们同意业务部门采取一些措施或是计划，则由业务部门来执行，我们则会关闭这个环路，因为我们风控部门和审计部门管理的关系非常密切，审计会调查业务部门的计划是如何执行的。

如果我们确实看了他们的行动计划并同意了，那么一旦这个行动计划出现问题，我们就要承担责任。但是如果业务部门没有征得我们的同意就执行了这个计划，那么如果出了问题，就是他们的责任。我们的问责制度就是业务部门要达到我们提出的标准。

如果我们已经同意了这个行动计划，但是业务部门没有执行，那就是他们的责任。我们要跟他们保持沟通。

八、信息化与价值链管理

1. 企业在拓展新业务时，是否需要创建新的流程、开发新的信息系统和技术？

答：这取决于新业务的实际情况。如果是为了拓展新的商业领域、满足新的商业模式而进行业务拓展，那么在这个过程中我们需要思考当前公司是否已经具备足够的能力支持这一转变，我们已经拥有哪些技术，技术水平怎样。如果是一家小公司，那么实现新的解决方案相对比较容易。一般来说，新想法和点子很难利用全新的流程、信息系统和技术来实现，如果有10个新点子，那么其中7个或许利用已有能力就能解决，另外3个需要我们创建新的流程，开发新的信息系统和技术。

2. 思科的整个信息系统花费了多少建设资金？目前运用的信息系统是独立的新系统，还是在之前的基础上不断完善而来的？BOST模型的提出是在什么时候？这对思科的信息系统产生了哪些影响？

答：在25年前思科就开始建设自己的信息系统，这期间一直在对信息系统进行更新和改变。目前，思科运用的信息系统既有最基础的部分，也有更新的部分。总体而言，信息架构没有发生大的变化，但细节数据有了及时更新。在过去3年中，思科运用在IT上的费用约为15亿美元。BOST模型是在一年半之前提出的，但是模型的形成并不是一蹴而就的，而是经历了很多协作和整合的过程。我们首先在实践过程中思考自己究竟是如何做决策的，进而做了很多试验和测验，得出初步模型，再进行试点，之后决定规模化，最后提出了BOST方案。

3. 在中国，思科比较成功的客户，尤其是使用网真技术的客户是谁？

答：中国是很有潜力的大市场。网真系统（视频通信系统）首先是被外企（如通用、宝洁等）使用，然后发展到政府用户（如上海、北京、成都等市政府都在使用），现在也发展到了国企（主要是石油、电力这些企业，如山西电力等）。说是高端，其实在中国市场已经展开了广泛的应用。

4. 怎样确保在控制IT成本的前提下取得较高的收益？

答：我们评价收益主要采用以下三种方法：一是行业基准。我们要求投入产出比要比行业标准中的更好，这是比较客观的评价方法。二是带来长远利益。比如，现在服务全球员工的网真视频技术，它在未来几年中为公司节省的差旅费、电话费，还有沟通效率提高后带来的工作效率的提高，都是我们看中的。三是客户体验。确保内部和外部客户都愿意使用这些手段和工具。

5. IT投入的费用占收入的百分之几？部门人数呢？IT投入对思科的业务拓展、成本降低等到底产生了多大的帮助？

答：IT投入少于总收入的3%，这是运行所有技术的费用，其中包括电话费、电脑维修费等，而不仅仅是对新技术的投资。部门人数少于总人数的5%。我们的团队效益每年都要保持10%的增长率。近年来，我们最有成就感的有两件事：建立了新数据中心，以及实现了全球员工的视频交流。它们带来的成效都是十分明显的。

6. IT系统建设是很复杂的事情，成功的关键要素是什么？您遇到的最大的问题和挑战是什么？

答：设计技术架构最重要，技术架构要与业务架构紧密连接，否则会浪费很多资源。然后是对流程、对文化的关注。技术的变化速度很快，部分架构模型要随现实不断变化，也就是要不断在原架构上调整和改进。每个公司的文化不同，培养企业文化时，要注重鼓励员工接受变革。人们要有全球化的思想，这是个很大的挑战，我们必须有经受变革的平衡能力。

7. 业务部门往往是从自己的需求出发，提出IT要求；但IT部门掌握的是最先进的技术，希望业务部门能够采纳新技术，改变运营流程。当业务部门与IT部门发生冲突时，是业务引领技术，还是技术引领业务？

答：实际中是业务主导技术。IT人员与业务人员合作，试验不同技术，比较达到的效果。在某些技术公司里，每个人都认为自己更懂技术，互相不肯妥协，但思科不是这样的。业务人员可随时向技术人员提出技术建议，请IT人员进行试验，因为进行IT试验不会花很多钱；同时，技术人员也会根据业务的不同，以个人的身份为业务部门提出改变的建议，然后试验效果。公司推行某些新技术时，有些部门想用，但有些部门不想用。IT部门在其中起协调作用，我们有责任帮助大家，但是责任是大家共同分担的。

8. 更新旧系统的频率是怎样的？在什么情况下会更换？

答：我们有一个架构规划。基础设施大概是3—4年时间进行更换，笔记本每两年换一次，因为更换比维修的成本更低。应用系统的更换速度取决于业务，有时全换，有时部分换。大规模技术应用通常是5—10年换一次，小规模技术应用通常是四五年换一次。

9. 当技术运行正常时，是否会冒险用新技术？是走在前端，还是比较保守？

答：当存在商业价值时，就值得更换。

10. 思科是采用统一的标准做全球化架构，还是考虑地区差异？

答：在书面上，我们写的是采用统一的标准，但实际上，达不到严格的标准统一。不同地区的服务提供商往往很不一样，所以它们提供的服务、发生问题时的解决方案也不同。比如，欧洲一些国家（如英国、法国）就与美国完全不同。考虑到各地区除了语言的不同，文化上也存在很大的差异。我们必须了解那里的人们做什么工作、怎样工作，比如印度人习惯在家办公，远程办公成效很高；但在美国，情况可能不是如此。因此，在技术领域一定要考虑地区差异。

11. 思科的信息技术系统和美国的最佳实践相比，面临的最大挑战是什么？

答：一是技术的创新，二是与其他部门沟通与合作的能力，后者更富有挑战性。如今，人们都在数字生态环境下工作，你的公司能否为客户提供价值，取决于它对整个环境的适应能力；数字生态环境越好，为客户提供的服务就越好。沟通与合作的能力对环境的形成起着很大的作用。目前，我们做了很多不同层面的实验，如提供视频技术、开展虚拟会议，逐步加强公司的沟通合作能力。

12. IT 业务对整个公司的业务风险是如何控制的？

答：我们不能保障整个公司的风险控制，但是会积极进行 IT 业务的风险控制。IT 团队中有一个特别的风险评估小组，组内成员会向组长提供风险管理报告，然后组长向理事会报告——思科公司有更大的风险管理团队。其实，我们团队中的每个人都要对自己的行为负责，尽力降低行动的风险，做自己的 IT 风险评估和管理者。

13. 被收购企业的 IT 系统是如何整合到思科系统中的？

答：就我在思科 16 年的这段时间而言，整合并购企业的 IT 系统有三个发展阶段：第一阶段是尽快融合。第二阶段是慢慢转变。我们发现有些公司的运营模式与思科非常不同，快速地转型可能造成原单位员工不适应，所以我们慢慢了解有哪些可能无法适应的问题，建立一系列过程帮助他们渐进式地转变。第三阶段是兼顾速度与效果，先整合人才，再整合系统，速度不一定最快，但效果最好。

14. 思科在文件处理后，会保留纸质文本吗？

答：思科不会保留所有的纸质文件，因为我们没有那么多空间保存。通常重要的东西会留电子版，我们尽量用电子技术实现无纸存留。当然，某些纸张也会保留，由风险管理者确定哪些东西需要分类建立档案保存。

15. 前几次讲座中提到过思科的创新团队，他们所有的流程和技术架构都是由 IT 部门支撑的吗？

答：在思科有一个新兴技术团队（ETG）做创新，研究如何把新研究和新技术推向市场，思科的 IT 部门和 ETG 的合作非常密切。信息部门有创新职能，创新职能是指我们和 ETG 合作把新技术共同引入思科的创新实验室，在这个创新实验室我们会看到新技术产品融入网络的可行性和空间有多大。

另外，我们有创新平台和新点子协同社区，在这里，每个人都能贡献新点子，有点像 Facebook 网站，你可以登录网站提出自己的想法，我们把收集来的点子进行过滤和分析，决定是否将这个点子付诸实践。我们会和 ETG 密切合作，在思科的服务团队中，有一个团队主要构建服务能力，我们将这两者在创新实验室中融合，以确保它的应用发展与思科的基础设施融合。

16. 达拉斯数据中心的成本是硅谷的一半，是什么因素使达拉斯数据中心的成本更低？

答：在圣何塞我们已经没有数据中心了，所有的数据中心都放到得克萨斯州，并且以后全部都建在得克萨斯州。在哪里建数据中心都要考虑成本，在达拉斯，我们建了两个数据中心，它的成本只是圣何塞一个数据中心的成本，也就是2:1的成本，这主要是因为得克萨斯州的土地成本比硅谷地区便宜太多，同时在冷却方面的电费价格也比较低。当然在得克萨斯州也有风险，那里有天灾，我们只能希望龙卷风不要同时打倒两个数据中心，但在加州我们只有一个数据中心，一旦有地震，所有的东西都会倒掉。在这里也有风险，在那里也有风险，不过风险不一样。第二个理由是以前我们的基础设施是在惠普的平台和操作系统上，但现在我们已经把这些平台取消掉，所有数据都放在思科的UCS统一计算平台上，这样可以大大降低成本，平台对公司的帮助非常大。

17. 公司资源自动化、虚拟化的过程中，每个部门都需要IT资源，IT部门如何配置资源？

答：我们采用自助模式，如果个人设备有问题，可以自助解决，或去自助服务社区解决。如果没办法下载应用，公司有一个类似博客的内部网可以帮助解决技术问题。在思科，服务部门与业务部门是伙伴关系，我们每个副总都有相应的IT服务部门，我们会通过了解业务部门的需要来确定为它们提供哪些IT资源。看它们的业务和技术架构，我就能知道如果它们要开展业务的话，它们的业务需求是什么，于是我们就在基础设施上来做资源配置。

IT审批流程是一系列相关的活动，首先我们会去核查架构方面的合理性，会问在这个环境中成本是多少、虚拟机的成本是多少，然后才会批准；同时，必须由业务经理同意这个预算，才可以进行生产。很多非正式的想法必须预先经过经理的同意，IT部门没有办法做预算考量。只有经理同意，我们才会派人过去看，此时它会自动开启协助。

18. 在收购公司的过程中，大多数公司都有自己的IT部门，思科公司

八、信息化与价值链管理

是把他们并入 UCS 系统当中，还是让他们继续使用自己的系统？

答：我现在给你举一个关于技术和业务方面整合的例子。从历史上看，思科是一个产品导向的公司，我们卖的是路由器和交换机，是产品，在我们的数据库和 ERP 系统里面有很多产品的信息，但在 2006—2007 年的时候，我们就开始收购软件公司，以前主要收购硬件公司。

软件公司和硬件公司是不一样的，它有不同的支付系统和订单系统。当我们收购产品公司时，双方 ERP 系统的融合比较容易，只需要把它们的产品订单系统和我们的产品订单系统整合起来就可以了。但当我们收购软件公司之后，我们发现没办法这么做了，因为软件公司的系统和硬件公司的系统不太一样，当我们现在要使用网真时，合同和订单是不同的，我们当然希望把所有公司的 ERP 融合进来，但有的公司合不进来。在这种情况下，我们改变了工作方式，收购网真公司之后，我们让其保存原有的模式，因为原公司中的 IT 系统已经非常完备，包括订单服务、合同方面的服务以及收费方式。其他被收购的公司如果要保存它们自己的 IT 模式，我们也会允许其使用自己的模式，比如订单系统有些是定期收费，有些是以时间为基础收费。总之，对于软件公司，我们做到双管齐下，如果收购的是产品型公司，就直接融入我们的系统；如果是软件系统公司，就用网真的平台。

19. IT 部门在公司转型过程中的角色是什么？

答：说到企业的转型和技术支持，我们以思科服务部作为例子。思科服务部希望做好技术确认，实现更好的客户关系管理和供应链管理，向思科其他部门提供高效的服务。当我们把数据中心移到得克萨斯州时，我们有机会改良业务流程，把客户服务环境做了改造，使它更加精简。我们审视整个业务流程，以便发现哪个环节的客户体验可以提升。为了提升客户体验，我们必须精减目前使用的工具，通过这个机会，我们删减了 40% 的应用。删减主要有两种方式，一是统合业务和技术架构，二是优化精简业务流程。

20. 思科收购了很多公司，整合收购公司有一个过程，IT 部门如何转型？

答：我们先做电子邮件和 OA 系统的整合，因为被收购企业进入了一个新业态，我们先做接口，接着把业务系统接过去。我们刚才谈到了网真收购的经验，但是在这个案例之下，我们有一个 API，API 是应用开发层，我们经过了网真的接口，有时另外一个系统的接口是完全不一样的。比如，一个船运公司和一个 IT 公司要连接，这个接口就只能从网络服务层接口做起。这里的关键问题是外部服务层要有一个安全机制，比如是否有权限接入这个系统以推动交易的实现，在这个层面，安全显得至关重要，要保证非法接入用户不能进入网络。

21. 如何保证数据的安全性和完整性？

答：我们要确保数据的完整性并很好地管理这些数据，同时要想办法从大量数据中找到有价值的信息。在过去的几年里，我们把思科的所有数据源整合到一个平台上，钱伯斯先生希望及时获得销售预测，比如下一个季度的销售会是多少，以前他会获得 3—4 种不同口径的预测数据。想象一下，作为一家销售额 400 多亿美元的公司，如果使用 4 种不同口径的预测数据，那差别就太大了。所以我们必须要做一个数据平台，把所有企业级的数据整合起来。在这个过程中，我们使用了数据容器，这个容器里面有财务数据、客户数据和市场营销数据。我们说的数据创新就是把所有这些数据整合在一起，然后在此基础上挖掘出对企业有价值的信息。根据安全机制，不同的用户可以访问不同的数据，在提取客户数据时，我们会发现数据库中一半客户的网络生命周期就要到期了，这时我们要将这些信息告知销售团队，提醒他们帮助客户完善网络。对于财务数据，我们要及时将相关指标交给财务部门，数据要有统一口径和路径，通过这样一个界面获得双向信息。

尽管数据中心是一个统一平台，但是团队分布在不同的地理区域，在某些区域做这个事情成本很高，比如在非洲网络成本就非常高，尤其是运营网络的成本很高，我们必须控制总成本。同时，网络的结构和 IT 系统都要保持同一个服务水平，有些地区的条件较差，思科的 IT 办公室可能只有两个人，如果我们直接将一个企业级服务接过去，在成本上是不合算的。

22. 您提到 2012 年将有 70% 的企业应用企业级云技术，这种技术在哪种类型的企业中会有更好的应用？

答：这个问题很好，实际上企业有两种截然不同的方式去运用云技术。最常用的云技术是私有云，它指的是数据中心内部的技术，即现有企业的数据中心，而不是像苹果的 Apple Store 这样的公共服务或公共云。对企业来说最常用的模式是私有云，也就是说，将系统、方法、自动化和一些软件技术作为云服务，大规模地应用到企业中。在 70% 考虑使用私有云的企业中，大多数企业都在自己的数据中心建立私有云。

另外一部分客户则考虑使用公共云，如谷歌、微软，它们采用的是公共云，这些企业会提供安全性和私密性。现在，也有政府会建立政府云，这在美国和欧洲非常常见，政府会建共享数据库，不同政府部门和机构都会将这个技术部署到自己的部门应用中。政府客户采用公共云在目前是很常见的。当前使用公共云的企业比如亚马逊，作为第一家有效进行网上销售书籍的零售商，它们建立了一个公共云的服务器，你可以把信用卡输入它们的系统，它会给你一定的计算能力、一定的内存和手段。另外，还有一些小企业也特别喜欢这样的云，在美国和欧洲的小企业都愿意使用公共云。

所以，私有云是给大企业用的，使它们能够赶上大型云服务提供商的服务与技术。而对于公共云，有一部分供政府使用，另一部分供小企业使用，通过这种共享的服务推动企业的业务发展。

23. 能否介绍思科在安全方面的业务，是不是运营风险、保密方面的工作？

答：网络安全问题是非常重要的，以前人们担心的是电脑黑客，今天我们关注网络黑客。网络黑客和电脑黑客不同，尤其是在政府部门。政府有时会专门组织黑客，给他们钱，我想全世界的政府都是这样，不管是什么原因。这是我们所面临的最大风险，对全球经济来说最大的威胁在于有人能够进入你的网络，控制数据信息系统，带来巨大的财务灾难，这就是侵略性威胁。作为网络公司，我们在这方面进行持续投资以提高网络安全能力。地区管理、实时管理、监督管理和收集证据非常重要，法律取证也是至关重要的。

24. 思科如何选择供应商，有何标准？

答：在 90% 的情况下，我们会选择 150 个优先和受欢迎的供应商（PSL）。对每个技术产品，我们都有一个选择流程，供应商是否能进入优先供应链选择，主要取决于它的表现。另外，我们还有一个微处理器管理系统，根据每一个交付的订单，可以评估出提供给我们同类产品的最佳流程供应商。因此，我们会有一个清单，记录着我们喜欢选择哪家供应商。同时，我们每个季度都会去监督供应商，如果达到了我们的优先度，并符合我们的技术要求，这个供应商将会继续获得新的业务。

25. 供应链中的生产环节关系到产品的质量、成本和供货周期，思科在这方面都是外包，那么思科有什么措施和方法保证产品的质量、成本及供货周期？

答：对于衡量成本、质量管理问题，我们会根据订单产品周期，由特别的团队与外包商密切联系，跟踪他们给付的衡量标准，及时交付和精简生产；并根据时间要求，考察他们能否及时交付。另外，外包商的前置时间也是我们衡量的一个方面，我们很关注其对及时交货的影响。我们一定要保证能够及时装运，所以他们要能对我们给客户做出的承诺负责，而且一定要保证90%的达标才行。我们有一个计量标准（DOA比例），衡量在多长时间内装运的产品没有达到这个标准。我们还会跟踪以客户为导向的可靠性比例。最后，我们以非常详尽的方式衡量成本，如每个季度都会对每一个组件、元件的标准进行衡量。在思科，成本管理直接由思科负责，就是供应链的清单。我们也控制PSL，还关注交通运输的成本、管理非材料支出（如运费、价格差异、价格可变因素、库存、团队管理成本）。对此，我们在工程部门设置了一个价值工程部门，他们不断投资进行项目研发，以便降低成本，而不只是生产出一个新的产品。

26. 目前思科的供货周期一般是多长时间？

答：时间周期要基于是什么产品。服务器的周期是7天，IP电话的周期是7天，终端交换器的周期是14天，更高端的产品的周期可能是21天。我们如何管理生产周期呢？元件的周期非常不一样，有一些元件或者组件的生产周期是1个星期，有一些组件的生产周期则是6个月。制造业的周期是按天数来计算的，对此我们有一个管理政策，以及一个针对材料加工的规则，以便实现我们对前置时间所做的承诺。

27. 您刚才提到在思科的供应链中有一个矩阵管理，供应链成员在矩

阵管理中起到什么作用？你们如何管理？

答：思科有六个职能团队，其中有三个团队参与工程部门的产品开发，开发团队主要负责提出新的理念，做出决策，把每个产品推向市场，他们做基本产品工程的建设。这三个团队直接支持工程部门：生产运营团队的核心职能是推出一个完美的产品，所以我们有一个完美产品的矩阵。产品运营团队的职能是跟工程部门合作生产并跟其他供应链部门合作，以便工程部门所做的是其所需要的产品。产品运营团队是跟工程部门在一起的，在日常工作中他们要完全负责，确保供应链的其他部门都能够提供我们所需要的产品。测试团队通过测试工程来回应。此外，产品团队是确保产品达到了所有的质量标准；还有一个计划管理团队，主要负责所有产品的改良，外包部门同工程部门的配合，以及组件和产品的选择。最后，技术质量团队的重点不是把一个产品推到市场，而是关注下一代技术的职能，所以他们要进行更前瞻性的思考，思考今后 3—5 年需要什么产品，他们要跟供应商合作，让工程部门在需要的时候能够随时配合研发生产。

28. 思科的产品数据管理流程是怎样的？

答：关于数据的问题很难回答，产品数据非常复杂，这要回到大规模服务器上来。这里有两个大规模服务器，是数据存储的地方，一个用于产品数据，另一个用于供应链。在产品数据方面，有一些具体针对产品的信息，包含所有产品的内容和与这个产品相关的信息，包括所有的元件信息、组件信息，所有的成本数据，所有的历史质量表现，采用的材料，以及我们所有的工程改变、订单完成过程。因此说所有跟产品相关的流程和数据都包含在这里面。在供应链方面，我们更多的是运营数据，包括前置时间、订单的时间排序表、管理订单、管理质量的数据，都放在供应链这个系统中。这两大信息系统，是整个思科数据管理的基础层。我们有一个工具来管理这些基础数据，它是一个单一的、真实的数据来源。

29. 思科软件供应链的过程是怎样的？

答：我们有一个集中的供应链团队，人不多，但是他们负责整个供应链的运营职能，管理我们使用软件的供应商。很多软件在公司内部开发，同时也在外采购，比如数据库软件、应用软件。他们管理客户和供应商关系，管理软件支付。以前我们用 CD 安装软件，现在实现了电子交付，这样就可以在网上评估软件。最后还有一个软件许可管理，就是让客户获得软件密钥来使用软件工具。

30. 您提到思科的业务规模要从 400 亿美元上升到 800 亿美元，产品线会越来越复杂。思科简化供应链体系的核心原则是什么？如何平衡复杂度和简化管理体系？

答：业务规模从 400 亿美元做到 800 亿美元需要雄厚的资本基础，不仅要有明年的计划，对 5 年后的增长期望值也要有计划，才能确保我们有足够的资金来实现这一规模。在从 400 亿美元做到 800 亿美元的过程中，我们不能把成本也增加一倍，因此我们必须要找出新的方法来推动规模化，同时降低管理成本。我们的核心成本简化主要通过六西格玛，我们有一个集中管理团队推动公司各个职能部门来实现六西格玛流程，这是一个非常简单的理念，就是要消除任何浪费。在任何领域，我们一定要将生产流程同增值结合在一起，如果有一个不增加任何价值的流程，我们就一定要去简化，或者消除它，这就是我们的原则。

31. 思科的供应链恢复能力很强，比如思科在泰国海啸中迅速恢复。你们具体做了什么才能拥有这种快速恢复能力？这是靠系统完成，还是靠团队完成的？

答：关于供应链恢复能力的问题，我谈到了我们的转变和能力。要建立一个业务持续性数据系统（business continuity plan，BCP），这个数据库里要有BCP结构的转变，数据的深度反映在思科对其购买产品的任何一个供应商，都要明白他们在哪里生产、次级供应商是谁、关联的供应商是怎样的。假设购买一个硅片或芯片，很重要的一点就是弄清楚染料是从哪里来的、每一个元器件是从哪里来的、在哪里组装和测试的。通过BCP流程，我们可以掌握供应链上的所有数据，包括每一个购买零件的编号（总共有8万个元件编号）。同时，我们也使用谷歌地图，我还记得在福岛发生核事件的时候，大家担心放射线泄露，当时就组建了一个团队去查询数据库中当地所有直接和次级供应商，通过地图确定直接和次级供应商的位置，决定应该做出怎样的响应。

另外，我们还有很强的恢复能力设计，也就是预防式的做法，考察直接和次级供应商的地图可以发现自身的弱点。如果哪一个地方的制造商出了问题，我们要很快找到第二个供应商，或者针对同一个技术选择多个供应商；如果在供应链里多加一层的话，要有一个共同供应商。有时共同供应商是两个，但源头供应商是同一个，这样就有风险，因此一定要清楚每个供应商之间的关系，这样才能提升企业应对突发事件或灾难事件的恢复能力，泰国的案例就是如此。当时光纤供应商和生产制造商有些在泰国，有些在新加坡和马来西亚，但是激光技术都在泰国的同一家公司，或者说可以追溯到同一家公司，由于我们早就知道这个网络，因此我们有多个响应中心和多个供应商。当灾难事件发生后，我们马上联系了日本的供应商，快速应对，因为我们早就知道如果发生这个情况该怎么处理，所以我们比竞争对手速度快。

九、协作型组织与知识管理

1. 思科通过激励提高员工的敬业度。如何对员工进行激励?

答:员工的奖励机制和员工的敬业度是相关的。对于高层领导来说,员工的股票、期权和业绩水平是挂钩的。例如,考察某个标准时间段内股东的回报率及现金流的增加,我们会从这两个方面去衡量到底要给高管多少股票奖励。从五六年前开始,所有的员工每年都能获得公司的股票,但现在大概只有40%的员工能得到。这是由很多原因造成的,从股东的角度来说,股权稀释已经成为一个问题,所以我们不再把股票作为一种奖励的工具。事实上,从敬业的角度看,还有很多其他奖励方式。例如,我们有一个思科成绩项目,它给予现金奖励,大概是工资的1%。如果客户满意度高,员工可以一次性拿到相当于工资的5%的奖励。我们的员工希望这种评估是同级人之间的评估,而不是由顶头上司做出评估。另外,每个思科的员工都能参与年度奖金计划,当然,销售人员是有佣金制度的,其他职能部门的员工是现金奖励制度。我们每年都有专门的现金奖励预算。

2. 如何衡量员工的敬业度?

答:从敬业角度调查,会发现部门领导力与业绩数据上的差异。通过对这些数据的进一步调查,我们建立了一个反馈机制,其中有一项是快速刷新数据。当我们看到某一个部门领导的业务数据出现问题时,我们会立刻跟进,这是从部门领导力来看的。但仅从领导者本身来看是很难判断的,一定要根据他们的工作环境。领导者一定要看团队中每个人各自的敬业度,要看他们的日常工作表现,也就是说,要和自己的员工拉近距离,才能了解每一个员工的情况。

对于员工的参与热情,在倾听员工心声(在思科被称为号脉)中确实有一些指标,衡量员工的表现是否积极,是否给公司带来了正面积极的增长。去年我们在裁员期间经历了一段富有挑战的时期,员工热情指数从86下降到了76。当时我们发现公司确实出现了一些状况,因此我们的工作重点是要在困难时期让员工更加热情地投入到工作中,这样才能推动公司业绩的增长。这时我们提出了"10点计划",让员工与公司保持密切联系、沟通并给予适时奖励。对于他们的学习和职业的发展,也采取了类似的激励措施。在季度性号脉工作中,我们对员工的心理动态及时把握,出现问题及时调整;在年度调查时,发现前三个季度的表现已有所改善,还发现员工的工作参与度与整个公司业绩的改变具有相关性。另外,我们设计了员工调查表,通常是70%—80%的内容与员工敬业度直接相关;同时,我们还会考察管理团队的素质,询问员工对于他们管理能力的评价。调查表涉及各种不同的问题组合,从中我们可以获取信息,了解员工的真实想法。

3. 辞退员工时如何操作?

答:我们的案例表明,在各种辞退员工的做法中,提前退休比较有效,因为提前退休的收益要高于国家法规的规定,也高于竞争对手的水平。在这一过程中,我们非常慎重,因为这涉及我们怎样对待那些将要离开的员工,这会影响到公司的声望。如果员工对思科的感觉不好,就会影响我们公司的品牌和声望,因此,我们必须在员工离开时给予他们好于其他公司的福利。

在辞退员工时,不同国家有不同的机制。以美国为例,当一个人接到解雇通知时,我们提供6个月的工资和与当地相符的补偿及医保。此外,我们还提供一种 6 个月内帮助找工作的服务，以便帮他找到其他工作。在欧洲，解雇一个人或让其离职的成本要高于美国。例如，在法国和意大利，离职的代价是年工资的 2—3 倍。

4. 思科如何对部门业绩进行评价？特别是如何对人力资源部门进行评估？有哪些人参与，从哪些方面进行评估？

答：钱伯斯先生将人力资源部门视为企业文化的方向盘，他有一个矩阵图，列出开展的各种活动，如果思科的生产力下降该怎样去调查研究。我们评估的主要是公司的顶级高管，比如说钱伯斯先生和直接领导人；评估的方面包括领导力、生产力和有效性。生产力包括是否达到了目标、迎接了挑战。另外，还有客户满意度矩阵，我们希望它会更加规范化，有更具体的问题和指标。在这些评估中，我们会得到反馈意见，如运营模式是否高效等。通常，我们无论做什么事情都有反馈，以帮助我们进行调整和改进。

5. 思科对员工的评价是集中在能力方面，还是对道德也进行评价？

答：这是一个关于思科的文化价值的问题。德才兼备在提拔人才的时候是否必需？通常我们不会遇到这种状况，但也存在例外。如果这个领导者品德不好，思科会很快解雇他。历史事实证明，我们没办法接受品德败坏的人，在思科的文化价值体系中，品德是非常重要的一点。

6. 思科的高层领导者有 60% 通过内部晋升，40% 通过外部招聘，这个比例是如何得出的？外部招聘具体包括哪些途径呢？

答：我们谈到人才招聘时讲到了 60% 内部晋升和 40% 外部招聘，但事实上，可能会是 70% 内部晋升、30% 外部招聘。特别是当有高管退出的时候，我们通常希望通过内部晋升进行提拔，另外 30% 通过收购兼并引入领导者。对于大规模的收购兼并，要考虑如何吸引高管加盟，我们希望通过收购兼并来获得人才，提升公司的整体实力。

7. 人力资源部门的主要工作是什么？

答：通常我把它分成五个方面：第一是在业务方面给予咨询和建议，主要是和业务部门的高管进行沟通，协助他们解决业务方面的人才问题；第二是人力资源运营，负责福利制度、薪资制度，或是给管理人员解答关于人力资源的疑难；第三是卓越中心，专门负责培训公司内部人才，包括职能、技术和管理方面的人才；第四是专门负责工资、薪金、福利的相关奖励机制和激励机制，确保公司的工资制度、福利制度和员工意向可以互动；第五是负责员工的参与或员工敬业度的部分。

8. 为什么人力资源部门的战略一般是3—5年？

答：思科的战略一般是2—3年，包括产品战略和业务战略，我们跟着公司的战略走。因此，制定的人才战略是3年，我们希望确保一个比较稳定的、可持续发展的基础。公司内很多业务部门认为3年是一个比较实际的时间跨度。

9. 您在演讲中提到思科的股权激励方式，能否进行具体介绍？

答：我们的奖励机制和补偿机制要与市场进行比较，这不仅包括基本工资，还包括奖金。在思科，如果是永久性员工，不管是秘书还是前台员工或是高级工程师，都有资格得到奖金。奖金的构成基于各种不同的因素，如公司绩效、客户满意度等。

每个员工都清楚地知道客户满意度对收入的影响，不管他是前台接电话的人，还是工程师。前台人员与进门人打招呼的方式，工程师把关产品质量的责任心和方式，都跟他的工资和奖金联系在一起。除此之外还有股票，我们把公司的股权做了一点改变，因为根据美国的会计准则，每个公司的人都有资格拥有股票期权，比如4年后可以行使期权，每个月员工都可以进行投资，这是非常好的投资方式。

用股票期权奖励员工的方式是非常好的。因为很多人在公司工作20年或更多年，他们都有期权。根据美国的会计准则，当你给他期权或是股票时，他们要交税，不管股票是否到期都要交税。政府改变了规则，我们重新设计股票期权，提出了一个限制性股票，即给员工配股，让他投资一定的时间，且不用付钱。为了这么做，我们减少了拥有股票期权资格的人。对于公司的管理层，所获得奖金的50%或工资都跟公司绩效联系在一起，如钱伯斯的收益100%地与公司绩效挂钩，我的工资则是75%根据公司绩效来调整，以前我的工资有50%与公司绩效挂钩，现在我的职位提升了，这个比例上升到了75%，增加了25%受限制工资的发放数量。在思科，并不是每一个人都能获得股票，个人拥有股票的数量与职位及对公司的贡献有关，职位越高，与公司整个绩效捆绑得越紧。

10. 您在培养"明星员工"方面有哪些方法？

答：这是如何打造明星员工的问题。在思科，是否是明星员工主要从领导力上衡量，如果你无法领导团队工作，如果周围的同事都不喜欢你，你是不可能成为一个明星员工的，所以合作精神非常重要，但我觉得目前我们还没有足够的明星员工。

我们还需要推动颠覆性技术创新和带领企业转型的人才，乔布斯颠覆了很多传统行业，如音乐唱片行业、电信行业和手机行业等。所以当我在研究乔布斯的时候，我想我们需要那些能够进行颠覆式创新，但也可以带领团队合作的人。推动企业转型的人才不仅需要破冰，还要让大家感觉舒服，在现实中当你推动变革时，大部分人都会非常紧张。所以我的观点是，我们需要能够加速颠覆同时有能力团结大家一起工作的人，需要战略思维、需要设立愿景、明确颠覆的目的，而不仅仅是为了喜欢而这样做。

另外，我看到最优秀的领导者情商非常高，拥有高情商的领导者才知道什么时候要放手，不能把员工逼到南墙，让他们觉得干不下去。因此，我觉得高情商是优秀领导人真正的优势所在。

11. 股权激励为什么减少？

答：股权，是指股东因出资而取得的参与事务并在公司中享受财产利益的具有可转让性的权利。股权只给高管，且没有增值空间。但思科希望给普通员工带去真正的价值，因此采取稀释股权、扩大股份的激励措施。

12. 退休的员工有哪些待遇？

答：思科不考虑员工退休问题，而其他企业是用退休金保障员工生活。虽然没有这个福利，但员工退休后继续拥有公司的股票，通过股票增值，思科间接地保障员工退休后的利益。

13. 能源行业与高新技术行业相比，哪个薪酬水平更高？

答：石油行业薪酬很高，员工基本收益好，还有红利，退休计划也好，医疗福利价值高，但认股不高，没有很多激励机制。高科技企业则相反，基本薪酬虽低，但激励机制高。二者据此吸引不同的人才。

14. 业绩评价和考核的指标是由人力资源部门制定，还是直接主管制定？排在末位的是否被淘汰？

答：思科在跨职能部门间对员工绩效进行排名。约2%的员工因为绩效不好被思科辞退。思科向离职人员支付1年的工资。

15. 思科对人才流动有何看法？人才流动的比例是多少？

答：思科重视人才的替代成本，会认真考虑某人离开后，要花多少钱才能找到类似的人，因此会采取积极措施确保绩效高的人留下来。低端服务业的人才流动率很高，知识行业的人才流动率约为8%—10%。但思科比其他企业做得好，人才流动率较低，为4%—5%；其中，约2%的员工因绩效不好被思科辞退，是非自愿离职。

16. 思科吸引和留住人才的绝招有哪些？

答：思科将挽留人才的成本纳入决策过程，考虑可负担性和可持续性，对能注入新鲜活力的大学生，考虑到了投资底薪与成长收益。另外，思科认为，直接上司对人员的去留起决定作用，经理要说服员工接受薪酬的合理性。对关键人才，我们首先要明确哪些人员是不能流失的，然后签订两年合同。譬如在收购项目签字前，首先与被收购公司的员工签合同，提高人才的保留比例，提高谈判成本，让被收购人员意识到思科是一个值得留下的公司。